영한번역의 이론과 실제

인문사회 편

증보판

한규만 지음

UUP

영한번역의 이론과 실제(증보판)

-인문사회 편-

▪ 2014년 02월 26일 2판 2쇄 인쇄 ▪ 2014년 02월 26일 2판 2쇄 인쇄
▪ 2011년 03월 20일 2판 1쇄 발행 ▪ 2008년 02월 29일 초판 2쇄 발행 ▪ 2005년 02월 20일 초판 발행
▪ **지은이 한규만** ▪ **펴낸이** 이 철 ▪ 표지 디자인 한수미
▪ **펴낸곳** UUP(울산대학교출판부) 680-749 울산광역시 남구 대학로 93(무거동)
▪ 전화 (052)259-2488 팩스 (052)277-3011 ▪ **홈페이지** http://uup.ulsan.ac.kr
▪ **출판등록** 제370-1996-000001호(1996.3.13)
▪ ₩ 15,000

ISBN 978.89.7868.244.2 (93740)

머리말 (증보판)

이 책이 나온 지 5년이 지났다. 그동안 많은 독자들이 성원해준 덕분에 3쇄에 이르게 되었다. 그동안 대학현장에서 그리고 사이버 강좌를 통하여 여러 영어학습자들과 만나게 되었다. 성원해준 많은 독자들에게 감사한 마음으로 <증보판>을 펴내게 되었다.

우선 스티브 잡스라는 우리 시대 거목의 연설문을 삽입하고, 전직 미국대통령의 연두교서를 뺐다. 잡스의 스탠퍼드 대학 졸업식 연설문은 졸업식 행사용 글을 넘어 우리에게 커다란 감동을 준다.

젊은이들이 열광하는 이유를 의식하면서 나름대로 <거시적 분석>을 시도하였다. 부록에는 나의 강의과정에서 나온 학습자들의 실제자료들이 수록되었으며, 오자, 탈자도 바로 잡았다. 새로 나오는 책이 영어 학습에 조금이나마 도움이 되기를 바란다.

2011년 3월 저자

머리말

21세기 초 지구는 세계화라는 크나큰 변혁을 겪고 있다. 한국도 그 예외일 수는 없다. 세계화라는 거대한 물결이 한국사회의 모든 분야에 밀려오면서, 세계어로서 영어는 더욱 더 중요해졌다. 교통수단과 커뮤니케이션의 급속한 발달로 인하여, 가히 영어가 폭발적으로 활용되고 있다. 영어교육의 궁극적인 목표가 학습자의 영어능력 향상이라면, 매우 효과적인 학습방법으로 영한번역과 한영번역을 감히 제안하는 바이다.

이 책은 위와 같은 시대 상황 인식의 바탕 위에서 다음의 제한에 따라 쓰였다. 첫째, 영한 번역과 한영 번역 중에서 영한 번역에 국한하였다. 한국인 영어 학습자가 더욱 빈번하게 부딪히는 영역이기 때문이다. 둘째, 번역의 기초이론을 영한번역에 접목시키는데 한정하였다. 번역이론과 번역학은 매우 전문적이고 난해하여 초보자에게는 큰 부담이 될 수 있기 때문이다. 셋째, 영한번역의 실제에 관한 내용은 필자가 학습자들과 실제 접한 진정한 텍스트를 중심으로 구성하였다. 넷째, 문학번역은 다음으로 미루었다. 아무쪼록 이 책을 통하여 번역이론에 관한 기본적인 소양과 영한번역의 실력을 배양하기를 바란다.

2005년 2월 저자

목차

3. 생활과 정보통신 / 51

4. 국제 정치와 사회 / 91

5. 경영과 무역 / 137

6. 교육과 문화 / 169

7. 취미와 스포츠 / 211

8. 영한번역과 국어어문규정 / 237

9. 인용텍스트 전문 / 281

10. 번역관련 정보 / 301

1. 한국의 영한 번역의 역사와 영어교육

1.1 한국에서의 영한 번역의 역사

바야흐로 우리는 세계화시대에 살고 있다. 세계화는 자유와 민주주의의 확산에 관한 것이 아니다. 세계의 어느 자본이든 세계 어느 곳에서나 차별 받지 않고 이윤을 추구하도록 하는데 있다. 국가적으로 외환위기를 겪으면서 한국의 경제와 기업을 통제하는 기준이 바뀌었다. 한국식 잣대에서 영미의 잣대가 그 기준이 되었다. 한국은 영미의 잣대와 가치가 사회에 확산되면서 영어학습의 수요와 욕구는 폭발적으로 일어났다. 물론 초등학교에서 영어 교육이 시작된 것도 한 몫을 단단히 하였다.

한국의 모든 영어학습자의 꿈은 영문독해(reading and comprehension) 수준을 넘어, 그 내용을 한국어로 정확히, 자연스럽게 그리고 효과적으로 번역해내는 것이다. 최근에는 대학입시 논술시험에서 영어지문을 번역하라는 문항이 등장하였다. 그리고 우리는 번역과 관련하여 여러 분야에 관심을 가지고 있다.

1) 기술 문서 번역

2) 산업 경제 문서 번역

3) 문학예술 작품 번역 등이다.

어떤 이는 좋은 번역 능력을 가진 조직 구성원이 되기를 바라고 어떤 이는 소위 전문 번역 프리랜서를 희망한다.

전통적으로 한국은 인접국가의 언어를 습득하여 문물을 교류하며 살아왔다. 조선시대부터 역과라는 과거제도를 시행하여 역관을 양성하였다. 특히 중국의 언어는 절대적으로 중요하였다. 1900년대 초에는 일본이 대한 제국을 강제 점거하면서 일본어 학습이 붐을 이루었다. 1945년 해방이후 남한에 미군이 주둔하고 미군정이 시작되면서 자유 민주 국가의 틀을 갖추게 되었다. 이때부터 한국은 영어를 필요로 하였고 그 이후 영어가 세계어가 되면서 그 중요성은 날로 커졌다. 역사적으로 한국의 지정학적 위치와 국력의 규모로 볼 때, 한국에서의 외국어의 중요성은 매우 크다 할 것이다.

한국에서 외국어 학습은 생존 전략의 일환이다. 선진 외국의 문물을 수입하여 국가를 발전 계승시키는 원동력이기도 하다. 각 분야의 소수의 전문가들은 영어로 된 원서를 읽어나가지만, 수많은 학생들과 일반인들은 한국어로 번역된 서적으로 영어권의 문물을 접촉한다. 중국, 일본 등 주변국과 비교했을 때, 한국의 연간 출판물 중 번역서의 비율은 단연 높다. 2004년의 경우 한국은 27%에 이른다. 그 중 영한 번역을 통한 출판물의 비중이 단연 높음은 주지의 사실이다.

영어 능력이 취업과 승진을 좌우하는 한국의 상황에서 모든 영어 학습자는 이왕이면 영어 고수(?)가 되고 싶어 할 것이다. 이러한 바람은 한국어도 제대로 못하는 어린이들이 어린이집, 유치원에서부터 영어를 배우게 되는 광풍을 낳고 있다. 이러한 묻지마 투자심리는 조기 유학을 부채질하였고, 수많은 기러기 아빠들을 양산하였으며, 가정과 사회 불안을 가중시키고 있다. 사실 유치원 영어 교육과 조기 유학은 수많은 폐해를 낳고 있으며, 실제로 별 효과적이지도 않다. 부모의 과잉 교육열이 만들어 낸 기형적 사회 병리 현상일 뿐이다. 얼마나 많은 조기 유학생들이 어떻게 학업면에서나 정서면에서 어려움을 겪고 있는지 생각해보아야 한다.

1.2 문법번역식 대 의사소통중심 영어교육

그러면 영어교육과 영한번역은 어떤 연관이 있을까? 요즘 영어교육이 의사소통 중심이고 제 7차 교육과정에서는 더욱 강화된다고 하는데 번역능력 개발이 과연 필요할까? 우선 결론을 말하자면 영어를 잘한다함은 영한번역을 잘 하는 것이요, 영한번역을 잘 하는 사람이 영어를 잘하는 사람이다. 둘째, 의사소통 중심의 영어가 필수 조건이지만 좋은 대학과 기업체를 들어가는데 충분조건을 충족시키지는 못한다. 의사소통중심 영어교육만으로는 좋은 대학 입학도 힘들고 좋은 기업체 입사도 어렵다고 본다.

영어에 관한 한, 책도 많고 말도 많아서 학습자들이 혼란스럽다. 여러 가지 미신도 많고 엉터리 베스트셀러도 많다. 몇 가지 미신을 소개한다. '북한은 초등학교에서 영어교육을 절대로 시키지 않을 것이다.' '외국인을 만나야 발음을 잘 배울 수 있다.' '외국만 나가면 영어는 저절로 배워진다.' '나는 영어독해는 잘 하는데 회화가 안된다.' 등이다. 물론 일말의 정당성이 없는 것은 아니지만 영어 학습이 무슨 엉터리 베스트셀러에서 말하는 것처럼 그렇게 간단하지 않다. 영어를 잘 한다는 것은 무엇을 의미하는가? 첫째 한국어를 잘 한다는 뜻이다. 둘째 배경지식이 풍부하다는 뜻이다. 셋째 영어의 발음과 강세를 익혔고 어휘와 문법을 숙지하고 있다는 것이다. 이 세 가지가 복합적이고 유기적으로 작용해야 영어 구어와 문어의 텍스트를 잘 이해할 수 있는 것이다. 더 나아가 영어의 네 기능인 듣기, 말하기, 읽기, 쓰기 등이 종합적으로 실력이 갖추어져야한다.

따라서 이 지난한 과업을 모든 한국인에게 요구할 필요는 없다. 영어 전문가를 양성하여 전문가에 상응하는 대우를 해주며 필요부서에 배치하는 것이다. 현재 한국의 상황은 모든 사람이 조금씩 영어를 잘하나 진정한 전문가는 양성되지 못하는 형편이다. 사회에서 영어전문가가 할 일은 실제로 번역작업이 대부분이고 가끔씩 통역작업을 하는 일이다. 번역도 경제-경영분야, 산업-공업분야, 정보-통신분야, 문학분야 등으로 세분화시켜 전문인력을 양성해야 효율적인 사회발전에 공헌하게 된다. 한국이 산업화와 근대화를 위하여 일본을 정말 많이 모방하고 배웠지만 번역요원 양성이라는 국가적 대업은 못 배운 것 같다. 그리고 특수한 경우를 제외하고는 한국어를 못하는 영어사용자는 한국내에서 별 쓸모가 없다. 완전한 이중언어자이면 좋겠지만 그렇지 못하다면 한국어를 잘하고 영어를 좀 못하는 것이 낫다. 영어는 잘 하는데 한국어를 잘하지 못하면 쓸데가 별로 없다.

요즘 한국학생들은 문법과 독해는 잘하나 영어청취와 회화는 못한다고 미신이 있다. 실제로는 그 반대이다. 수능영어와 토익시험을 분석해보면 수험생들이 듣기 점수는 좋은 편이나 긴 지문 읽기와 문법 문제에서 점수가 좋지 않다. 물론 영어 듣기와 말하기가 부족하니 답답해서 그런 말이 나온 것으로 이해되지만 그렇다고 영어교육을 듣기와 말하기만 해서는 사회에서 쓸모가 별로 없다. 왜냐하면 모든 중요한 일은 문서로 진행되기 때문이다. 아무리 말로 협상을 해도 결국에는 문서를 읽고 문서로 작성해야 하는 것이다. 말은 실수를 용인하나 글은 용인되지 않는다. 글은 곧 법이요 돈이다. 말이 잘못되면 욕을 먹지만 글이 잘못되면 법에 따라 경제적 손실을 가져온다. 일반적으로 영어회화를 잘한다는 의미는 무엇인가? 발음이 좋고 잡담 수준의 내용을 말하는가? 아니면 발음이 좀 나빠도 전문분야에서의 의미있는 활동을 말하는가? 물론 여기에서도 양자를 다 잘하면 좋다. 그러나 꼭 단계적으로 학습해야 하는 것은 아니다. 전 세계의 전문가들이 모여 활동하는 유엔의 사무국을 보라. 그리고 인터뷰를 들어 보라. 엉터리같은 영어발음으로도 당당히 사무총장도 하고 위원장도 한다. 그 사람들을 보며 순 엉터리 발음이라고 비웃고 있기만 할 것인가? 그들은 발음이 좀 나쁠지 모르지만 일반지식과 전문지식이 갖추어져 있는 사람들이다. 발음이 중요하지만 발음에만 얽매이지 말기를 바란다. 영어회화나 생활영어라는 수업시간에는 말을 많이 하기 바란다. 벙어리처럼 앉아만 있는 것은 시간낭비이다. 청취만 하려면 테이프나 라디오를 들을 일이다.

영어의 교육방법 특히 문법지식과 관련하여 언급하고자 한다. 과거의 문법번역식 교육은 잘못된 것이고 현재의 의사소통 중심교육은 옳은 것이라는 미신이 있다. 이는 일부 학원이나 학습지 업체에서 돈벌기 위하여 하는 말이지 사실이 아니다. 영어에 관한 잘못된 정보들을 어떻게 퇴치할 것인가가 영어전공자의 또 하나의 과업이다. 영어독해에서 문법과 문장구조를 모르면 정확한 의미를 파악할 수 없다. 그리고 긴 지문 독해가 되지 않는다. 문법을 모르면 작문이 되지 않는다. 작문이 되지 않으면 일상회화 수준을 넘어선 전문분야의 활동이 불가능하다. 미국내에서도 마찬가지이다. 회화는 다 잘하지만 문법능력이 없고 구문파악을 못하는 사람은 지식인이 차지하는 직업을 가질 수 없다. 또한 한국에서 상위권 대학 입시의 영어 논술은 더욱 더 문법-번역식 영어 능력을 필요로 한다. 과거에 시행한 문법-번역식 영어교육의 문제점을 보완하기 위하여 의사소통 중심 영어교육이 도입된 것이지, 의사소통 중심 교육이 옳고 문법-번역식 교육이 틀렸다고 말하면 안된다. 모든 영어 학습자의 기본 능력 배양으로서 의사소통중심 교육이 중요하고 우수한 영어 학습자 그룹은 여기에 문법-번역 능력이 필요하다고 말하는 것이 옳다. 최근에는 입시에서 영어지문을 주고 번역하라, 요약하라는 문제도 심심치 않게 등장하고 있다. 왜 영어번역능력을 테스트하는지 그 출제의도를 파악해야 한다. 번역 능력은 영어 능력과 어떤 관계가 있는 것인가? 외견상 뚜렷이 보이지 않겠지만 영어 학습 방식과 행태를 살펴보면 그렇지 않음을 금방 알 수 있다. 우선, 한국 태생의 영어 학습자는 영어를 읽으면서 인지적으로 영한 번역과정을 거치게 된다. 영어읽기를 한 후 질문하면 곧잘 한국어로 답을 할 수 있는 이유이다. 영어 심층 논술에서도 지문은 영어이나 질의와 응답은 대부분 한국어로 한다. 대학입시와 입사시험의 영어논술과 영어면접도 한국 태생의 일반 영어 학습자는 심층적으로 영한번역의 인지과정을 중간에 거치고 있다.

2. 영한번역의 원리와 방법

2.1 원어 텍스트와 목표어 텍스트의 등가

한국어 '번역'이란 말의 대응어는 영어의 'translation'이다. *Random House Dictionary of the English Language*(1987)에 따르면 이 단어의 어원은 라틴어 'translatio'이다. 그 뜻은 'move from one place or condition to another'이다. '한 지점이나 상태에서 다른 지점이나 상태로 옮기다'라는 뜻이다. 이 사전은 여러 가지 뜻을 수록하고 있다. 첫째, 한 언어에서 다른 언어로 바꾸는 행위이며 둘째, 그러한 행위의 결과물이다. 그리고 수학과 유전학에서 사용하는 기술적인 뜻이 더 있다. 앞의 둘은 인문학에서 사용하는 번역의 두 가지 뜻이다.

영한번역이란 영어 텍스트를 등가(equivalence)의 한국어 텍스트로 바꾸는 것이다. 영어는 원어(source language: SL)가 되고 한국어는 목표어(target language: TL)가 된다. 이를 출발과 도착이라는 개념을 적용하면 영어는 출발어이고 한국어는 도착어가 된다. 따라서 영한번역 행위는 영어 텍스트를 충분히 이해하여 한국어 텍스트로 표현하는 것이다. 따라서 영어를 이해하는 능력과 한국어로 표현하는 능력이 필요하다. 일반적으로 한국내 기업과 조직 또는 학교에서 필요로 하는 능력은 영어 텍스트를 이해하고 한국어로 표현하는 능력과 함께 한국어 텍스트를 이해하고 영어로 표현하는 능력이다. 전자가 영한번역이고 후자가 한영번역이다. 물론 외국계 회사에서는 영어이해 능력과 영어표현 능력이 필요할 것이다. 그러나 이는 극히 소수의 한국인에게 국한되는 일이다. 대부분의 한국인 영어학습자는 영한번역 능력이 필수조건이고 한영번역 능력이 충분조건이 된다.

등가의 기준을 밝히려는 노력은 캣포드, 나이다와 테블러, 윌스, 예거 등에 의하여 진행되어 왔는데, 르드레르(Marianne Lederer)는 콜러(W. Koller)의 저서를 인용하여 '내용적 등가' '형태적 등가' '텍스트적 등가' '의사소통적 등가' '결과적 등가'의 5원칙을 제시하고 있다.(르드레르(1994)/ 전성기 옮김(2001). 『번역의 오늘』. 고려대학교 출판부, 57)

1) 번역은 원본이 언어 외적 현실에 대해 제공한 정보를 전해야 한다. 콜러는 이를 '외시적 등가'라 부른다.
2) 번역은 언어사용역, 사회언어, 표현의 사용지역 등의 문체를 존중해야 한다. 그는 이러한 등가를 '공시적 등가'라 부른다.
3) 번역은 번역된 텍스트의 유형에 적합해야 한다. 예를 들어, 누구도 조리법을 법학개론처럼 쓰지 않는다. 콜러는 이 경우, '규범적 등가'라는 말을 쓴다.
4) 번역이 이해되려면 독자의 지식에 맞추어져야 한다. 이러한 경우의 등가는 '화용적 등가'이다.
5) 마지막으로 번역의 형태는 원문과 동일한 미적 결과를 산출해야 한다.

등가의 개념으로는 기능적 등가(functional equivalence)와 역동적 등가(dynamic equivalence)가 중요한데 역동적 등가개념은 4.1.4에서 자세히 설명하기로 한다.

2.2 원어 텍스트의 이해

그러면 영어 텍스트를 제대로 이해한다함은 무엇을 의미하는가? 일차적으로 그 텍스트를 쓴 저자의 의도와 문체를 이해하는 것이며 이차적으로 영어의 어휘와 문법 그리고 통사구조를 파악하여 종합적으로 그 의미를 이해한다는 뜻이다. 이를 거시적 이해와 미시적 이해로 나누어 설명할 수 있다. 이 책에서는 원문 텍스트의 거시적 이해에 저자의 의도파악, 텍스트 유형 파악, 독자층 파악, 출판 장소와 시간 이해와 언어적 특징과 문체의 파악 등이 포함된다. 이어 원문 텍스트의 미시적 이해에는 통사 구조, 문법, 어휘, 용어, 은유, 반복, 음향 효과, 문화 어휘, 관용어, 기타 표현법 등이 포함된다. 이 중에서 어휘의 이해는 영어학습과 영한번역에서 매우 중요한 작업이다.

따라서 번역을 하려면 원문의 텍스트 분석이 전제되어야 하며 텍스트 분석은 텍스트에 대한 다면적인 이해능력을 필요로 한다. 기본적으로 언어적 지식에 배경지식이 필요하다. 언어지식은 단순히 사전적 언어지식만을 말하지 않는다. 사전의 다양한 의미뿐만 아니라 사전에 들어있지 않은 의미까지 파악해 낼 수 있는 상상력이 필요하다. 배경지식에는 텍스트에 대한 일반지식과 전문지식이 있어야 한다. 기계공학 전공자가 기계공학에 관한 영어텍스트를 이해하지 못하는 것은 상당수가 언어지식이 부족하기 때문이며, 영어영문학 관련 전공자가 기계공학에 관한 글을 이해하지 못하는 것은 대부분 배경지식이 없기 때문이다. 그러므로 번역은 아무나 하는 것이 아니다. 기본적으로 영어통사구조와 문법 및 어휘에 숙달되었을 뿐만 아니라 전문용어까지 학습한 사람이 하는 것이다. 실제 번역과 통역현장에서 의뢰인과 만나게 되면 일이 몹시 꼬이는 경우가 있는데, 의뢰인은 번역가나 통역가가 즉석에서 척척 번역이나 통역을 한다고 생각하기 때문이다. 번역은 생각보다 많은 시간을 후에 필요로 하고 통역은 사전에 준비작업이 많이 필요로 하는 작업이라고 말할 수 있다.

2.3 어휘학습과 사전

정확한 독해에 여러 요소가 필요하지만 가장 기본 요소인 어휘학습에 대하여 설명하기로 한다. 외국어 학습에서 사전 활용은 가장 기본적이고도 가장 중요한 작업이다. 20년 넘게 영어 교육을 담당해온 필자도 항상 사전을 비치해 놓고 수시로 활용한다. 영어도사라 하여 모든 것을 머릿속에 넣어놓고 살 수는 없다. 그리고 가능하지도 않다. 훌륭한 번역가는 몇 단어 더 알거나 문법지식이 좀 더 있느냐가 아니라 얼마만큼 확인하고 또 확인하느냐에 달려 있다. 우선 번역가가 확인하기 위해 무엇을 이용할까? 사전이다. 사전편찬자가 사전에 포함된 모든 단어를 머릿속에 넣고 있지는 않다. 단어의 뜻은 사전적 의미만도 작게는 두세 가지에서 많게는 스무 가지 정도 된다. 그 많은 뜻을 암기식으로 다 외울 수 없다. 어휘에는 일반적으로 네 가지 의미를 가진다. 어휘는 구체성을 바탕으로 하는 사실적 의미가 바탕이 된다. 여기에 비유적 의미, 기술적 의미와 구어적 의미가 부가된다. 또한 문맥과 상황을 이해하여야 텍스트를 이해하였다고 말할 수 있다.

번역을 하기 위해서 현실적으로 번역가는 항상 여러 가지 사전을 구비하고 있어야 한다. 물론 사전이 완벽하지 못하다는 사실도 인지하고 있어야 한다. 영문학자인 이재호 교수에 따르면 한국의 영한사전이 일본의 영어사전을 번역했거나 중역(重譯)한 경우가 많아 한국에서 실제로 사용하는 뜻을 정확히 수록하고 있지 못하다고 한다. 좀더 정성어린 사전이 출판된다해도 번역에서의 사전의 신뢰문제는 항상 남아있게 된다. 어휘의 뜻이 시대에 따라 계속 바뀌어가기 때문이다. 따라서 번역가의 상상력은 중요한 밑천이다. 상황을 철저히 이해하고 상황에 맞게 번역할 일이다. 번역작업을 위해서는 영어사전만 10여 가지 이상 가지고 있어야 한다. 현실적으로 사전은 최고의 지식보고요 스승이기 때문이다. 어휘 실력 증진을 위하여 가장 기본적인 사전은 영한사전과 영영사전일 것이다. 영한사전은 1-2종, 영영 사전은 작은 것부터 큰 것까지 그리고 각각 특징 있는 사전을 합치면 4-5종은 가져야 한다. 그리고 영어 연어 사전, 영작문 사전, 영어 그림 사전, 동의어 사전, 이디엄 사전, 동사구 사전 등이 있다. 그리고 전문지식을 이해하기 위해서는 한국어 백과사전, 영어 백과사전 그리고 전문분야 용어사전이 필요하다. 전문분야 용어사전은 인터넷상으로도 어느 정도 확보할 수 있는데 약 20가지는 된다. 영한 번역의 전문분야로 1) 기술 분야 2) 산업경제분야 3) 문학 예술 작품 분야로 대별되는데, 각 활동 분야에 따른 사전이 별도로 있어야 한다. 1)에는 의학 용어 사전, 공학 사전, 기계 공학 사전, 화학 공학 사전 등 2)에는 무역영어 대사전, 경제 용어 사전 등 3)에는 영문학 사전, 문학 용어사전, 시학 사전, 영어학 사전, 영어 교육학 사전, 세계 상징사전, 민속학 사전 등이 필요하다. 우리의 목표인 영한 번역의 후반부 작업인 한국어 표현을 위해서는 한국어 대사전과 한자사전을 반드시 가지고 있어야 한다. 한국어에서 중요한 용어는 대부분 한자어이므로 경우에 따라서는 한자사전을 뒤적일 필요가 있다. 여기에서 영어 연어(連語)사전에 대해서 잠깐 언급하고자 한다. 이 사전은 말짝꿍

사전인데 형용사+명사, 명사+명사, 동사+명사 등에 있어서 서로 짝처럼 붙어 다니며 쓰이는 말을 모아 놓은 사전이다. 한영 번역 작업에 필수적인 사전이다.

2.4 목표어로서의 한국어의 특징

목표어/ 도착어로서의 한국어의 특징에 대해서는 임홍빈의 강의안 『국어문법과 번역』(국립국어원 국어문화학교; 1996/2000)이 잘 지적하고 있는 바, 이를 정리하면 다음과 같다.

2.4.1 영어와 한국어의 차이점

"번역에서 문제가 되는 것은 언어 보편적 현상이라기보다는 언어 특수적인 현상이라고 할 수 있다. 이에는 다음과 같은 현상이 포함된다."라고 말하면서 다음의 다섯 가지 현상으로 나누고 있다.

(1) 언어의 발생적 유형과 관련된 현상
(2) 언어의 현상적 유형과 관련된 현상
(3) 언어의 문법적 특이성과 관련된 현상
(4) 언어의 어휘적 특이성과 관련된 현상
(5) 언어의 문화적 특이성과 관련된 현상

다음으로 영어와 한국어의 차이점을 위 다섯 가지 범주로 설명하면 다음과 같다.

(1) 언어의 발생적 유형으로 볼 때 영어는 인도-유럽 어족에 속하며 한국어는 대개 알타이 어족에 속하는 것으로 본다.

(2) 언어의 현상적 유형으로 볼 때, 영어 어순은 S-V-O 형 언어이며 한국어 어순은 S-O-V 형 언어이다. 형태론적인 특징을 중심으로 볼 때 영어는 굴절어이며 한국어는 교착어이다.

(3)과 (4)는 영한번역자가 현실적으로 가장 빈번하게 직면하는 문제이다. 따라서 영한번역을 능숙하게 하고자 하는 사람은 두 언어의 문법과 어휘에 정통하여야 한다. 영어 원문을 잘 이해하기 위하여 영어문법 지식을 충분히 숙지하고 있어야 하며, 어휘가 소위 영한사전에 나열되어 있는 것과 같이 기계적으로 대응하면 끝나는 것이 아니라 매우 고도의 능력이 복합적으로 작용하는 것임을 알아야 한다. 어휘는 최소한 두 단계 많게는 네 단계(지시적, 비유적, 기술적, 구어적) 의미를 가지며, 문맥(언어 문맥과 상황문맥)에 따라 의미가 최종 결정된다. 영한번역을 위하여 기계번역에 수많은 연구비를 쏟아 부어도 그 결과는 별로 신통하지 못한 이유가 바로 여기에 있다.

2.4.2 한국어의 문법적 특징

목표어/ 도착어로서의 한국어의 문법적 특징을 정리하면 다음과 같다.

① 한국어는 S-O-V 형 언어이다. 또한 순서가 자유롭다.

② 한국어는 어미와 조사가 발달한 언어이다.(교착어 또는 첨가어와 관련)

- 어른도 그런 일을 한다.
- 어른조차 그런 일을 한다.
- 어른까지 그런 일을 한다.

- 어른도 그런 일을 하기조차 한다.

- 어른도 그런 일을 하기까지 한다.

- 어른까지 그런 일을 하기조차 한다.

③ 영어의 수식어는 피수식어 앞이나 뒤에 오지만 한국어의 수식어는 길던 짧던 반드시 피수식어 앞에 온다.

④ 한국어에는 이른바 이중 주어문이 있다.

- 철수는 머리가 좋다.(대주어 - 소주어)

⑤ 한국어는 주제 부각형 언어이다.

- 나는 음악이 좋다.(주제 - 언급; topic-comment)

⑥ 한국어는 경어법이 발달된 언어이다.(주체 높임법, 객체 높임법)

- 아버님께서 오늘 서울로 올라가셨다.

- 마마, 수라상을 받으시옵소서.

- 저는 이제 그만 물러가겠습니다.

⑦ 한국어 명사는 문법적인 성(gender)을 가지지 않는다.

⑧ 한국어 명사에서 복수표현은 필수적이지 않다.

⑨ 한국어에는 관사가 없다.

⑩ 한국어에는 관계대명사가 없다.

⑪ 한국어에서는 피동 표현을 잘 쓰지 않는다.

⑫ 영어의 Yes/No가 화자중심적이라면 한국어의 '예/아니오'는 상대지향적이다.

⑬ 영어는 인간주어중심적, 한국어는 상황중심적 표현을 선호한다.(주어번역 생략가능)

- I found the book interesting.

(그 책은 재미있었다.)

- I've been married to him for four years.

(그와 결혼한 지는 4년이 돼요.)

⑭ 영어는 명사선호구문이, 한국어는 동사선호구문이 발달하였다.

- Gentlemen have a preference for blondes.

  (신사는 금발을 좋아한다.)

- Excessive drinking will do you a lot of harm.

  (과음은 몸에 해롭다.)

2.4.3 한국어의 어휘적 특징

목표어/ 도착어로서의 한국어의 어휘적 특징을 수정하여 정리하면 다음과 같다.

① 한국어는 기원적 측면에서 고유어, 한자어, 외래어로 이루어진다.

② 한자어는 한국어 전체 어휘의 60-70%를 차지한다.

③ 한국어 외래어는 과거에는 중국어, 일본어에서 주로 도입되었다. 현재 영어 및 서구어에서 도입된 외래어는 외래어 표기법에 따라 한글로 표기한다.(국립국어원 자료실).

④ 한국어에서 고급개념을 나타내는 말은 대부분 한자어이거나 외래어이다.

⑤ 한국어는 감각어가 발달한 언어이다.(달다, 달콤하다, 달코름하다)

⑥ 영어의 명사는 사물명사, 형용사명사, 동사명사 등으로 다양하나, 한국어 어휘에는 명사가 부족하고 서술어가 발달하였다.

⑦ 한국어는 대명사가 발달되지 않은 언어이다.(그, 그녀; 당신, 어르신, 자기; 소인, 쇤네)

이외에도 '상황을 나타내는 it' 'There is ~' 'of와 의' '의로 번역되는 영어 형용사구' '의의 생략' '연월일의 순서' 등도 영한번역과 관련하여 제기될 수 있는 주제들이다.

2.5 생활영어와 번역의 원리

동아일보와 YBMsisa.com이 공동으로 연재하고 있는 생활영어의 제목만을 훑어보더라도 짧은 구어체 문장 속에 수많은 번역의 원리와 비유법이 잘 드러나 있음을 알게 된다. 번역의 원리는 멀리 있는 것이 아니라 아주 간단한 생활영어에서도 나타나며, 비유법은 문학공부에서만 필요한 것이 아니라 소위 영어회화를 잘하기 위해서도 필수적이다. 많은 번역비평서가 개념중심으로 정리하고 예를 한두 개 나열하는 방식을 이 책은 지양하였다. 학습자에게 좀 더 생생한 자료를 제공하기 위하여, 주어진 자료에서 변역의 원리를 직접 분석하고 학습자가 직접 찾아보는 방식을 택하였다. 우선 주어진 자료의 영어 제목과 한국어 번역문을 소리내어 읽어보자. 소리내어 읽는 이유는 번역은 눈으로 하는 것이 아니라 귀로 하는 것이기 때문이다. 소리내어 읽을 때 원문의 깊은 맛을 느낄 수 있으며, 번역문을 소리내어 읽어야 제대로 된 한국어로 번역되었는지 확인할 수 있기 때문이다.

[최근 ○○일보 '생활영어' 제목 및 한국어 번역]

(2004. 5. 31.~7. 20.)

1. Geez, you startled me! 어머, 놀랐잖아!
2. He was gone in a blink. 눈 깜짝 사이에 아이가 없어졌어요.
3. I'm just teasing you. 그냥 장난으로 한 말이야.
4. My eyes were popping out. 너무 놀랐어.
5. I'd sink like a rock. 난 맥주병이야.
6. It's better than nothing. 없는 것보다 낫다.
7. Sure thing. 그럼요.
8. So what's plan B? 그 다음으로 생각해 둔 계획은 뭐야?
9. My house is your house. 우리 집을 네 집이라 생각해.
10. You've always been on the go. 너 항상 바쁘게 지내왔잖아.
11. You gotta do what you gotta do. 할 일은 해야지.
12. Get your butt out of bed! 어서 일어나라!
13. I'll do some volunteer work. 자원봉사 좀 할 거야.
14. Everything is still up in the air. 모든 것이 아직 막연할 뿐이야.
15. You can't have it both ways. 둘 다 할 순 없잖아.
16. That's going to be a long shot. 그렇게는 안 될거예요.
17. That's killing two birds with one stone. 일석이조네.
18. Let mom and me sleep on it.
    엄마와 내가 시간을 두고 생각해 봐야겠다.
19. Don't jump to any conclusions. 속단하진 마세요.
20. She is on another line. 다른 전화 받고 계십니다.
21. Don't hang up on me. 내 전화 끊지 마.
22. He is gone for the day. 퇴근하셨습니다.
23. There's nobody here by that name. 여긴 그런 분 안 계십니다.

24. I'm up to speed again. 다시 정상 속도로 하고 있어요.

25. You will get the hang of it. 요령이 생겨.

26. My battery went dead. 배터리가 닳았어.

27. I like your ring tone. 너 핸드폰 벨소리 좋더라.

28. Mine is in silent mode. 내 휴대폰은 진동으로 돼 있어.

29. This project is a headache. 이 프로젝트는 고민거리다.

30. Use your head. 생각을 해 봐.

31. Are you still with me? 듣고 계신가요?

32. Maybe my phone's on the fritz. 내 전화기가 고장 난 거 같아.

33. The sky's the limit. 무한한 가능성이 있어.

34. You guys make the perfect couple. 너무 잘 어울리는 커플이야.

35. Beats me. 몰라.

36. Please help yourself! 많이 드세요.

[번역원리 찾기]

(1) 영어의 주어+타동사+목적어 문장이다. 한국어에서는 흔히 영어 목적어가 주어로 바뀌어 번역된다. 예문 1. 18. 27. 30. 35. 36.이 그 예이다. 'you startled me'는 문장구조 그대로 번역을 하면 '넌 날 놀라게 했어'이지만 '놀랐잖아'로 번역하여 me가 놀랐다고 표현하고 있다. 한국어에서 주어의 생략현상도 볼 수 있다. 18.에서도 영어에서 청유동사의 목적어인 mom and me가 한국어에서 '엄마와 내가'라는 주어로 번역되고 있다. 27.의 'I like your ring tone.' 에서 your ring tone이 한국어 주어로 바뀌어 '너(의) (핸드폰) 벨소리가 좋더라.'가 되고 있다. 30.의 'Use your head.'는 한국어에서 '머리를 써봐'로 번역할 수도 있으나 듣는 당신이 '생각을 해 봐'도 가능함을 보여준

다. 35.의 'Beats me.'는 무생물 주어가 나를 때린다가 된다. 따라서 멍하니 그 사실에 맞으니 '(나는) 몰라.'가 되는 것이다. 36.의 'help yourself'는 '당신자신을 도와라'가 된다. 이는 한국어 어법상 어색하므로 '(당신은) 많이 드세요.'로 번역한다.

(2) 구어체 또는 대화체에서는 과장법이라는 비유법이 흔히 쓰인다. 이는 영어나 한국어 모두의 공통현상이다. 예문 4. 26. 33.이 그 예이다. '눈이 튀어나오려고 했다' '배터리가 죽었다' '하늘이 그 경계이다'라고 하여 놀라움, 방전, 가능성 등을 표현하고 있다.

(3) 속담과 격언 등을 흔히 인용하는데 이는 대개 은유법이나 직유법에서 출발한다. 5. 14. 17. 37이 그 예이다. 이 경우 문자역을 하여 문제가 없으면 그대로 두되 한국말에 동등 개념이 없으면 의미중심으로 의역한다. 'sink like a rock'이 '수영할 줄 모른다'로, 'be still up in the air'가 '아직 막연할 뿐이야'로, 'killing two birds with one stone'이 '일석이조'로, 'get a visit from a stork'가 '출산하다'로 번역되고 있다.

(4) 영어에서는 명사가 들어있는 여러 형태로 된 표현이 한국어에서는 서술어로 번역되는 경우를 흔히 볼 수 있다. 영어에서 be+전치사+명사, be+관사+형용사+명사, 동사+(전치사)+명사 형태를 보인다. 이를 두고 영어는 명사중심의 언어요 한국어는 서술어중심의 언어라고 말하기도 한다. 10. 14. 16. 19. 20. 25. 28. 31. 32.가 그 예이다. 첫째로 be+전치사+명사 형태의 구문을 살펴본다. 10. be on the go가 '바쁘게 살다'로, 14. be up in the air가 '막연하다'로, 20. be on another line이 '다른 전화받고 있다'로, 28. be in silent mode가 '진동으로 되어있다' '진동이야'로, 31. be with me가 '듣고 있다'로, 32. be on the fritz가 '고장나다'로 번역되고 있음을 발견할 수 있다. 둘째로, be+(관사+형용사+명사) 형태의 구문으로 16. be a long shot이 '그렇게는 안되다'로 번역되고 있다. 셋째로, 동사+(전치사)+

명사 형태가 나타난다. 19. jump to any conclusions가 '속단하다'로, 25. get the hang이 '요령이 생기다'로 번역된다. 따라서 영어의 명사포함구문이 한국어에서 서술어로 번역되는 규칙이 있다고 말할 수 있다.

(5) 그리고 가장 빈번하게 나타나는 현상이 주어의 생략 현상이다. 상황이해를 위하여 처음 한두 번 정도는 주어를 번역하는 경우가 있으나 누가 누구에게 말하는지 정해지고 나면 한국어에서는 거의 주어를 쓰지 않는다. 물론 특별히 강조하고 싶을 때는 주어를 사용하기도 한다.

[여러분의 번역원리 찾기]

다음의 연속되는 제목에서도 동일한 영한번역의 원리가 숨겨져 있다. 대부분의 문장에 영한 번역원리가 들어있다. 주어진 항목별로 번역의 원리를 찾아보기 바란다.

[○○일보 '생활영어' 제목 및 한국어 번역]

(2004. 4. 4. – 5.27.)

38. I can stand on my own two feet now.
    이제 자립할 수 있게 되었어.
39. Get lost! 냉큼 나가!
40. I've got split ends. 머리 끝이 갈라졌어요.
41. I like the way you are. 당신 지금 이대로가 좋아.
42. I tried to grow it. 기르려고 했어.
43. We've scratched those plans. 계획을 취소했어요.
44. You are in good shape. 참 건강하네요.
45. I can't stand the taste. 그 맛은 참기 힘들어.
46. You live on TV dinners and soda.
    즉석 식품에 탄산음료를 마시고 사는 구나.
47. I'll run on a treadmill for a half hour.
    30분씩 러닝머신에서 달릴 거예요.
48. I owe you an apology. 죄송합니다.
49. I'll run to the drug store. 약국에 금방 다녀올게요.
50. I have insomnia. 불면증이 있어.
51. I feel so bloated. 헛배가 부르다.
52. I can't stop hiccupping. 딸꾹질이 안 멈춰.
53. I will pay close attention. 각별히 신경을 쓸게요.
54. We'll be brown bagging this. 이걸 도시락에 싸 갈 거예요.
55. I am the black sheep in the family.
    난 우리 집의 미운 오리새끼야.
56. You really are a family man. 당신 정말 가정적이세요.
57. He is good with numbers. 수학을 아주 잘 해요.

58. Her boyfriend was two-timing her.
그녀의 남자 친구가 양다리 걸치고 있었어.
59. You never know. 알 수 없지.
60. Come to your sense! 정신 차려!
61. Do you go Dutch? 각자 부담하니?
62. We all chewed the fat. 모두 함께 이야기를 나누었어.
63. It costs an arm and a leg. 굉장히 비싸다.
64. It's not for me. 나한테 안 어울려.
65. I have to say no. 안 되겠는데요.
66. It's a hassle. 성가신 일이야.
67. I'm bored to death. 지루해 죽겠어.
68. No way! 안 돼!
69. I'm in the mood for something spicy.
뭔가 매운 음식이 먹고 싶어.
70. It wouldn't hurt to ask. 물어봐서 나쁠 건 없잖아.
71. Thanks for the info. 알려줘서 고마워.
72. She's been an absolute angel. 아기가 아주 순해요.
73. She's really stubborn. 고집이 너무 세요.
74. That's nonsense! 말도 안돼!
75. Don't be a cheap skate. 구두쇠처럼 굴지 마.

(1) 영어의 주어 + 타동사 + 목적어 문장이다. 한국어에서는 흔히 영어 목적어가 주어로 바뀌어 번역된다.

(2) 구어체 또는 대화체에서는 과장법이라는 비유법이 흔히 쓰인다.

(3) 속담과 격언 등을 인용하는데 이는 대개 은유법이나 직유법에서 출발한다.

(4) 영어에서는 명사가 들어있는 여러 형태로 된 표현이 한국어에서는 서술어로 번역되는 경우를 흔히 볼 수 있다.

(5) 그리고 가장 빈번하게 나타나는 현상이 주어의 생략 현상이다.

(6) (1)의 현상과 관련이 있는 현상인데 영어의 수동태 문장을 한국어에서는 대부분 능동태로 바꾸어 번역한다.

(7) 한국어에서는 생소한 영미문화 특유의 현상의 번역의 경우이다.

2.6 번역 방법

번역의 방법으로 자주 언급되는 용어가 직역과 의역이다. 직역/축어역은 단어와 구를 사전적 의미로 번역하는 방법이다. 영어로는 'word-for-word translation' 'literal translation이다. 의역은 의미중심으로 번역하는 방법이며 영어로는 'free translation' 'idiomatic translation' 'thought-for-thought translation'이다. 『우리말답게 번역하기』(이석규 등. 역락, 78-85)에 따르면 최대한 등가성을 이루는 번역을 시도하기 위하여 발생하는 문제가 직역이냐 의역이냐 하는 문제이다. 직역은 출발 텍스트를 가능한 한 문자 그대로 도착 텍스트로 옮기는 방법이다. 다시 말해 출발어 텍스트의 통사론적, 구문론적 구분과 배열을 가능한 한 그대로 옮기는 것, 즉 언어의 형태적 구조에 집착하는 태도이다. 한편, 의역은 원문의 형태를 중시하는 직역과는 달리 출발어 텍스트보다는 도착어 텍스트에 중점을 두어 텍스트를 옮기는 방법이다. 다시 말해 도착어 텍스트의 자연스러운 사용에 의한 의미에의 충실성을 지향하는 방법이다. 의역은 원어 텍스트를 직역하면 문장의 의미가 통하지 않고 어색한 문장이 되며 의미가 잘 통하지 않을 때 사용하는 방법이다. 직역과 의역 중 어느 방법이 더 좋은지는 일괄적으로 말할 수 없다. 텍스트 유형에 따라, 독자층에 따라, 번역의 의도에 따라 달라질 수 있다.

Good morning.을 '좋은 아침'으로 번역하면 직역이고, '안녕하세요?'로 번역하면 의역이 된다. 그러나 상황과 문화적 관습의 차이에 따라 얼마든지 다음 번역이 나올 수 있다. '식사하셨습니까?' '진지 드셨습니까?' '안녕하십니까?' '안녕!' '오냐!' '그래' 등이다. 관광지 안내판앞에서 YOU ARE HERE를 '당신은 여기에 있다'로 번역하면 직역일 것이고 '현위치'로 번역하면 의역이 될 것이다.

또한 The monkey has a long tail.을 '그 원숭이는 긴 꼬리를 가지고 있다.'로 번역하면 직역이요, '그 원숭이 꼬리는 길다.'로 번역하면 의역이다.

[과제]

a) 'He is a good swimmer.' b) 'His attendance record was not very good.' c) Get lost! d) I am strange here.를 각각 직역과 의역을 하시오.

a) 직역:____________________
   의역: ____________________
b) 직역:____________________
   의역: ____________________
c) 직역:____________________
   의역: ____________________
d) 직역:____________________
   의역: ____________________

뉴마크는 번역 방법을 설명하기 위하여 편평형 V자를 도표로 제시하고 있다.(45)

원어 강조	목표어 강조
word-for-word translation	
Adaptation	
Literal translation	Free translation
Faithful translation	Idiomatic translation
Semantic translation	Communicative translation

이 여덟 가지 번역 방법은 나름대로 존재 가치가 있지마는 일반 영한 번역 학습자에게 최종적으로 추천되는 것은 도표 양쪽의 마지막 방법들이다. 즉 의미중심 번역법(Semantic Translation)과 의사소통중심 번역법(Communicative Translation)이다. 번역의 임무는 두 언어를 연결하는 것이므로, 원어와 목표어 양자가 서로 가장 가까운 곳에 있는 방법이 의미중심 번역법과 의사소통중심 번역법이다. 뉴마크의 여덟 가지 번역 방법을 일직선상에 배치해 보면 쉽게 이해할 수 있다.

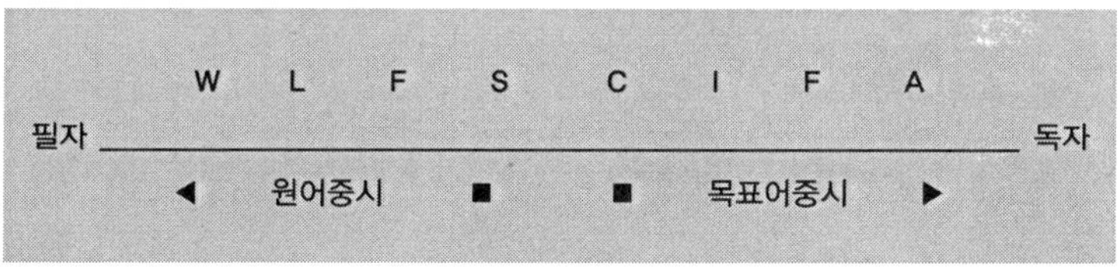

따라서 번역문에서 필자는 원어의 어휘와 문법 그리고 소리를 최대한 양보하는 것이며 독자는 목표어 내에서 최대한 필자가 의도한 문맥 의미에 가까이 가는 것이다. 서로 다른 언어와 문화권의 텍스트를 번역한다는 것은 엄밀히 말하자면 '반역'이오, 불가능한 작업일 것이다. 그러나 필자와 독자를 연결하여 메시지를 전달하고 상호 교류를 가능하게 하는 것은 오로지 번역자의 피와 땀의 결과인 것이다. 따라서 번역가는 수도 없는 실수와 비난을 겪으면서도 자신의 작업을 묵묵히 수행하는 구도자인 것이다.

그러면 좋은 번역물을 만들기 위해서 의미중심 번역법, 의사소통중심 번역법이 무엇인지 알아 둘 필요가 있다. 뉴마크에 따르면 (46-49) 전자는 필자를 강조하는 방법으로서 원어 텍스트의 소리와 의미에 충실하면서도 약간 탄력성을 허용하는 방법이다. 원어의 말재롱이나 모운 등 소리를 번역할 수 없을 때, 번역가에게 창조적 예외와 직관적 감정이입을 허용하는 것이다. 후자의 의사소통 중심 번역법은 원어 텍스트의 정확한 문맥 의미를 전달하려는 방법으로서 그 내용과 언어가 독자에게 쉽게 수용되고 이해될 수 있어야 한다. 따라서 의미중심 번역법은 표현적 텍스트에 적합하며 의사소통 중심 번역법은 정보적 텍스트와 호소적 텍스트에 유용하다. 전자의 방법은 개인 차원의 번역법으로서 필자의 사고과정을 추적하며 미세한 의미차이가 중요하다. 그러나 후자의 방법은 사회적 차원의 번역법으로서 텍스트 메시지에 집중하며 단순 명확해야 한다.

등가와 번역방법에 있어서는 학자마다 용어의 종류와 정의가 다르므로 혼동하기 쉽다. 학자들간 용어의 종류와 의미차이는 이 책에서는 자세히 다루지 않으려고 한다. 번역입문자에게는 오히려 혼동을 줄 수 있으므로 이 정도에서 마치려고 한다. 차후 통역번역대학원을 지망하는 사람들은 따로 번역이론서를 통독하기 바란다.

2.7 번역의 평가기준과 비평

이제 우리의 관심은 영한 번역의 역사, 원리와 방법 등을 학습하였다. 번역의 실제 작업에 들어가기 전, 반드시 학습할 내용이 하나 더 있다. 실제 번역 작업 후 좋은 번역과 나쁜 번역의 평가 요소는 무엇인지 잘 인식하고 있어야 한다. 그저 기계적으로 번역 작업을 하는 사람과 이 평가 요소를 염두에 두고 번역을 하는 사람과는 날이 갈수록 그 성과가 차이가 날 것이다.

김효중은 그의 저서『번역학』(대우학술총서. 인문사회과학 103.

민음사, 1998, 246.)에서 번역을 훌륭하게 하려면 번역비평이 올바르게 이뤄져야 한다고 말하면서 뉴마크의 번역비평의 목적을 다음 다섯 가지로 설명하고 있다.

1) 번역수준을 증진시키기 위해서이다.
2) 번역가에게 객관적 기준을 마련해 주기 위해서이다.
3) 특별한 시대와 특별한 주제에 관련된 번역에 관한 생각을 조명하기 위해서이다.
4) 탁월한 작가와 번역가의 작품 해석을 돕기 위해서이다.
5) 원문과 번역문 사이의 의미론적, 문법적 차이에 관한 비평적 평가를 위해서이다.

더 이상의 번역비평에 대한 이론적 논의는 자제하고 이어서 뉴마크의 『번역학 교과서』(*A Textbook of Translation*. Peter Newmark, Harlow: Pearson Education Limited, 1987, 11-18.)에 나오는 가장 간편하고 일반적인 텍스트 분석 용어를 익히고자 한다. 따라서 여러분은 다음에 나오는 용어를 철저히 숙지하길 바란다.

1) 텍스트 읽기(reading the text)에는 'general reading'과 'close reading'이 있으며 텍스트 의도 파악하기에서 사용될 수 있는 용어는 'the type of language' 'the grammatical structures'이다. 예를 들어 수동태와 비인칭동사의 사용은 책임을 지지 않으려는 의도를 보인다는 것이다.
2) 텍스트 유형(text styles)으로는 나이더의 Narrative, Description, Discussion, Dialogue로 나누고 있다. Narrative는 역동적 사건을 이야기하므로 동사, 동사+동사명사, 구동사 등이 사용되며,

Description에서는 정적인 묘사이므로 연결동사, 형용사, 형용사명사가 강조된다. Discussion은 생각을 다루므로 추상명사와 개념, 사고동사, 논쟁과 연결사 등이 자주 나타난다. 그리고 끝으로 Dialogue는 구어적이고 교감적인 표현이 강조된다는 것이다. 뉴마크는 그의 책 다른 곳에서 언어의 기능에 따라 텍스트 분야를 분류하기도 한다. 언어의 기능에 따라 표현적(expressive), 정보적(informative), 호소적(vocative) 텍스트로 나누기도 한다. 표현적 텍스트란 시, 소설, 희곡의 문학 작품, (정치가, 목사, 학자 등의) 연설, 설교, 논문 등과 자서전, 수필, 서신 등 필자가 분명한 경우이다. 필자가 핵심이다. 한국어로는 '화자' '작가', '작자' 등으로도 불린다. 그리고 정보적 텍스트는 필자가 있으나 사회적 공인은 아닌 경우이다. 한국어에서 '작성자'로 불리는 경우이다. '진실'과 내용이 핵심이다. 과학 교과서, 기술 보고서, 상업적 신문, 산업 기사, 경제 비망록과 회의록 등이다. 그리고 호소적 텍스트는 필자가 누구인지 알 필요가 없으며 독자가 핵심이 되는 경우로, 게시문, 지시문, 선전, 광고, 대중 소설 등이다. 이 텍스트 분류는 번역에서 매우 중요하다. 작자를 우선하느냐와 독자를 우선하느냐에 따라 번역 방법이 달라지고 글의 성격에 따라 번역 문체와 어법이 달라지기 때문이다.

3) 독자층(readership)에서는 독자를 'the level of education' 'the class' 'age' 'sex'라는 용어로 구별하고 있으며, '번역의 일반적 텍스트의 독자층은 교육받은 중산층이며 구어체가 아닌 비격식체 문체로 되어 있다.'고 설명하고 있다. 그러면서 번역초심자의 일반적인 어역(register)상 실수는 비격식

체로 번역할 것을 약간 구어체적으로 번역한다는 것이며 가끔은 지나친 격식체를 쓰기도 한다는 것이다. 같은 뜻이더라도 increasingly, particularly, work, recovered는 비격식체이며 more and more, above all, job, got well은 구어체이다. 그리고 death의 대응어를 써야 할 곳에 지나친 격식체인 decease의 대응어를 사용하는 것 등이다.

4) 문체(style)의 기준점으로는 공식성, 난이도, 정서적 음조 등으로 구분한다. 첫째, 'formality'를 기준하면 Officialese, Official, Formal, Neutral, Informal, Colloquial, Slang, Taboo로 나눌 수 있다. '이곳에서 음식물을 먹지 마시오'를 순서대로 정리하면 다음과 같다: Officialese (The consumption of any nutriments whatsoever is categorically prohibited in this establishment.); Official (The consumption of nutriments is prohibited.); Formal (You are requested not to consume food in this establishment.); Neutral (Eating is not allowed here.); Informal (Please don't eat here.); Colloquial (You can't feed your face here.); Slang (Lay off the nosh.); Taboo (Lay off the fucking nosh.). 둘째, 'difficulty'를 기준하면 텍스트의 문체는 Simple, Popular, Neutral, Educated, Technical, Opaquely technical로 분류할 수 있다. 그 예는 생략한다. 셋째, 정서적 음조는 Intense, Warm, Factual, Understatement로 나눌 수 있는데 그 예는 다음과 같다: Intense ('hot' 상태이다. Absolutely wonderful ... ideally dark bass ... enormously successfully ... superbly controlled); Warm (Gentle, soft, haeart-warming melodies); Factual ('cool' 상태이다. Significant, exceptionally well judged, personable, presentable, considerable); Understatement (Not ... dignified).

5) 텍스트 분석자의 태도(attitude)가 나타날 수 있다. 텍스트를 쓴 작가가 잘 썼다든지 못썼다든지 평할 수 있다. 비평에 사용될 수 있는 어휘로는 good, fair, average, competent, adequate, satisfactory, middling, poor, excellent 등이며 사용된 어휘가 positive, neutral, negative할 수 있다. 예를 들면 regime이란 단어가 프랑스에서는 중립적인데 영어에서는 부정적이다. 비슷한 용어의 선택은 그 사회의 분위기를 직접 보여주는데 한국어의 경우 현재에도 공산주의와 매카시즘의 영향을 받고 있다. 한국어에서 '김정일 징부'와 '김정일 정권'은 느낌이 다를 수 있다. '남한 정부와 북한 정부'라는 말을 쓸 수 없는 분위기에선 '남북이 만났다'든지 '남북당국자가 만났다'로 쓸 수밖에 없다. 누가 그리고 무엇이 우리의 언어생활을 제약하는가? 한동안 '내고향 남쪽바다 그 파란 물이 눈에 보이네'로 시작하는 이은상의 "가고파"를 부를 수 없었다. '어릴 제 같이 놀던 그 동무들 그리워라./ 어디 간들 잊으리오 그 뛰놀던 고향 동무/ ...'라는 구절 때문이었다. 남북분단과 대치상황은 우리의 언어생활에 깊숙이 영향을 미치고 있다. 이전에는 휘트먼 시를 번역할 때 people을 '민중'으로 번역할 수도 없었다. 더군다나 출근길에 빨간 치마와 빨간 넥타이를 매기가 겁나던 시절이 있었음을 여러분은 이해할 수 있는가?

6) 다음으로 텍스트 분석에 사용되는 용어는 '배경'(setting)이다. 텍스트가 공표되는 장소와 시간이다. 장소로는 정기간행물, 신문, 교과서, 잡지, 공문서, 사문서 등이 될 것이다. 시간으로는 언제의 텍스트가 언제의 독자층에게 전달되는 것인지를 분석하여야 번역시 실수가 없다.

7) 작품의 질(the quality of the writing)은 상당히 주관적이지만 최대한 객관성을 확보해야 한다. 표현적 텍스트인지, 정보적 텍스트인지, 호소적 텍스트인지에 따라 달라질 수 있다.
8) 모든 텍스트에는 지시적 의미와 함축적 의미(denotations and connotations)가 있다. 문맥상 어떤 의미로 사용되었는지를 정확히 구별할 줄 알아야 한다. 물론 가끔은 두 가지 모두 의미가 가능한 경우도 있으나 대개는 그 구별을 할 줄 몰라 오역을 한다. 예비 번역가들 중에는 지시적 의미로 번역하는 것을 직역, 함축적 의미로 번역하는 것을 의역으로 착각하는 경우가 있다.
9) 마지막 읽기(last reading)에서는 텍스트의 문화차이로 인하여 동등한 어휘가 없을 때나 번역이 불가능할 때를 접하게 된다. 사전은 한계가 있을 수 있으므로 외래어 표기법에 따라 처리하든지 역자 주를 달 수 있다.

지금까지 텍스트 분석과 비평을 위하여 살펴본 내용을 간략히 정리하면 다음과 같다.

A. 원어 텍스트(거시 항목) 분석
  1.a. 필자의 의도
  1.b. 텍스트 유형
  1.c. 독자층
  1.d. 출판 장소와 시간
  1.e. 언어적 특징과 문체
B. 원어 텍스트(미시 항목) 분석
  1.a. 통사 구조

1.b. 문법

1.c. 어휘: 지시적 의미와 함축적 의미

사실적(physical) 의미

비유적(figurative) 의미

기술적(technical) 의미

구어적(colloquial) 의미

2.a. 전문용어

2.b. 은유

2.c. 반복

2.d. 재창조

2.e. 음향 효과

2.f. 문화 어휘

3.a. 관용어

3.b. 기타 표현법

C. 번역가의 의도와 방법

1.a. 번역가의 의도

1.b. 번역 방법

D. 두 텍스트의 비교 평가

1. 오역

2. 과소번역

3. 과다번역

4. 강조점의 변화

5. 표현적 변경

E. 번역의 질 평가

[과제 1: 원어문체에 맞게 한국어로 번역하기]

Officialese: The consumption of any nutriments whatsoever is categorically prohibited in this establishment.

Official: The consumption of nutriments is prohibited.

Formal: You are requested not to consume food in this establishment.

Neutral: Eating is not allowed here.

Informal: Please don't eat here.

Colloquial: You can't feed your face here.

Slang: Lay off the nosh.

Taboo: Lay off the fucking nosh.

부록자료 2 참조

[과제 2: 번역비평]

다음 두 번역문을 읽고 왜 잘못된 번역이며 왜 잘된 번역인지를 위에서 학습한 기준에 따라 비교하시오.

(www.heraldcampus.co.kr/Service/sample/FOJD.asp)

❖ Please translate the following passage into Korean.

It is impossible now to imagine design without computers. Engineers of 30 years ago worked without even a pocket calculator. Many problems could not be solved because the necessary mathematics would have taken too long. Engineering designers now use powerful work stations that can visualize their creations in color and three dimensions. Simply checking that all the parts will fit together without bumping into each other saves an enormous amount of time. For really difficult problems, like designing the best shapes for the flow of fluids, the computer is indispensable. Once the product is designed, the specifications can go, via computer, direct to the shop floor for manufacture.

[번역문 1]

(Word-for-Word 식의 직역수준의 번역)

이제 컴퓨터들 없이 디자인을 상상하는 것은 불가능하다. 30년 전의 엔지니어들은 심지어 휴대용 계산기조차 없이 일했다. 많은 문제들이 풀리지 못했는데 필요한 수학적 계산이 너무 오래 걸렸기 때문이다. 엔지니어링 디자이너들은 이제 그들의 창작품을 컬러와 3차원으로 시각화할 수 있는 강력한 워크 스테이션을 사용한다. 모든 부분들이 서로 부딪히지 않고 함께 고정되어 있는지 간단히 확인할 수 있는 것은 막대한 량의 시간을 절약한다. 유체의 흐름을 위한 최상의 모양을 디자인하는 것과 같은 것은 정말 어려운 문제이기 때문에 컴퓨터는 필수불가결하다. 일단 제품이 디자인되면 그 설계 명세서들은 컴퓨터를 통해 생산을 위한 작업현장으로 직접 갈 수 있다.

[번역문 2]

(Word-for-Word 식에서 벗어나 의미 전달 중심으로 처리한 모범번역)

이제는 컴퓨터를 활용하지 않고 디자인을 한다는 것은 생각조차 할 수 없다. 30년 전만 하더라도 엔지니어들은 휴대용 계산기조차 없이 일을 했기 때문에 수학적 계산을 하는데 시간이 너무 많이 걸려 해결하지 못한 문제들이 아주 많았다. 요즘의 공학 설계사들은 자신이 디자인한 것을 3차원 컬러 영상으로 볼 수 있는 고성능 컴퓨터를 사용하고 있어서 설계도의 모든 부분을 손쉽게 재확인해 볼 수 있기 때문에 시간도 엄청 절약할 수 있다. 특히 공기의 흐름을 고려해야 하는 모양을 디자인하는 것은 아주 어렵기 때문에 컴퓨터가 반드시 있어야만 한다. 또한 컴퓨터를 이용하면 디자인한 설계도를 작업현장까지 이메일로 곧장 보낼 수도 있다.

[여러분의 번역 비평하기]

3. 생활과 정보통신

3.1 외래어와 일상생활

편지제목 [00 은행] 신종 인터넷 사기수법 주의 안내 메일입니다.

ⓐ 금융기관 명의로 이메일을 발송, 미리 작성된 가짜 웹사이트에 연결시킨 뒤 고객의 금융거래정보를 빼내는 인터넷 금융사기 수법인 '피싱(Phishing)'이 국내에서 처음으로 발견되어 고객님들의 주의가 요구됩니다.

ⓑ 피싱의 수법이 갈수록 고도화, 지능화되고 있기 때문에 고객님께서는 평소 PC 보안상태를 자주 점검하고, 아래 대처요령을 확인하시어 인터넷 금융거래 시 각별히 유의하여 주시길 바랍니다.

01 이메일(E-Mail) 또는 온라인 게시판에 링크된 금융회사 사이트는 이용하지 마십시오!

ⓒ 이메일 또는 온라인 게시판에 링크된 가짜 은행 홈페이지는 해당 은행의 실제 홈페이지와 외형이 비슷하여 진위여부의 판별이 어렵습니다. 메일이나 게시판의 글은 피해자의 관심을 유도하는 거짓 문구를 사용하여 고객들이 즉각 반응, 정보를 입력하도록 유도하는 것이 일반적인 사례입니다.

02 금융회사 홈페이지의 도메인 주소를 확인하십시오!

ⓓ 금융회사 이름(이니셜 또는 의미어 사용)과 .com 또는

.co.kr 로 되어 있는 정상적인 금융회사 도메인 주소를 반드시 확인하셔야 합니다. 금번 모은행 피싱사이트의 주소는 http://www.xxxxx.wo.ro로 도메인 주소만으로도 충분히 식별해 낼 수 있었습니다.

03 피싱으로 의심되는 경우 해당 금융회사 또는 한국정보보호진흥원에 신고하고 고객님의 PC 보안상태를 점검하여 주십시오!

[00은행 인터넷뱅킹 안전하게 이용하기]

- 전자금융거래 이용자 10계명
- 내 PC 보안상태 점검하기

- SMS 문자통지서비스
- 계좌 감추기 서비스
- 이체비밀번호변경 서비스
- Login후 첫화면 변경 서비스

한국정보보호진흥원 인터넷 침해사고 대응센터

02-118 00은행 콜센터 1588-xxxx (코드번호 : 441)

이 이메일은 00은행에서 발송한 발신전용 메일입니다.

[콜센터 ☎ 1588-xxxx]

[과제]

위내용 중 영어에서 유래한 한글표현이나 약자를 영어로 바꾸어 편지를 다시 쓰시오.

편지제목 [00 은행] 신종 Internet 사기수법 주의 안내 mail입니다.

ⓐ ______________________________

____

____

____

____

____

ⓑ ______________________________

____

____

ⓒ

ⓓ

3.2 이메일 번역하기

제2장에서는 젊은이들의 일상생활 속에서 마주칠 수 있는 간단한 전자우편을 번역하여 보기로 하겠습니다. 주로 비격식체 또는 구어체 문장들로서 보기 드문 정말 좋은 문장들입니다. 암기하셔도 좋을 글입니다. 이 글들은 동아일보와 YBMsisa.com이 공동으로 연재하고 있는 내용입니다. 영어학습자는 항상 좋은 문장을 만나도록 노력하여야 합니다. 텍스트의 거시적 분석과 미시적 분석 후에 번역작업에 들어가도록 하겠습니다.

3.2.1 You're not a kid anymore.

[원문]

You're not a kid anymore.

How's your new school life? I hope everything is going well for you. Mom is worried about your staying up late at night. Are you still spending much time surfing the Internet and playing computer games? Remember, you're not a kid anymore. Get the most out of all your classes. See you soon!

[원어 텍스트의 거시적 분석]

a) 화자/필자의 의도: 부모님이(아빠가) 떨어져 학교생활하는 자식에게 보내는 안부편지이다. 인터넷과 컴퓨터 게임에 빠지지 말고 학업에 열중하라는 뜻을 전달하고 있다.

b) 텍스트 유형: 전자우편.

c) 청자/독자층: 부모와 떨어져 학교생활하는 학생.

d) 출판의 장소와 시간: 개인간, 가족간 컴퓨터상에서 학기초 또는 학년초.

e) 언어적 특징 및 문체: 비격식체이며 구어체도 함께 사용되고 있다. 부모가 자식에게 편하게 대하는 평이한 문체이다.

[원어 텍스트의 미시적 분석]

a) 통사구조/ b) 문법/ c) 어휘/ d) 전문용어/ e) 비유법/ f) 수사법/ g) 기타

'You're not a kid anymore.'에서 'not ~ anymore'는 '더 이상 ~이 아니다'라는 뜻이며, 'stay up late at night'는 '밤 늦게까지 깨어 있다'는 뜻입니다. 'spend (much) time ~ing'는 '~하는데 시간을 소비/낭비하다'의 뜻이며, 'get the most out of'는 '~으로부터 최대한 얻어내다(활용하다)'라는 뜻입니다. 'be worried about'와 'surf the Internet' 또한 관용적 표현입니다. 잘 아시겠지만 인터넷은 영어로 쓸 때에는 항상 대문자로 시작합니다. 언젠가 경시대회에서 동점자가 몇 명 있었는데 단답형 문제의 답안이 순위를 좌우하였습니다. 'Internet' 첫 철자를 대문자로 쓴 응시자가 금상을, 소문자로 쓴 학생이 감점당하여 은상을 받은 것으로 기억됩니다.

[번역문]

넌 이제 어린애가 아냐.

새 학교 생활은 어떠니? 잘 지내고 있기를 바래. 엄마가 너 밤늦게까지 안 잔다고 많이 걱정하시더라. 너 아직도 인터넷 검색이나 컴퓨터 게임 하느라 시간 다 보내고 있는 거 아냐? 명심해. 넌 이제 어린애가 아니란 걸. 학교 수업도 열심히 들어야 해. 곧 다시 보자!

[번역비평]

a) 과다번역: 'Are you still spending much time surfing the Internet and playing computer games?'를 '너 아직도 인터넷 검색이나 컴퓨터 게임 하느라 시간 다 보내고 있는 거 아냐?'로 번역하였다. 여기에서 'much'가 '다'로 지나치게 번역되었다.

b) 과소번역: 'Get the most out of all your classes.'를 '학교 수업도 열심히 들어야 해.'로 번역하였다. 'get the most'가 '열심히'로 모자라게 번역되었다.

c) 오역: 'See you soon!'이 '곧 다시 보자!'로 번역되었다. 완전한 오역은 아니나 그냥 편하게 말하는 인사말을 글자그대로 직역하였다. 번역은 형식상, 기능상 등가가 최종적으로 목표어에서 청자가 동일한 효과를 느껴야 한다고 하였다. 한국어에서 부모가 자식에게 하는 인사말은 무엇이 있을까? '그래 잘 있어!' '잘 지내!' '잘 살어!' '또봐!'

d) 강조점의 변화: 'I hope everything is going well for you.' '잘 지내고 있기를 바래.'로 번역되었다. 이 역시 인사말에 가깝다. 서신에서 단골로 쓰는 말이다. 번역이 직역투가 됨으로써 너무 진지해졌다. 좀 가볍게 처리할 수는 없을까? '잘 있지?' '잘 지내지' '별 일 없지?' 영어에서는 안부인사를 의문문으로 만들지 않으나 한국어에서는 의문문으로 한다. '어디 가니?' '저어기 좀요.' 'Where are you going?' 'To the library.'

e) 기타:

f) 번역의 질: 의미번역도 전반적으로 좋고 문체도 잘 적용되었다. 번역은 전체적으로 상당히 우수하다.

3.2.2 I make a trip for nothing.

[원문]

I make a trip for nothing.

My laptop got a virus, so I called one of your service centers and a technician told me that I could just drop by at the nearest center anytime I want. I want to make sure that I really don't need to make an appointment before **I make a trip for nothing**. I also need **the directions** to the nearest service centers from my neighborhood.

* Make a trip for nothing은 '(어느 곳에 갔다가) 아무 소득도 없이 돌아오다' 라는 뜻입니다. Make an appointment는 '약속하다', directions는 '~으로 가는 방법' 이라는 뜻입니다.

[번역문]

헛걸음하다.

제 컴퓨터가 바이러스에 걸려서 수리센터에 전화했더니 어떤 기술자 한 분이 언제라도 가까운 센터에 가면 된다고 했거든요. 그런데 **헛걸음 하기** 전에 정말 약속 안하고 가도 되는지 확인하고 싶어서요. 저희 동네에서 가장 가까운 수리센터가 어디에 있는지 좀 알려주세요.

[원어텍스트의 거시적 분석]

a) 화자/필자의 의도:

____

____

____

b) 텍스트 유형:

____

____

____

c) 청자/독자층:

____

____

____

d) 출판의 장소와 시간:

____

____

____

e) 언어적 특징 및 문체:

____

____

[텍스트의 미시적 분석]

a) 통사구조/ b) 문법/ c) 어휘/ d) 전문용어/ e) 비유법/ f) 수사법/ g) 기타

3.2.3 Everything is still up in the air.

[원문]

Everything is still up in the air.

How's going, Jenny? During the summer I'm planning to go to a language institute in your country. I don't know how much I can improve my English, but everyone says it's all up to me. I'm preparing now, but I don't know if I can get a visa on time. Everything is still up in the air. I really want to go. We'll see.

* Up in the air는 '미정의', '막연한' 이라는 뜻이며, a language institute는 '어학원, 어학연수기관', be all up to ~는 '~에게 전적으로 맡겨져 있다' 라는 의미입니다.

[번역문]

모든 것이 아직 막연할 뿐이야.

잘 지내고 있어, 제니? 이번 여름에 너희 나라로 어학연수 갈 계획이야. 내가 영어실력을 얼마나 향상시킬지는 모르겠지만, 다들 그건 내가 어떻게 하느냐에 달려 있다고 하더라고. 준비는 하고 있지만, 비자를 제때에 받을 수 있을지는 모르겠어. **모든 것이 아직 정해지진 않았어.** 정말 가고 싶다. 곧 알게 되겠지.

[원어텍스트의 거시적 분석]

a) 화자/필자의 의도:

b) 텍스트 유형:

c) 청자/독자층:

d) 출판의 장소와 시간:

e) 언어적 특징 및 문체:

[원어텍스트의 미시적 분석]

a) 통사구조/ b) 문법/ c) 어휘/ d) 전문용어/ e) 비유법/ f) 수사법/ g) 기타

3.2.4 I miss the meals that you made from scratch.

[원문]

I miss the meals that you made from scratch.

Mom! Thank you for the care package that you sent me. The dress was gorgeous, and your homemade cookies were so delicious. You know, the food at the student dining hall is awful, and I'm getting sick and tired of eating out. **I miss the meals that you made from scratch.** Take good care of yourself! See you soon.

* From scratch는 '맨 처음부터(from the very beginning)'의 뜻으로 본문에서는 동사 make와 함께 쓰여 '직접 요리하다' 라는 듯으로 해석할 수 있습니다. 집에서 멀리 떨어져 사는 가족이나 친구에게 음식이나 과자 등을 담아 보내는 소포를 care package라고 하며 get the sick and tired of는 '~이 지겨워 지다'라는 뜻입니다.

[여러분의 번역문]

직접 만들어 주신 음식이 그리워요.

[번역비평]

a) 과다번역:

b) 과소번역:

c) 오역:

d) 강조점의 변화:

e) 기타:

f) 번역의 질:

3.2.5 My background and your requirements will be a good match.

[원문]

My background and your requirements will be a good match.

I am very interested in the position of the manager of Marketing Department. I have been seeking such an opportunity to work with you. You will find that **my background and your requirements will be a good match.** I'm attaching my resume. I would be happy to get a chance to talk to you in person. Thank you for your time and attention.

* Be a good match는 '부합하다, 잘 맞는다' 라는 뜻이며 requirement는 '필요(자격)조건', resume는 '이력서'입니다. 발음은 [rézjumèi]입니다.

[여러분의 번역문]

제 이력이 귀사의 자격요건에 적합합니다.

[번역비평]

a) 과다번역:

b) 과소번역:

c) 오역:

d) 강조점의 변화:

e) 기타:

f) 번역의 질:

3.2.6 Welcome aboard!

[원문]

Welcome aboard!

Congratulations and **welcome aboard!** We would like to inform all the new employees that there is an orientation starting tomorrow morning. You'll become acquainted with our company, your rights, and responsibilities as an employee during the three-day session. Please remember to bring your personal belongings and one set of business clothes.

* Welcome aboard! 는 비행기나 배 따위에 탑승할 때 승무원들이 승객들에게 하는 인사말인데, 신입사원이나 새로운 인물을 환영할 때도 많이 씁니다. Become acquainted with는 '...을 알게 되다', '익숙해지다'라는 뜻입니다.

[원어텍스트의 거시적 분석]

a) 화자/필자의 의도:

____

____

____

b) 텍스트 유형:

____

____

____

c) 청자/독자층:

d) 출판의 장소와 시간:

e) 언어적 특징 및 문체:

[원어텍스트의 미시적 분석]

a) 통사구조/ b) 문법/ c) 어휘/ d) 전문용어/ e) 비유법/ f) 수사법/ g) 기타

[여러분의 번역문]

입사를 환영합니다.

3.2.7 When life hands us lemons, make lemonade!

[원문]

When life hands us lemons, make lemonade!

I'm sorry to inform you that the deal we've been working on fell through. I know you must be disappointed. It's a really tough time for all of us, but let's cheer up! You know the phrase, "**when life hands us lemons, make lemonade!**" I think we learned a lot from our failure this time.

* When life hands us lemons, make lemonade!는 '좋지 않은 상황을 긍정적인 상황으로 바꾸다', 즉 '전화위복으로 삼다'라는 의미입니다. Fall through는 '실패하다'라는 뜻입니다.

[원어텍스트의 거시적 분석]

a) 화자/필자의 의도:

b) 텍스트 유형:

c) 청자/독자층:

d) 출판의 장소와 시간:

e) 언어적 특징 및 문체:

[원어텍스트의 미시적 분석]

a) 통사구조/ b) 문법/ c) 어휘/ d) 전문용어/ e) 비유법/ f) 수사법/ g) 기타

[여러분의 번역문]

전화위복의 기회로 삼읍시다!

3.2.8 I'm tying the knot next month

[원문]

I'm tying the knot next month.

Dear Joan. Guess what? I'm tying the knot next month. **I should have said this earlier.** I want to ask a favor of you. I want you to be a big part of my wedding. Could you be my maid of honor? I'll be so glad if you can. But if you can't, it won't matter as long as you come to my wedding.

* Tie the knot은 '결혼하다'라는 뜻입니다. 본문 중의 ask a favor of는 '... 에게 부탁하다'라는 뜻이며 Guess what?은 새로 들은 뉴스나 재미있는 얘기를 하기 전에 "있잖아, 너 그거 알아?"라는 뜻으로 하는 말입니다. 신부 들러리는 maid of honor라고 합니다.

[원어텍스트의 거시적 분석]

a) 화자/필자의 의도:

b) 텍스트 유형:

c) 청자/독자층:

d) 출판의 장소와 시간:

e) 언어적 특징 및 문체:

부록자료 3 참조

[원어텍스트의 미시적 분석]

a) 통사구조/ b) 문법/ c) 어휘/ d) 전문용어/ e) 비유법/ f) 수사법/ g) 기타

[여러분의 번역문]

나 다음달에 결혼해.

부록자료 3 참조

[번역비평]

a) 과다번역:

b) 과소번역:

c) 오역:

d) 강조점의 변화:

e) 기타:

f) 번역의 질:

부록자료 3 참조

3.3 번역문 분석과 비평

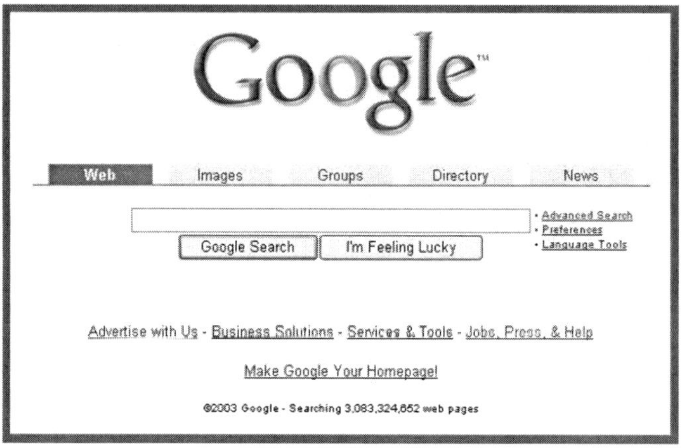

3.3.1 More Is Not Necessarily Better 1

다음은 국내 일간지의 논설위원이 뉴욕타임스에 실린 칼럼을 번역한 글이다. 원문은 미국에서 가장 인기 있는 인터넷 검색 엔진의 영향력에 관한 글이다. 잘된 번역의 표본이다. 우리는 이 번역 텍스트를 통하여 영어 텍스트가 어떻게 한국어 텍스트로 바뀌는지를 살펴볼 것이다. 그 동안 우리가 평생 해왔던 번역의 기본 규칙을 점검할 것이다.(출처: New York Times, Aug. 23, 2004; By Matthew Hindman and Kenneth Neil Cukier; 뉴욕타임스로 논술을 잡아라 II, 111-115)

[원문과 번역문]

More Is Not Necessarily Better

Imagine if one company controlled the card catalog of every library in the world. The influence it would have over what people see, read and discuss would enormous. Now consider online search engines.

더 많은 것이 반드시 더 좋은 것은 아니다

만약 한 회사가 세계 모든 도서관의 카드식 목록을 통제했다고 상상해 봐라. 그 회사가 사람들이 보고 읽고 토론하는 일에 미치는 영향력은 막대할 것이다. 이제 온라인 검색 엔진을 고려해 봐라.

Few people realize that 95 percent of all Web searches in the United States are handled by two companies, Google and Yahoo, either directly or through other sites that use their technology. In the case of Google, whose shares started to trade publicly last week, the company holds the world's largest index of Web content, at more than four billion pages and handles more than 200 million searches a day. The influence of search companies in determining what users worldwide can see and do online is breathtaking.

미국에서는 모든 웹 검색의 95%가 구글과 야후 두 회사가 직접 또는 그들의 기술을 이용하는 다른 회사를 통해 처리되고 있다는 것은 아는 사람들이 매우 적다. 지난 주 주식이 공개적으로 거래되기 시작한 구글의 경우 세계에서 월드 와이드 웹 내용의 가장 큰 색인을 가지고 있다. 40억 페이지 이상 색인을 가진 구글은 하루에 2억 개를 넘는 검색을 처리한다. 세계이용자들이 온라인에서 뭘 보고 뭘 할 수 있는지를 결정하는 데 검색 회사들의 영향력은 깜짝 놀랄만하다.

[번역비평: 미시적 분석]

① 우리는 영어와 한국어가 어순이 다름을 알게 된다. 영어 텍스트의 구문은 주어(you) + 술어 (imagine) + 목적어 (if ~) 순서이다. 한국어는 주어 + 목적어 + 술어의 어순을 가지므로, if ~이하를 먼저 번역하고 나서 맨 나중에 '상상해 봐라'로 번역이 되었다. 물론 이는 명령문이므로 주어가 생략된 채로 번역된 것이다. if ~가 목적어이고 간접의문문을 이끌 경우, 대개 "~인지 어떤지"로 번역하는데 여기에서는 '~했다고'로 번역하였다.

② 우선 대명사 'it'를 '그것이'로 하지 않고 '그 회사가'로 번역하였다. 이는 영어에서는 대명사가 잘 발달하였지만, 한국어에서는 그렇지 않음을 보여준다. 따라서 일반적으로 영어의 대명사는 한국어로 번역할 때 앞에 나온 명사를 반복하거나 약간 변형하는 것이 좋다. 다음으로 원문과 번역문을 비교하면 'the influence'을 수식하는 말이 영어에서는 뒤에 있고 한국어에서는 '영향력' 앞에 오고 있음을 알게 된다. 형용사 한 두 개의 간단한 명사 수식은 영

어나 한국어 모두 앞쪽에 위치한다.

③ '주어 + 술어 + 목적어' 영어 어순이 '주어 + 목적어 + 술어' 한국어 어순으로 바뀜을 확인한다. 한편, 이 문장에서는 '명사 + 명사 + 명사'를 살펴보자. 'online search engines'가 '온라인 검색 엔진'으로 동일한 순서로 번역되었다. 다만 세 개의 명사의 자격이 서로 다름을 지적하고자 한다. 영어 세 단어 중 'engines'가 가장 중요하고 이를 'search'가 붙어서 'search engines'가 되고 다시 이를 'online'이 덧붙어 'online search engines'가 된 것이다. 외견상 명사 +명사+명사의 경우 예외는 있을 수 있다. 두 언어의 문화적 전통에 어휘 순서가 다를 때이다. 예를 들면, Southeast Asia(동남 아시아)나 North-south problems (남북 문제) 그리고 'new-brand glue stick'은 '신상품 막대기 풀' 또는 '막대기 풀 신상품'이다.

④ 첫째 주어+술어+목적어의 영어 구문이 반복된다. 'Few people realize'의 주어+술어가 간단하고 'that ~'이하의 긴 목적어가 나온다. 이 때에는 'that ~'이하의 목적어를 먼저 한국어로 번역하고 짧은 '주어+술어'를 나중에 번역하였다. 여기에서 알 수 있는 것은 한국어는 어순이 비교적 자유롭다는 것을 알 수 있다. 한국어 번역시 원문의 목적어가 비교적 간단하면 주어+목적어+술어 순서로 번역하고 원문의 목적어가 절로 구성되어 비교적 길어지면 목적어+주어+술어 순서로 번역해본다. 한국어 구어체에서는 심지어 목적어+술어+주어 순으로 번역도 가능하다. 둘째, '95 percent of all Web searches in the United States'(미국에서 모든 웹 검색의 95%가)의 번역을 살펴본다. 이는 '미국의 모든 웹 검색의 95 퍼센트가'도 가능하다. '에서'를 '의'로 바꿀 수 있고, '%'라는 기호는

가능한 한 한국어로 표기해 준다. 이와 관련하여 'percent'와 'percentage'의 실제 쓰임새도 분명하게 알아 둘 필요가 있다. 'one percent of', '3 percent of', 'one hundred percent of', 'a small percentage of', 'the high percentage'. 단어 앞에 수사가 오면 percent를 수사 이외의 것이 오면 percentage를 쓴다. 그리고 percent는 원칙적으로 복수 수사가 앞에 와도 '_s'를 붙이지 않는다. 흔히 쓰이는 '2 프로'라는 말은 영어 표현과 한국어 표현 어디에도 없는 말이다. 넷째, 'either directly or through other sites that use their technology'는 소위 부사어이다. 부사어는 일반적으로 영어에서는 술어 뒤에 오지만, 한국어에서는 부사어+술어 순서로 번역한다. '부사어'는 한국어 어미가 '이, 히, 리, 게'로 끝나거나, '~을 통하여', '~와 함께', '~에서', '~에' 등으로 장소, 시간, 방법, 수단 등을 나타내는 말이다. 다섯째, 한국어에서는 수동형이 부자연스럽다. 따라서 영어의 수동형은 한국어의 능동형으로 바꾸는 일이 많아진다. 그러나 이때 의미의 혼동이나 손상이 오는 것을 조심해야 한다. 제시된 번역문에서 'are handled by two companies, Google and Yahoo, either directly or through other sites that use their technology' 부분이다. 'by two companies, Google and Yahoo'가 주격으로 바뀌어 '구글과 야후 두 회사가'로 바뀌었다. 매우 능숙한 방법이다. 문제는 그 뒷부분이다. '직접 또는 그들의 기술을 이용하는 다른 회사들을 통해 처리되고 있다'와 앞부분의 '두 회사'와 연결시켜 다시 써보면, '두 회사가 직접 처리되고 있다'와 '그들의 기술을 이용하는 다른 회사들을 통해 처리되고 있다'가 된다. 번역자의 고민이 있었겠지만, 앞부분이 어색해진다. '두 회사가' '직접' '처리하거나'로 바꾸어야 한다. 그리고 대명사 'their'도 '두 회사의'로 바꾸면 뜻은 더욱 명확해진다.

⑤ 'In the case of Google, which ~ , the company holds ~ , at more than four billion pages, and handles ~.'를 살펴본다. ', which ~,'는 선행사 Google을 수식하므로 먼저 번역을 시작한 것은 옳다. 그리고 the company의 번역이 동일한 Google과 연속으로 겹치므로 이를 생략한 것도 옳다. 그리고 원문에서 'at more than four billion pages'는 바로 앞의 'the largest index of Web content'를 구체적으로 설명하기 위한 표현이었는데, 이를 뒤쪽에 나오는 'handles more than 200 million searches a day'의 주어로 활용했다. 번역의 등가를 형식적 등가와 기능상 등가성으로 나눌 때, 엄격히 형식상 등가에 따른 번역으로 보면 문제가 되나 의미 중심의 기능상 등가에 따른 번역으로 보면 문제가 없다.

⑥ 문장 구조를 보면 주어는 'The influence of search companies'이고 술어는 'is breathtaking'이며, 'in determining ~ do online'은 독립된 부사어이다. 따라서 부사어 부분을 먼저 번역한 후, 주어+술어로 번역한 것은 잘된 번역 순서이다. 그리고 'what users worldwide can ~'(세계 이용자들이 ~) 부분에서 worldwide가 뒤에서 앞의 users를 수식하고 있는 것을 알아둘 필요가 있다. 영어에서는 한 단어 형용사가 앞의 명사를 꾸미는 경우가 가끔 있다. 'people present'는 '참석한 사람들'이고 'Asia Minor'는 '소아시아'가 된다.

우리는 이제까지 검색 엔진에 관한 뉴욕타임스 칼럼을 한국어로 번역한 글을 원문과 번역문을 대조하면서 왜 잘된 번역인지를 집중 분석하였다. 이와 같은 분석과 비평을 할 수 있을 때 좋은 번역가의 자질을 갖추었다고 할 수 있다. 점검한 영한 번역의 기본

원리를 정리하면 다음과 같다.

1) 영어의 주어 + 술어 + 목적어는 한국어에서 주어 + 목적어 + 술어 순서로 번역한다. 한국어 주어에 붙는 조사는 '은, 는, 이, 가'이며, 목적어에 붙는 조사는 '을, 를'이다.
2) 영어의 대명사는 한국어에서 가능한 한 명사를 번역한다.
3) 영어의 수식어 + 명사는 한 두 단어의 형용사일 경우이고, 명사 + 수식어는 형용사구와 형용사절인 경우가 일반적이다. 그러나 한국어 번역에서는 언제나 수식어 + 명사 순이다.
4) 영어의 주어 + 술어 + 목적어 문장 구조에서 주어 + 술어 부분이 짧고 목적어 부분이 절로서 긴 경우, 한국어로는 목적어 +주어 + 술어 순서로 번역한다.
5) 동격의 삽입구나 절은 먼저 번역한다.
6) 영어의 주어 + 술어 + 부사어는 한국어에서 주어 + 부사어 + 술어 순으로 번역된다.
7) 영어의 수동형은 한국어에서 수동형으로 번역할 수도 있으나 가능하면 능동형으로 번역한다.
8) 형식상 등가(等價; equivalent)로 번역하되, 어색하면 의미의 손상이 없도록 기능상 등가로 번역할 수 있다.
9) 영어의 '주어 + 독립 부사어 + 술어'는 독립 부사어 + 주어 + 술어로 번역한다.
10) 영어에서는 형용사 + 명사 구조가 원칙이나 간혹 명사 + 형용사 구조가 있는데, 한국어 번역에서는 항상 형용사 + 명사 순으로 번역한다.

3.3.2 More Is Not Necessarily Better 2

앞 절에서 학습한 글의 계속되는 부분입니다. 이를 활용하여 여러분이 직접 영한번역 학습을 위하여 원문과 번역문의 비교분석을 시도합니다.

[원문과 번역문 I]

As disquieting as this may be, it masks a deeper problem. While search engines are indispensible for finding information online, the technology on which they are based serves to narrow the field of sites that people see. In this respect, Google's technology reinforces a worrisome feature of the Web: the trend toward consolidation that affects everything from politics to news to commerce.

이러한 위력이 불안스럽게 하는 것만큼이나 여기에는 더 깊은 문제가 가려져 있다. 검색 엔진은 온라인으로 정보를 찾는 데 반드시 필요하지만, 그것이 기반한 기술은 사람들이 보는 사이트의 범위를 좁히는 데 기여한다. 이러한 면에서 구글의 기술은 월드 와이드 웹의 우려할 만한 특징을 재강화한다. 즉 정치에서 뉴스와 상업까지 모든 것에 영향을 미치는 통합 추세 말이다.

[원어텍스트의 거시적 분석]

a) 화자/필자의 의도:

b) 텍스트 유형:

c) 청자/독자층:

d) 출판의 장소와 시간:

e) 언어적 특징 및 문체:

[원문과 번역문 2]

Google's use of links to fined content essentially turns the Web into the world's biggest popularity contest -- and just as in high school, this can have negative consequences. Google's great innovation in online searching, and the main reason it is so successful, is that its technology analyzes links among Web pages, not just the content within them. Behind Google's complex ranking system is a simple idea: each link to a page should be considered a vote, and the pages with the most votes should be ranked first. This elegant approach uses the distributed intelligence of Web users to determine which content is most relevant.

내용을 찾기 위한 구글의 링크 사용은 본질적으로 월드 와이드 웹을 세계에서 가장 큰 인기 대회로 바꾸어 놓았다. 그리고 꼭 고등학교에서처럼 이것도 부정적인 결과를 가져올 수 있다. 온라인 검색에서 구글의 혁신, 그리고 구글이 그렇게 성공한 이유는, 구글의 기술이 단순히 웹 페이지들의 내용만이 아니라 웹 페이지들 사이의 링크도 분석한다는 것이다. 구글의 복잡한 등급 매기기 제도의 배후에 있는 것은 간단한 생각이다. 페이지링크 하나는 한 표로 쳐야 하고, 가장 표가 많은 페이지들이 먼저 놓여져야 한다. 이 우아한 접근법은 월드 와이드 웹 사용자들의 분산된 지능을 이용해 어떤 내용이 가장 관련 있는지를 결정한다.

[원어텍스트의 미시적 분석]

a) 통사구조/ b) 문법/ c) 어휘/ d) 전문용어/ e) 비유법/ f) 수사법/ g) 기타

[원문 3]

But what is good for Google is not necessarily good for the rest of the Web. The company's technology is so strong that its competitors adopted a similar approach to organizing online information, which means they now return similar search results. Thus popular sites become ever more popular, while obscure sites recede ever further into the ether.

* ether : the regions of space beyond the earth's atmosphere; the heavens

[여러분의 번역문]

[원문과 번역문 4]

This winner-take-all system is not unique to the Web, but technology seems to encourage it. That would explain the predominance of one or two sites in almost every category of online information, be it eBay for auctions or Amazon for books. When people are given lots of choices they tend do concentrate their attention on only a few. (Studies show, for example, that the majority of users don't click past the first page or two of results when looking for information online.)

승자독식(勝者獨食)제도는 웹에만 있는 것은 아니다. 그러나 기술이 승자독식을 더욱 부채질한다. 그것은 경매에서 이베이, 책에서 아마존의 경우처럼 온라인 정보의 거의 모든 범주에서 한 두개 사이트가 지배하는 현상을 설명해준다. 사람들은 수많은 선택을 할 수 있지만 관심을 단지 몇 개에 집중하는 경향이 있다. (예를 들어 연구결과는 대부분의 이용자가 온라인에서 정보를 찾을 때 한두 페이지 결과를 넘어서서 클릭하지는 않는다는 것을 보여준다.)

[토론 주제]

영한번역시 왜 나의 번역문은 일반적으로 왜 길어지는가? 그 요인은 구체적으로 무엇인가

[번역비평]

a) 과다번역:

b) 과소번역:

c) 오역:

d) 강조점의 변화:

e) 기타:

f) 번역의 질:

4. 국제 정치와 사회

4.1 국제 정치와 사회 1: 국제 인신매매 보고서

4.1.1 원어텍스트 분석

미국 국무부는 매년 국제사회의 인신매매와 성매매에 관한 보고서를 발표하고 있다. 최근에 발표된 "미국 국무부 연례 국제 인신매매 보고서"의 [원문]을 통독하고 [거시적 텍스트 분석: 저자와 문화 이해를 위하여]와 [미시적 텍스트 분석: 언어지식-명사 이해를 중심으로]를 통하여 정독을 한다. 그 후에 [여러분의 번역]에서 직접 번역을 시도한 후 기존의 [번역문]을 읽고 자신의 번역과 비교해 보는 과정을 가진다. 다음으로 [토론 과제]와 [번역비평: 한국어 표현을 중심으로]를 통하여 번역의 실제에 나타나는 여러 문제점을 학습한다. 그리고 [응용 과제 1]과 [응용 과제 2]를 통하여 심화학습하고, [역동적 번역이란 무엇인가]로 마무리한다. 역동적 번역이란 성경번역학자들이 여러 방식으로 성경번역을 하다가 정착된 하나의 방식인데 직역수준을 넘어 어떻게 의미 번역할 것인가의 기준이 들어있다. 현대번역의 대표적인 방법이므로 반드시 숙지할 필요가 있다. 이번 항에서의 작업은 영한번역이 영문해석이나 독해와 무엇이 다른지를 알게 하는 과정이다. 원어 텍스트의 이해와 함께 목표어 텍스트로 표현해내는 훈련의 이론을 제공하고 실제작업을 경험하게 된다.

[원어텍스트]

Trafficking in Persons Report Released by the Office to Monitor and Combat Trafficking in Persons

II. International Best Practices

TIP REPORT INTERNATIONAL BEST PRACTICES

① The Republic of Korea (R.O.K.): Cracking Down on **Prostitution** and **Trafficking**. ② In response to a petition by a million Korean women, the R.O.K. passed two significant anti-prostitution and anti-trafficking laws in 2004 ③ aimed at combating the **commercial sexual exploitation** of women and girls. ④ The laws not only stiffened penalties for trafficking and prostitution, established **support mechanisms and facilities for victims**, and provided for public awareness and education campaigns, ⑤ but also reflected the input of the NGO community and **the government agencies** charged with **responsibility for enforcement**. ⑥ The Government of the Republic of Korea backed its new laws with both political will and resources. ⑦ The new legislation has resulted in the rescue of over 200 victims and the arrests of **over 500 traffickers and sex-buyers.** ⑧ The government's efforts have also produced a visible reduction in the commercial sexual exploitation of women and girls ⑨ and markedly raised **public awareness of trafficking and prostitution.**

[원문의 거시적 텍스트 분석: 저자와 문화 이해를 위하여]

1) 뉴마크의 번역론에 따르면 텍스트는 언어의 세 기능에 따라 세 텍스트 유형으로 나눌 수 있다고 한다. 위 텍스트는 어디에 해당하는가?

⇨ expressive( ), informative( ), vocative( ) function of language/text-type

2) SL Text의 필자/화자는 누구인가? 독자/청자는 누구인가?

⇨ 미국 국무부 반인신매매 사무국에서 작성하고 (미국 및 전세계 시민)이 독자/청자가 된다.

3) 필자/화자의 의도/목적는 무엇인가?

⇨ 인신매매에 관한 연례 보고서를 지속적으로 작성하여 미국의 대외정책의 기준으로 삼고 당사국에 비난 및 격려 효과를 노린다.

4) 어떤 문체를 사용하고 있는가?

⇨ Formal( ), informal( ) style.

5) Source Language Text 필자/화자와 Target Language Text 독자/청자 사이에는 문화-사회적 요인이 어떻게 다른가?

⇨ SLT의 나라인 미국은 개인주의와 남녀평등사상에 입각하여 여성인권을 존중하는 전통이 빨리 확립되었고, TLT의 나라인 한국은 집단주의와 남존여비사상이 강하여 아직 여성인권 존중이 확립되지 못한 사회이다. 노무현 정부는 인신매매와 매매춘 금지 법안을 강행하여 일부 계층으로부터 강한 반발과 거부를 당하는 것으로 보인다. 모 상공회의소 회장: '하수도도 흐르게 해야. 이상주의에 빠져 만든 법'이라고 비난.

[원문의 미시적 텍스트 분석: 명사 이해를 중심으로]

- prostitution: 매춘, 매음. licensed [public] ~ 공창(公娼)(제도).
- trafficking: 인신매매. Trafficking in Persons 인신매매의 줄임말. traffic: 장사, 매매, (종종 부정한) 거래. ~ in slaves 노예매매.
- the commercial sexual exploitation: 상업적 성 착취.
- support mechanisms and facilities for victims: 희생자들을 위한 지원 체계와 시설.
- the government agencies: 정부기관.
- responsibility for enforcement: 법 집행 책임.
- over 500 traffickers and sex-buyers: 500 명이 넘는 인신매매범과 성매매범.
- public awareness of trafficking and prostitution: 인신매매와 매춘에 대한 사회적 인식.

4.1.2 번역문 비교하기와 번역비평

[여러분의 번역: ①에서 ⑤까지]

[번역문]

미국 국무부 연례 국제 인신매매 보고서

II. 각국 모범 사례

각국의 주요 모범 사례 보고

(1) 대한민국 (이하 '한국'): 현재 매춘과 인신매매 단속 중임. (2) 한국 여성 백만 명의 탄원으로 한국은 2004년 **여성과 여아**들의 상업적성착취를 근절하기 위해 (3) **인신매매와 매매춘 관련 두개의 중요한 법**을 통과시켰다. (4) 이를 통해 인신매매와 매춘에 대한 처벌 규정 강화, 희생자들을 위한 지원 체계와 시설 마련, 인식 제고와 교육 캠페인이 이루어졌으며, (5) 비정부기구와 법집행을 담당하는 정부기관이 개진하는 의견도 반영되었다. (6) 한국 정부는 이 새 법안에 정치적 의지와 자원을 투입해 지원한 결과, (7) 피해자 200 여명을 구제하고 500 명이 넘는 인신매매범과 성매매범을 구속할 수 있었다. (8) 이러한 정부의 노력으로 여성과 여아들의 상업적 성착취가 현저히 줄었으며, (9)인신매매와 매춘에 대한 인식도 눈에 띄게 고양되었다
.

[번역비평: 한국어 표현을 중심으로]

우선 소제목 'TIP REPORT INTERNATIONAL BEST PRACTICES'는 '각국의 주요 모범 사례 보고'로 번역되었다. 여기에서 TIP는 Trafficking in Persons의 약자로서 '인신매매 보고서'라는 뜻이다. 이 부분은 원문에서는 진한 글자크기로 처리된 부분이다. 일종의 제목인데 본문의 일부인 것처럼 처리되어있다. 똑같이 진한 글자 처리를 하거나 따옴표를 찍거나 해야 한다. 참고로 Hamlet와 *Hamlet*은 다른 뜻이다. 전자는 극중의 등장인물 이름이고 후자는 그 주동인물이 등장하는 책이름이다.

(1) '현재 매춘과 인신매매 단속 중임'은 'Cracking Down on ~'의 번역인데 원문의 의미보다는 약화되었다. 언제 한국에서 매춘을 단속하지 않았던가? 고 박정희 대통령시절에도 수시로 단속했었는데? 그러나 이번의 경우는 좀 다른 것 같다. 단순한 단속이 아니라 법률까지 만들어 통과시킨 것은 한국 정부 역사에서 최초일 것이다. 단속은 일상적인 행위인데 반하여 영어표현은 '엄단' 또는 '단호한 조치'에 가깝다.

(2) 'women and girls'를 '여성과 여아들'로 번역하였다. 앞쪽은 성인여성 뒤쪽은 미성년 여성임을 강조한 번역인 듯하나 여아라는 표현은 '어린 여자아이'의 의미로 유치원생까지도 연상되는 단어이다. 이는 지나친 직역으로 한국어에서 어색하다. '성인 및 미성년 여성'정도가 어떨까 한다. 그리고 'aimed at combating ~'은 앞의 법안을 수식하는 형용사구이다. '근절하기 위해'는 번역의 기능적 등가(functional equivalent)를 달성한 것이라고 말할 수 있다. 단지

번역이 기능에 형식까지 동등한 형식적 등가(形式的 等價; formal equivalence)를 달성하는 것이 목표라면 '근절을 목표로 하는'이 문장구조로 보아 합당하다 할 것이다.

(3) '인신매매와 매매춘 관련 두개의 중요한 법'은 'two significant anti-prostitution and anti-trafficking laws'의 번역이다. 이 번역도 의미가 약화되었다. 단순 관련 법안이 아니라 'anti-'라는 접두어가 붙었다. 아직은 어색할지 모르지만 '반 매매춘' '반 인신매매'라고 직역하는 것이 더 나을 듯하다.

(4) & (5) 원문의 문장구조가 '주어+not only 동사1, 동사2, 동사3 but also 동사1'임을 파악해야 한다. 그 다음에 번역이 시작되어야 한다. 'The laws ~'의 무생물 주어는 '이를 통해'로 번역되었다. 좋은 시도이다. 영어 텍스트의 무생물 주어를 직역하면 어색하므로 한국어 번역에서는 위와 같이 부사어로 번역하는 경우가 많다.

(6) & (7) 원문은 두 문장인데 번역문에서는 한 문장으로 묶었다. 앞문장이 원인이고 뒷문장이 결과라고 본 것이다. 좋은 시도이다. 한편 두 텍스트 전체에서 'the R.O.K.'는 '대한민국'으로 번역되었고 'The Government of the Republic of Korea'는 '한국 정부'로 번역되었다. 이 두 단어의 차이를 알아야 한다. 전자는 한국 전체, 입법부와 행정부 모두를 포함하고 있고 후자는 행정부만 지칭하고 있다.

(8) & (9) 위 글의 여섯 문장의 주어가 다 무생물 주어임을 주목해야 한다. 공식적인 글에서 자주 나타나는 현상이다. 'The government's efforts have also produced a visible reduction in ~' '이러한 정부의 노력으로 ~가 현저히 줄었으며'로 번역되었다. 영어의 무생물 주

어는 한국어에서 부사어로, 영어 'in ~'의 전치사 목적어가 한국어 주어로, 영어 'visible'이 형용사에서 한국어 부사로 바뀌었다. 이 원리를 반드시 습득하여야 한다. 어순과 통사구조가 다른 두 언어 사이의 번역임을 감안하면 아주 잘된 번역이다. 원문이 의도한 전체적 의미와 효과가 잘 나타나 있다.

4.1.3 응용과제

[응용 과제 I]

위 원문 텍스트는 "미국 국무부 연례 국제 인신매매 보고서"의 'II. 각국 모범 사례'이었고 다음 텍스트는 'V. 각국별 상황보고'중에서 한국에 관한 내용 1이다. 다음을 한국어로 직역하라.

REPUBLIC OF KOREA

South Korea is a source, transit, and destination country for women who are trafficked for the purpose of sexual exploitation. Women from Russia, the People's Republic of China (P.R.C.), the Philippines, Thailand, and other Southeast Asian countries are trafficked for commercial sexual exploitation to South Korea. Korean women are trafficked to Japan and to the United States, sometimes via Canada, for exploitation in prostitution. In recent years, the Government of the Republic of Korea has taken significant steps to address the problem, including through tightening of enforcement and an ambitious legislative campaign aimed at curbing trafficking and exploitation of women.

대한민국

[응용 과제 2]

위 원문 텍스트는 "미국 국무부 연례 국제 인신매매 보고서"의 'II. 각국 모범 사례'이었고 다음 텍스트는 'V. 각국별 상황보고' 중에서 한국에 관한 내용 2이다. 다음을 한국어로 역동적 등가 개념으로 번역하라.

> The Government of the Republic of Korea fully complies with minimum standards for the elimination of trafficking, and has recently taken measures to demonstrate its commitment to resolving the problem. The government has shown a steady commitment to support victims, prosecute traffickers, and strengthen national laws. In 2004, the South Korean Government showed leadership by passing and implementing sweeping anti-trafficking and anti-prostitution laws, which provided stiff sanctions for trafficking and prostitution and established an infrastructure of social, legal, and medical support for victims. The government has also coordinated closely with United States Forces Korea (USFK) in developing and implementing policy that addresses the problem of sexual exploitation of women in the Republic of Korea in areas surrounding USFK bases. Due to their leadership in tackling demand, the government recognizes that it must also make efforts to provide more education and vocational training for thousands of women who have been trafficked for commercial sexual exploitation.

4.1.4 역동적 번역이란 무엇인가

위에 제시된 번역문과 같이 원문 청자에게 나타난 효과와 동일한 효과가 나타나도록 번역하여야 하며, 그 어휘는 자체 의미, 통사 구조상 연결의미, 화용적 의미와 함축적 의미를 포함하여 총체적으로 번역되어야 한다고 나이더(Nida)는 주장하였다. 성경번역가인 그의 주장은 번역이론의 핵심이 되었다. 이는 역동적 번역(Dynamic Translation)이라고 지칭되었다. 역동적 번역론에 관한 다음 설명을 반드시 읽고 확인해 두자. 그리고 번역해 보자. 서양에서 번역은 여러 분야에서 필요하고 활용되고 있지만 그 이론은 성서번역학자들 중심으로 발전되어온 것이 사실이고 한국에서도 영한번역의 역사는 성서번역과 함께 시작되고 발전되어 왔다고 보아야 한다. 현대 번역이론 중에서 가장 신뢰받고 가장 많이 활용되는 개념이다.

Dynamic equivalence

Dynamic equivalence is a translation principle which was described by the Bible translation statesman Eugene Nida. With this principle a translator seeks to translate the meaning of the original in such a way that the target language wording will trigger the same impact in its hearers that the original wording had upon its hearers. As some have mistakenly concluded, Nida never pitted "meaning" against "impact" (or reader "response", as he called it). Nida, as do all informed translators, understood that meaning is a totality ("bundle") which includes meanings of parts of words (morphemes), words themselves, how words connect to each other (syntax, grammar), words in communication contexts (pragmatics), connotation, etc. We always want a hearer to understand the same meaning as did hearers of the source text. That, essentially, is what Nida was saying.

But dynamic equivalence, as a concept, puts an overly narrow focus upon the response of hearers, perhaps sometimes at the expense of other factors which are also crucial to adequate Bible translation, such as accuracy of the message, the uniqueness of the original historical setting, etc. The term dynamic equivalence has often been mischaracterized. Because of this, and also because most translators recognize that translation adequacy calls for attention to a multiplicity of factors, most translators today do not use the term. Instead, as they characterize how it is often necessary to use different FORMS of the target language to encode the same MEANING as the original, they prefer to use terms which are easier to understand such as **idiomatic translation**, meaning-based translation, **closest natural equivalent**, and **functional equivalence**. A lay term used by some people is **thought-for-thought translation**. None of these terms is exactly the same as dynamic equivalence, although, like dynamic equivalence, all focus upon preservation of meaning, rather than form, when there is inevitable tension between the two.

The KJV translators understood that one cannot always translate the forms of a language literally and still retain the original meaning. There are several passages in the KJV which exemplify dynamic equivalence. For instance, KJV Rom. 6.2 God forbid. How shall we, that are dead to sin, live any longer therein?

The KJV exclamation "God forbid" of Romans 6.2, and numerous other verses in the KJV, is dynamic equivalence translation. It is not a literal translation of the original Greek, me: genoito "not may it be" ("may it not be" in more natural English word order). Instead, it is a strong English exclamation using God's name, a translation which the KJV translators felt was more natural in English and which has an impact which is, presumably, closer to what the impact of the original had upon its hearers than the literal "May it not be" would have on English hearers. With this dynamic equivalence rendering, the KJV translators place a higher priority upon how the original meaning will come across to the *English hearers*(*that is, "reader response"*) than they do holding to the *literal form* of the original. They were translating total meaning of the Greek phrase here instead of simply (literal) meaning at the word level of language.

4.2 국제정치와 사회 2: 스티브 잡스의 졸업식 연설문

4.2.1 잡스의 인생과 연설문

2011년 1월 국내의 한 신문은 스티브 잡스(Steven Paul Jobs; Steve Jobs 1955~)의 병가 소식을 다음과 같이 전하고 있다:

> 애플의 CEO 스티브 잡스(55)가 질병 치료를 위해 17일 병가(病暇)를 냈다. 2004년 이후 3번째다. 잡스는 애플 직원들에게 보낸 이메일에서"CEO직을 유지하면서 회사의 중요한 결정에 참여할 것"이라고 했지만 현재의 건강상태와 복귀 일정 등에 대한 구체적인 언급은 없었다. 세계 최대 테크기업인 애플의

Delivered 12 June 2005,
Stanford University, Palo Alto, CA

"Holy" Steve Jobs iPad tablet
Economist Cover

최대 자산이자 리스크인 잡스의 병가소식은 애플의 주가를 흔들고 있고, 한편으론 그의 파란만장한 인생이 다시 집중 조명을 받고 있다.
(http://news.chosun.com/site/data/html_dir/2011/01/19/2011011900094.html)

잡스의 어린 시절은 순탄하지 않았다. 대학원생 미혼모였던 그의 생모는 자신의 아들을 곧 입양시켰다. 잡스(Jobs)는 양아버지의 성이다. 생모는 양부모에게 아이를 꼭 대학에 보내겠다는 약속을 받고 넘겨주었다. 그 후 잡스는 대학에 갔으나 양부모의 경제적 여건 때문에 대학을 한 학기 다니다가 결국에는 중도 포기하였다. 그러나 리드대학에서 청강을 하면서 일년여 공부를 더 했다. 이 짧은 대학생활은 그의 이후 경력의 원천이 되었다. 잡스는 고등학교 졸업 때에는 장발에 찢어진 청바지를 입고 다니는 히피였다. 인도의 종교에 심취했고, 특히 일본 선(禪)불교에 빠졌었으나 일본 스승의 만류로 진로를 바꿨다고 한다. 그 일본 스승은 후에 잡스의 결혼식을 집례하며, "잡스가 경영철학으로 종종 언급하는 '직관의 힘'과

'초심(初心)'은 이때의 영향"이라 말했다고 전해진다.

인터넷에서 검색한 국내 기사와 도서는 잡스를 세 가지 관점에서 접근하고 있었다. 하나는 어떻게 하면 정치인들이 잡스처럼 대중들에게 인기를 얻어낼 수 있을까 하는 관심, 둘째는 면접 보는 학생들이나 응시생들이 어떻게 잡스처럼 최고의 화술을 구사할 것인가에 대한 관심, 셋째는 잡스의 연설문을 감동이 있는 영어 학습 텍스트로 읽고 이해하고 외우기 등에 활용하는 열성 등이었다. 세상 사람들의 스티브 잡스 활용도는 매우 높아서 상당한 기간 동안 그의 인기가 지속될 것 같다. 그가 죽음을 극복하고 다시 일어서든 죽음의 희생자가 되든지 간에 말이다.

잡스의 연설문을 거시적 관점에서 요약해본다. 이 요약방법은 최고의 영어 공부방법이며 영어학습자의 글쓰기 연습이기도 하다. 통번역대학원 입학시험의 대표적인 문제유형이 '다음 영문을 읽고 1/3로 요약하시오'이다. 다음은 필자가 잡스의 연설문에 관하여 써 본 글이다.

> 잡스가 2005년 6월에 미국 서부 명문대학인 스탠퍼드 대학교 졸업식에서 행한 연설문은 여러모로 기억에 남을 만하다. 이 연설은 그의 파란만장한 인생에 대한 생각을 대중 앞에서 행한 하나의 고해성사이었다. 자신의 출생에 관한 이야기를 진솔하고 꾸밈없이 말해주고 있기 때문에 감동적이었고, 험난한 인생역경들을 극복하여 전화위복으로 만들었기에 찬사를 보낼 수밖에 없으며, 죽음 앞에서조차 긍정적인 의미를 찾아내는 그의 불굴의 정신에 수많은 세계인들이 감동하고 있는 것이다.

4.2.2 연설문의 거시적 분석 A

우선 이 연설에 관한 필자의 설명을 바탕으로 <거시적 분석>을 시도해보자. 이는 여러분이 직접 판단하는 방식이 아니라 필자를 통하여 분석하는 간접 분석방법이다. 만일 필자의 설명이 없었다면 여러분은 평상시 자신의 교양과 시사상식에 근거하여 텍스트에 접근해야 할 것이다. 따라서 평소에 지식인-교양인으로서 상당한 정도의 교양과 상식공부를 할 필요가 있다. 대부분의 교양지식은 인문사회 전 분야에 걸쳐져 있다. 어느 분야에서 일하든지 이공계와 인문사회계 학습자 모두는 기본적인 교양과 상식을 갖출 필요가 있다. 그래야 중요한 한국어 문서를 읽을 수 있고, 영어도 잘 할 수 있다.

[원문의 거시적 분석 A]

* 위 필자의 글에서 밑줄친 단서를 바탕으로 거시적 분석항목과 연결하여 간단히 글을 쓰시오.

a. 화자/ 필자의 의도

잡스가 2005년 6월에 미국 서부 명문대학인 스탠퍼드 대학교 졸업식에서 행한 연설문은 여러모로 기억에 남을 만하다. 이 연설은 <u>그의 파란만장한 인생에 대한 생각을</u> 대중 앞에서 행한 하나의 고해성사이었다. <u>자신의 출생에 관한 이야기를 진솔하고 꾸밈없이 말해주고</u> 있기 때문에 감동적이었고, <u>험난한 인생역경들을 극복하여 전화위복으로 만들었기에</u> 찬사를 보낼 수밖에 없으며, 죽음 앞에서조차 긍정적인 의미를 찾아내는 그의 불굴의 정신에 수많은 세계인들이 감동하고 있는 것이다.

위 글에서 화자의 의도가 나타나는 부분은

____

____

____

____

____

____

b. 텍스트 유형

잡스가 2005년 6월에 미국 서부 명문대학인 스탠퍼드 대학교 졸업식에서 행한 연설문은 여러모로 기억에 남을 만하다. 이 연설은 그의 파란만장한 인생에 대한 생각을 대중 앞에서 행한 하나의 고해성사이었다. 자신의 출생에 관한 이야기를 진솔하고 꾸밈없이 말해주고 있기 때문에 감동적이었고, 험난한 인생역경들을 극복하여 전화위복으로 만들었기에 찬사를 보낼 수밖에 없으며, 죽음 앞에서조차 긍정적인 의미를 찾아내는 그의 불굴의 정신에 수많은 세계인들이 감동하고 있는 것이다.

위 글에서 텍스트유형의 단서를 보여주는 부분은

____

____

____

____

____

____

____

c. 청중/ 독자층

잡스가 2005년 6월에 미국 서부 명문대학인 스탠퍼드 대학교 졸업식에서 행한 연설문은 여러모로 기억에 남을 만하다. 이 연설은 그의 파란만장한 인생에 대한 생각을 대중 앞에서 행한 하나의 고해성사이었다. 자신의 출생에 관한 이야기를 진솔하고 꾸밈없이 말해주고 있기 때문에 감동적이었고, 험난한 인생역경들을 극복하여 전화위복으로 만들었기에 찬사를 보낼 수밖에 없으며, 죽음 앞에서조차 긍정적인 의미를 찾아내는 그의 불굴의 정신에 수많은 세계인들이 감동하고 있는 것이다.

위 글에서 청중이 누구인지를 보여주는 부분은

d. 출판의 장소와 시간

잡스가 2005년 6월에 미국 서부 명문대학인 스탠퍼드 대학교 졸업식에서 행한 연설문은 여러모로 기억에 남을 만하다. 이 연설은 그의 파란만장한 인생에 대한 생각을 대중 앞에서 행한 하나의 고해성사이었다. 자신의 출생에 관한 이야기를 진솔하고 꾸밈없이 말해주고 있기 때문에 감동적이었고, 험난한 인생역경들을 극복하여 전화위복으로 만들었기에 찬사를 보낼 수밖에 없으며, 죽음 앞에서조차 긍정적인 의미를 찾아내는 그의 불굴의 정신에 수많은 세계인들이 감동하고 있는 것이다.

위 글의 출판 장소와 시간을 암시하는 부분은

e. 언어적 특징

잡스가 2005년 6월에 미국 서부 명문대학인 스탠퍼드 대학교 졸업식에서 행한 연설문은 여러모로 기억에 남을 만하다. 이 연설은 그의 파란만장한 인생에 대한 생각을 대중 앞에서 행한 하나의 고해성사이었다. 자신의 출생에 관한 이야기를 진솔하고 꾸밈없이 말해주고 있기 때문에 감동적이었고, 험난한 인생역경들을 극복하여 전화위복으로 만들었기에 찬사를 보낼 수밖에 없으며, 죽음 앞에서조차 긍정적인 의미를 찾아내는 그의 불굴의 정신에 수많은 세계인들이 감동하고 있는 것이다.

위 글의 언어적 특징과 문체가 드러나는 부분은

____

____

____

____

____

____

____

4.2.3 연설문의 거시적 분석 B

이제는 잡스의 연설 텍스트를 직접 분석하기로 한다. 영어 원문 텍스트를 분석 대상으로 하여 거시적 분석을 시도해보자. 필자가 스티브 잡스의 연설문에서 부분부분을 발췌해서 여러분에게 제시할 때, 여러분은 1) 화자/ 필자의 의도, 2) 텍스트 유형, 3) 청중/ 독자층, 4) 출판의 장소와 시간, 5) 언어적 특징과 문체의 다섯 항목을 염두에 두고, 해당 부분을 찾아보기 바란다.

I am honored to be with you today at your commencement from one of the finest universities in the world. I never graduated from college. Truth be told, this is the closest I've ever gotten to a college graduation. Today I want to tell you three stories from my life. That's it. No big deal. Just three stories.

The first story is about connecting the dots.

4.2.3.1 서두부분

연설문의 서두부분에서 5가지 거시적 항목을 찾아보자. 글의 첫 부분은 항상 이해하기 어렵다. 왜냐하면 거시적 항목이 우리의 머릿속에서 파악되지 않기 때문이다. 역으로 말하자면 공부 잘하는 학생은 글의 첫 부분에서 빨리 감을 잡는다. 빨리 감을 잡는다는 말은 '누가, 누구에게, 어떤 종류의 말을, 언제 어디에서, 어떻게' 하는 지에 대하여 빨리 이해한다는 뜻이 된다. 다음 a)~g)에 주어진 거시적 항목이름(진한 글씨)을 활용하여 간단히 설명하시오.

a) I am honored to: **텍스트 유형**

연설문, 환영사 등의 첫 부분에서 자주 사용되어 스피치라는 **텍스트 유형**을 보여준다.

b) at your commencement from one of the finest universities in the world: **출판의 장소**

c) to a college graduation: **출판의 장소**

d) Today I want to tell you three stories from my life: **화자의 의도**

e) That's it. No big deal. Just three stories: **언어적 특징과 문체**

d), e)와 관련하여 현대 영어의 글쓰기 원리를 설명 해본다. 영어 글쓰기에서는 서두에 분명히 자기가 말하려는 의도와 논지를 밝힌다. 그리고 어려운 문어체나 고답적인 문체를 사용하기 보다는 평이하고 쉬운 단어를 활용하여 비격식체나 구어체를 활용하여 글을 쓰는 것을 권장하고 있다. 비록 이 연설이 고상한 상아탑의 고매한 교수들과 최고의 엘리트들을 대상으로 하고 있지만, 잡스의 글은 정확히 현대 글쓰기의 원리에 부합한다. 더 나아가 이 시대 최고의

커뮤니케이터답게 자신의 출생과 경력 그리고 죽음에 대한 심각한 주제들을 스토리텔링처럼 이해하기 쉽게 풀어나가고 있다.

4.2.3.2. 첫 번째 이야기

이어서 첫 번째 이야기가 시작된다. 자신의 대학시절 이야기와 미혼모 대학원생에게서 자신이 태어났다는 이야기가 전개된다. 시간순서로만 본다면 태생 이야기가 먼저이고 대학시절이 나와야 한다. 그런데 잡스는 두 사건의 순서를 바꾸어 말하고 있다.

> The first story is about connecting the dots.
>
> I dropped out of Reed College after the first 6 months, but then stayed around as a drop-in for another 18 months or so before I really quit. So why did I drop out?
>
> ... Except that when I popped out they decided at the last minute that they really wanted a girl. So my parents, who were on a waiting list, got a call in the middle of the night asking: "We have an unexpected baby boy; do you want him?" They said: "Of course."

이것을 문학적으로 말하면 스토리와 플롯의 차이이다. 단순히 시간 순서로 말하는 스토리보다는 So why did I drop out?라는 질문을 청중에게 던진 후 궁금해 하는 청중에게 답을 풀어가는 플롯 방식을 잡스는 택하고 있다. 질문하고 답하는 방식이 현대의 글쓰기 원리이다. 또한 여기에서 주목할 점은 직접화법의 사용이다. 잡스의 부모는 So my parents, who were on a waiting list, got a call in the middle of the night asking: “We have an unexpected baby boy; do you want him?”라는 질문을 받게 되었고 They said: “Of course.” 라고 답하여 입양이 수락되고 있음을 서술하고 있다. 중요한 상황에서 대화식 직접화법은 극적이고 생생한 느낌을 전달한다. 잡스는 현대적 글쓰기의 원리인 플롯방식과 직접화법을 통하여 살아있는 느낌을 효과적으로 전달하고 있음을 주목하여야 한다. 실제 번역작업에서 원문의 이러한 원리와 효과를 이해하고서 목표어 독자에게 동등한 효과와 심미적 결과를 가져오도록 번역하여야 한다.

a) So why did I drop out?: **언어적 특징과 문체**

---

b) “We have an unexpected baby boy; do you want him?” They said: “Of course.”: **언어적 특징과 문체**

4.2.3.3 대학 진학과 자퇴결심 부분

잡스는 대학에 진학하게 되는데 자신은 참 순진했다고 생각한다. 등록금이 아주 비싼 대학을 다니게 되었으나 부모는 계속 지원해줄 형편이 못되었다. 자신이 인생목표와 대학의 효용가치에 대하여 잘 몰랐기 때문에 대학을 포기하게 되었다. 그러나 그는 미래에 대하여 나름대로 낙관적이었음을 피력한다.

> And 17 years later I did go to college. But I naively chose ①a college that was almost as expensive as Stanford, and ②all of my working-class parents' savings were being spent on my college tuition. After six months, I couldn't see the value in it. ③I had no idea what I wanted to do with my life and ④no idea how college was going to help me figure it out. ⑤And here I was spending all of the money my parents had saved their entire life. ⑥So I decided to drop out and trust that it would all work out OK. It was pretty scary at the time, ⑦but looking back it was one of the best decisions I ever made. The minute I dropped out ⑧I could stop taking the required classes that didn't interest me, and ⑨begin dropping in on the ones that looked interesting.

우선 화자가 대학을 그만 두는 것과 관련하여 몇 가지를 파악하여야 한다. 1) 잡스가 다니던 대학은 등록금이 싼 대학인지, 비싼 대학인지? 2) 부모는 이 대학의 등록금을 감당할 만한 계층인지? 3) 당시 화자의 확고한 인생의 목표가 있었는지? 4) 당시 화자는 대학을 다니는 것이 화자에게 도움이 된다고 생각했는지? 5) 화자는 부모가 대준 학비에 대하여 어떤 느낌을 가지고 있는지? 6) 학교를 그만두면서 세상을 바라보는 시각은 어떠한지? 7) 자퇴 결정을 어떻게 받아들이고 있는지? 8) 자퇴 후 좋은 점은 있는지? 9) 자퇴 후 생긴 변화는 무엇인지? 등이다.

위 아홉 가지 질문에 대하여 간단히 답해보시오.

1)

2)

3)

4)

5)

6)

7)

8)

9)

글의 끝 부분에 나오는 'drop out'와 'drop in'은 drop이라는 같은 단어에 out와 in이라는 단어가 하나씩 첨가되어 있다. 비슷한 듯하면서도 무언가 다르다. 외견상 화자가 강의실에서 공부하는 일과 관련이 되어있다. 그러나 전자가 정식으로 학교를 그만 둔다는 것이고 후자는 정식은 아니지만 강의를 듣는 것이다. 두 표현이 묘한 대조를 이룬다. 이전의 대학생활이 화자에게 따분한 것이었다면 이후의 대학생활은 신나는 것이다. 전자가 비싼 돈을 내면서 재미없는 나날이었다면 후자는 돈도 내지 않으면서 흥미까지 더해가는 삶이다.

다음에서 여러분은 원문 글을 거시적 항목과 관련하여 주어진 한국어 표현을 활용하여 간단히 비평해보길 바란다.

a) And 17 years later I did go to college: **출판의 시간**

b) But I naively chose a college that was almost as expensive as

Stanford: 출판의 장소

c) After six months, I couldn't see the value in it. I had no idea what I wanted to do with my life and no idea how college was going to help me figure it out.: 화자의 의도

d) So I decided to drop out and trust that it would all work out OK. It was pretty scary at the time, but looking back it was one of the best decisions I ever made.: 언어적 특징과 어조

4.2.3.4 청강생 시절 부분

청강생으로서의 화자의 생활은 그리 낭만적인 것은 아니었다. 잠잘 곳과 먹을 것이 변변치 않았다. 콜라 빈병을 모아 팔아서 끼니를 꾸려가기도 하였다. 그러나 당시에 젊은이로서 가지고 있던 호기심과 직관은 인생에서 매우 중요한 자산이었음을 알게 된다.

It wasn't all romantic. I didn't have a dorm room, so I slept on the floor in friends' rooms, I returned coke bottles for the 5¢ deposits to buy food with, and I would walk the 7 miles across town every Sunday night to get one good meal a week at the Hare Krishna temple. I loved it. And much of what I stumbled into by following my curiosity and intuition turned out to be priceless later on. Let me give you one example:

여기에서 IT업계의 유명인사 잡스는 젊은 시절에 자신의 삶이 그리 넉넉한 편이 아니었음을 고백한다. 어려운 가정환경에서도 성공하였기에 잡스의 성공은 청자/ 독자에게 큰 감동을 주는 것이다. 유복한 집안에서 태어나 성공한 사람은 일반인에게 큰 감동을 주지 못한다. 그런 의미에서 여러분처럼 지적 활동으로 자신을 불태우는 소시민과 젊은이들이 성공하게 되면, 받을 찬사와 상은 매우 크다. 이러한 메시지가 '화자의 의도'이다. 불우한 환경에서 신념을 가지고 역경을 극복하라고 잡스가 직접 말하고 있지는 않지만 잡스를 초청한 대학 측에서 의도한 것일 수 있다. 포괄적으로 화자도 그 의도에 동조하기 때문에 자신이 졸업하지도 않은 대학의 졸업식에 참석하여 연설을 하고 있는 것이다. 그리고 잡스는 자신이 성공할 수 있었던 것은 바로 대학교육 덕분이었음을 넌지시 암시하고 있다. 글은 자연스레 잡스가 대학의 청강을 통해서 자신의 지적 내공을 쌓아가는 이야기가 구체적으로 전개된다.

화자의 의도에 이어서 화자의 '언어적 특징과 문체'에도 주목해 볼 필요가 있다. 평이한 글, 잔잔한 감동, 이야기체로 서술, 친근감, 입말의 특징, 생생하고 구체적인 표현 등이 나타난다. 당연히 이 글은 말로 행해지는 연설이기 때문에 '어조'에도 관심을 가지고 읽어야 한다. 연설이지만 과거의 '반공-애국 연설'이나 '민주화 투쟁연설'처럼 읽어서는 안 된다. 시대가 바뀌어 친근감 있고 생생하게 읽어야 한다. 가장 좋은 이해방법은 나직하게라도 직접 소리 내어 읽는 방법이다. 필자는 이를 '소리 내어 읽기'(Reading Aloud) 방법이라고 부른다. 이해하려는 텍스트가 연설문이 아니더라도 원문 텍스트를 이해하기 위해서는 '소리 내어 읽기'나 '중얼거리며 읽기'(Murmuring)가 항상 필요하다. 그리고 번역가들 사이에 '번역은 귀로 한다'는 말이 있다. 번역은 글로 표현하는 작업이지만, 궁극적으로 번역문을 읽을 목표어 독자가 사용하는 언어의 리듬과 어조에 맞아야 한다는 뜻이다. 원천어 텍스트(Source Text)를 이해할 때에도, 목표어 텍스트(Target Text)로 바꿀 때에도 입과 귀의 감각이 활동하고 있어야 한다.

a) And much of what I stumbled into by following my curiosity and intuition turned out to be priceless later on.: **화자와 대학 측의 의도**

b) It wasn't all romantic. I didn't have a dorm room, so I slept on the floor in friends' rooms, ... I loved it.: **언어의 특징과 문체**

4.2.3.5 결론 부분

다음으로는 '본론' 부분을 건너뛰고 '결론'을 다루고자 한다. 왜냐하면 '결론'부 역시 '거시적 항목'을 잘 보여주기 때문이다. 많은 학습자들이 어떤 글을 읽을 때, 서론, 본론, 결론 중에서 가장 중요시하는 부분을 하나만 고르라고 하면 '본론'을 택하는 이들이 많을 것이다. 왜냐하면 이 부분이 글의 몸통으로서 화자/ 필자가 가장 중요한 이야기를 한다고 생각하기 때문이다. 그러나 우리는 잡스의 연설문 '서론'을 보면서 '화자의 의도'를 짐작해내는 안목을 길렀다.

<거시적 분석>의 다섯 가지 항목을 중심으로 이 연설문을 다시 정리하면 다음과 같다. '애플'이라는 미국 굴지의 정보통신 기업의 최고경영자(화자)인 스티브 잡스가 '미국의 유명대학 졸업식장'(출판의 장소)에서 미래에 대한 희망과 불안이 혼재해 있는 대학졸업생들(청자)을 위하여 감동적인 연설(텍스트 유형)을 평이하면서도 정곡을 찌르는 말(언어의 특징과 문체)로 전달하고 있다. '서론'에서 '거시적 항목'에 대하여 충분히 이해하게 되면 그 다음 단계인 '본론'에 해당하는 글은 자동적으로 읽힌다. 우수한 학습자는 '서론'부분을 읽으면서 글의 거시적 항목을 빨리 잡아낸다. '본론'부분은 구체적으로 설명하는 부분이기 때문에 의외로 빠른 속도로 읽어가며 이해할 수 있다.

필자가 원천어를 이해하기 위한 '거시적 분석'의 과정에서 '서론'다음으로 중요한 부분은 '결론'이라고 본다. '수미상관'(首尾相關)이라는 말이 있다. 영어나 한국어에서나 좋은 글은 항상 처음과 끝이 일관성을 가지고 있다는 뜻이다. 『두산세계대백과』에 따르면 '수미상관법'을 다음과 같이 풀이하고 있다.

> 수미상응(首尾相應)이라고도 한다. 머리와 꼬리, 처음과

끝이 서로 관련이 있다는 뜻이다. 문학적 구성법의 하나로, 주로 시가(詩歌)에서 많이 쓴다. 첫 연을 끝 연에 반복해서 쓰거나, 비슷한 내용의 구절이나 문장을 반복적으로 배치하기도 한다. . . . 수필에서는 앞머리에서 암시를 하고, 끝마무리를 할 때 앞의 암시와 관련이 있다는 것을 강조할 때 쓴다. 논설문에서는 글머리와 끝부분에 주제(결론)를 배치하는 구성법을 양괄식(兩括式)이라고 하는데, 이 역시 수미상관법과 같은 구성법이다.

이제 여러분은 잡스의 연설 '결론'부분을 보면서 서론과 어떻게 상응하는지를 보기 바란다. 물론 구체적인 본론의 내용은 모르는 상태에 있다고 가정하자. '결론'부분에서도 '거시적 항목'에 집중하면서 원천어 텍스트로서 연설문을 이해해보기로 하자.

> Stewart and his team put out several issues of The Whole Earth Catalog, and then when it had run its course, they put out a final issue. ① It was the mid-1970s, and I was your age. On the back cover of their final issue was ② a photograph of an early morning country road, the kind you might find yourself hitchhiking on if you were so adventurous. Beneath it were the words: ③"Stay Hungry. Stay Foolish." It was their farewell message as they signed off. Stay Hungry. Stay Foolish. And I have always wished that for myself. And now, as you graduate to begin anew, I wish that for you.
>
> ④Stay Hungry. Stay Foolish.
>
> Thank you all very much.

연설의 '결론'에 해당하는 이 원문을 읽고 나서 가장 중요한 부분은 ①~④중의 어느 것이라고 생각하는가? 이러한 질문에 당황하는 독자가 있을 수 있으나, 이러한 접근방법은 독해 또는 글 읽기를 잘하기 위해서 꼭 필요한 과정이다. 물론 기존의 영어 학습방법에서는 나올 수 없는 질문이지만 번역식 학습방법에서는 필수사항이다. 이러한 질문은 번역과정에서 원문의 이해정도를 점검하는 난이도 높은 질문으로 볼 수 있다.

여러분의 답에 선택한 이유를 밝혀보기를 바란다. ①이라고 답한 사람은 이 글의 '출판의 시간'에 관심을 가졌을 수 있다. 이 부분은 이 연설문의 시점을 간파하는데 매우 유용하다. 그 다음 말이 '내가 여러분의 나이였다'이니 화자가 성공한 최고경영자임을 감안하면, 연설문의 '출판의 시간'은 청자보다 한 세대쯤 즉 약 30년을 더하면 될 것이다. 연도를 찾아 2005년이라고 외우는 것이 잡아주는 '물고기'이라면 위와 같은 논리적 추론은 '물고기 잡는 법'을 배우는 셈이 된다. 단편적인 지식보다는 이러한 판단의 근거가 되는 일반상식과 교양을 평소에 길러야 한다. 이러한 상식과 교양은 지식인의 글을 읽어내고 풀어내는데 매우 중요하다. 미국 교육학자인 허시(Hirsh)는 미국문화권에서 서로 묻거나 설명할 필요 없이 이미 당연하다고 받아들이는 상식과 교양지식을 문화지식(cultural literacy)이라고 말하였다. 다음으로 ②라고 답한 사람은 어떤 이유를 말할까 궁금하다. 아마도 인간에게 가장 호소력이 강한 것이 시각적 이미지이니 이 사진 한 장이 뭔가 가장 중요할 듯하고 화자인 잡스가 어떤 사물을 발견하고 그 밑에 적힌 글이니 이것이 가장 중요하다고 말할 수도 있다.

그런데 여러분은 대부분 ③과 ④를 택했을 가능성이 높다. 네 개의 선택 중에서 동일한 보기가 두 번 나온 말이기 때문이다. 한국인다운 눈치로도 대부분 그렇게 택한다. 그렇다면 ③과 ④는 어떤 차이가 있을까? ③은 어느 그림 밑에 적혀있는 글말이고 ④는 잡스가 실제로 소리 내는 입말이다. 또한 전자가 여러 표현 속에 포함된 하나의 표현인 반면 후자는 독립적으로 표현되어있다. 인용부호가 찍혀있고 독립적 한 문단처럼 서있는 후자가 여러 말 속에 포함된 표현보다 더 중요하다. ③은 화자가 무슨 말이 적혀있는가 궁금해 하면서 자세히 보려하면서 조용히 나직한 톤으로 소리 내어 읽는다면 ④는 이미 말한 내용을 강조하면서 청중을 설득하려는 톤으로 힘차게 소리 내어 읽어야 한다. 따라서 '화자의 의도'면에서 보면 가장 중요한 부분은 ④가 된다. ④를 힘차게 소리 내어 읽었다면, 이는 원문 이해차원을 넘어서 목표어 청중/독자에게 어떻게 표현해야 할지까지 알고 있다고 볼 수 있다. 즉 번역의 두 단계인 이해와 표현을 모두 완수한 것이다.

그러면 Stay Hungry. Stay Foolish.는 무슨 뜻일까? 여러분은 대강 그 의미는 알 것이다. 그러나 한국어로 번역하라고 하면 많이 주저할 것이다. 여러 영어학습자들이 인터넷 상에 남겨놓은 번역 몇 가지를 소개한다.

ⓐ "늘 배고프고, 늘 어리석어라."
ⓑ "배고픔과 함께. 미련함과 함께."
ⓒ "늘 갈망하고 우직하게 나아가라."
ⓓ "현실에 안주하지 마십시오. 그리고 무모한 결정을 내리는 것을 두려워하지 마십시오."

여러 분은 어떤 번역이 가장 마음에 드는지 하나만 골라보기 바란다. 정답은 없다. 여러분의 답만 있을 뿐이다. 그리고 그 번역이 다른 번역보다 낫다고 생각하는 이유를 두 가지만 써 보시오.

1)____

____

2)____

____

이제 여러분의 영어 실력/ 번역 실력은 한 단계 상승할 지점에 와 있다. 여러분이 쓴 이유를 논리적으로 설명할 수 있다면 이 행위는 '번역비평'이 된다. 가장 잘 알려져 있는 방법으로 말하자면 '직역'인지 '의역'로 구별할 수 있다. 전자는 번역학의 "문자역"(literal translation)이나 "충실한 번역"(faithful translation)의 개념과 유사하다. 영국의 뉴마크(Peter Newmark) 교수가 추천하는 두 가지 번역방법에서 "의미역"인지 "의사소통번역"인지를 밝힐 수 있으면 좋다. 번역이 결과적으로 "오역"인지 "과다번역"인지 "과소번역"인지도 말할 수 있으면 더욱 좋은 일이다. 또한 문법적, 언어적, 문학적 여러 용어 등을 사용하여 번역비평을 해 볼 기회가 왔다. 이제 여러분은 이제 영어의 고수가 되기 직전단계에 와있다.

번역비평의 관점에서 위 번역텍스트들을 분석해보자. 첫째 번역인 ⓐ "늘 배고프고, 늘 어리석어라"는 직역, 문자역, 충실한 번역 방식으로 번역한 것으로 볼 수 있다. 원문의 동사와 형용사의 의미를 그대로 살렸다. 이 문장의 영어구문은 영어다움을 보여준다. 소위 2형식 문장으로서 특별한 경우이다. 일반적으로 2형식 문장이 'be동사+명사'구문이거나 'be동사+형용사'구문인데 이 경우는 be 동사가 아닌 일반 동사를 사용하여 2형식을 만든다. 'get/ stay/ feel/ sound/ taste +형용사'구문으로 2형식문장을 만든다. 이 경우, 영어 문장의 형용사는 종종 부사처럼 번역된다. (It sounds good! 멋지게 들리는데!) 그리고 영어에서 명령문이니 한국어에서 명령문으로 번역한 것이다. 그런데 어법상 문제점이 하나 나타난다. 한국어에서는 형용사를 명령문으로 쓰지 않는다는 점이다. 요즘 영어의 영향을 받아서 그런지 한국어에서도 형용사를 명령문으로 만들어 쓰기도 하지만 아직은 어색하다.

둘째 번역인 ⓑ를 살펴보자. "배고픔과 함께. 미련함과 함께."는 ⓐ와 의미는 대동소이하지만 명령문식 끝맺음을 포기하고, 메시지를 짧게 표현하였다. 그러면서 한국어의 표어식 입말의 운율을 살렸다. ⓑ는 메시지를 짧고 인상 깊게 전달하는 캐치프레이즈, 슬로건, 광고방식 텍스트에 가깝다. 이는 매우 시적인 방법을 동원하여 부드럽게 접근하여 강한 감동을 남기는 방식으로 번역된 것이라고 할 수 있다.

셋째 번역은 ⓒ "늘 갈망하고 우직하게 나아가라"이다. 이는 원문텍스트인 Stay Hungry. Stay Foolish.를 비유적으로 번역하였다. 화자가 단순히 배고픔과 어리석음을 의미하는 것이 아니라 이를 인생역정에 비유적으로 한 말로 본 것이다. 따라서 한국어에서 이를 의미가 통하도록 번역한 것이다. hungry라는 단어로 경기에서 승리에 대한 열망을 표현한 말은 히딩크의 I'm still hungry.이었다. 히딩크 축구감독이 2002년 월드컵 대회 때 토해내었던 'I'm still hungry'는 우리에게 큰 감동을 주었다. 짧은 말로 강하게 한국 팬들을 열광시켰다. 어휘의 지시적 의미와 비유적 의미에 관해서는 다음의 <미니특강>을 꼭 읽기 바란다.

넷째 번역은 ⓓ "현실에 안주하지 마십시오. 그리고 무모한 결정을 내리는 것을 두려워하지 마십시오."이다. 이 번역은 의미중심/의사소통중심 번역방법으로 번역을 하였으나 좀 길다. 그런데, 잡스는 연설에서 다른 문장은 길게 하다가 이 말은 짧게 하고 있다. 짧게 말한다는 것은 강하고 중요하다는 의도가 내포되어있다. 그렇다면 한국어 번역도 어느 정도 여기에 맞추어야 한다. 번역은 등가로 옮기는 일이다. 등가로 옮긴다는 말은 의미와 소리까지 그리고 길이와 강도까지도 고려하여야 한다. '2.1 원어 텍스트와 목표어 텍스트의 등가'에서 다섯 가지 등가개념을 배웠으며 이를 번역과 번역비평에 활용할 수 있어야 한다. 등가에는 내용적 등가, 형식적 등가, 텍스트적 등가, 의사소통적 등가 그리고 결과적 등가 다섯 가지가 있음을 기억하자. ⓓ는 내용, 의사소통의 등가에서는 성공하였으나 형식, 텍스트, 결과의 등가에서 미흡한 것으로 볼 수 있다.

4.2.4 연설문의 미시적 분석

연설문의 미시적 분석은 일반적으로 많이 행하는 방법이므로 여기에서는 생략하기로 한다. 다만 서두부분에서 나온 connecting the dots라는 표현이 단순하게 이해되는 표현이 아니므로 이 표현 하나만 설명하고자 한다. 직역을 하면 '점들을 연결하다'라는 뜻이다. 미국 어린이들처럼 여러분도 일단 다음의 점 잇기 놀이를 해보기 바란다.

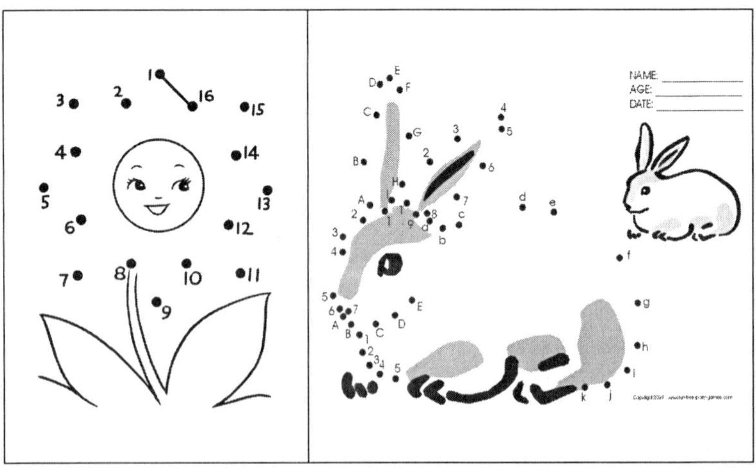

이러한 점 잇기 활동이 connecting the dots라는 표현의 지시적 의미이라면, 잡스의 연설문에서는 이 표현이 인생의 과정을 비유한 의미로 보아야 한다. 자신이 살아온 인생에서 '서로 흩어져있던 사건들이 나중에 보니 서로 연결되더라'는 뜻이다. 즉 구체적으로 말하면, 자신의 태생과 대학교육, 생모와 양모 그리고 입학과 자퇴, 청강생, 서체배우기, 컴퓨터 개발 등이 서로 연결되어 있다는 의미이다. 따라서 '점을 잇는다'는 표현은 비유적 의미를 넘어서 잡스의 인생철학을 상징하는 단계로 나아간다. 이 단계에서 필자에게는 동양의 인연, 운명, 업보(karma 불교용어)라는 개념이 떠오른다. 잡스가 이런 개념을 연설에서 사용하게 되는 것은 그가 일본 스승으로부터 선불교를 배웠던 사실과 연결이 되는 듯하다. 이러한 연유로 잡스가 채식을 좋아하게 되었는지도 모른다. 연설문의 세 번째 이야기에 나오는 내용 즉 췌장암 수술을 받고 죽음을 삶의 일부로 받아들이는 잡스의 담담한 태도와도 관련이 된다. 아무리 어렵고 힘든 난관이 있더라도 주어진 인생을 받아들이고 희망을 가지고 최선을 다하면 뭔가를 이룰 수 있다는 교훈이 느껴진다.

connect the dots의 지시적 의미와 비유적 의미의 예문을 살펴보겠다.

= 지시적 의미로 사용된 경우

- Another test involved drawing lines with a pencil to connect dots on a page.

  (또 다른 실험에서 페이지 위에 있는 작은 점들을 연필로 연결하여 선을 긋게 했다.)

= 비유적 의미로 사용된 경우

- If we're lucky, they might connect the dots between 1930's Germany and now.

  (우리가 운이 좋다면, 그들은 1930년대의 독일과 현재의 사이를 연결[유추]해낼 것이다.)

<연설문 듣기-보기>

http://www.americanrhetoric.com/speeches/stevejobsstanfordcommencement.htm

http://news.stanford.edu/news/2005/june15/jobs-061505.html

http://www.youtube.com/watch?v=UF8uR6Z6KLc

STANFORD UNIVERSITY | News

Search news.stanford.e

Home All News Faculty & Staff News For Journalists About Us

Stanford Report, June 14, 2005

Tweet 446 추천 6,000

'You've got to find what you love,' Jobs says

This is the text of the Commencement address by Steve Jobs, CEO of Apple Computer and of Pixar Animation Studios, delivered on June 12, 2005.

I am honored to be with you today at your commencement from one of the finest universities in the world. I never graduated from college. Truth be told, this is the closest I've ever gotten to a college graduation. Today I want to tell you three stories from my life. That's it. No big deal. Just three stories.

The first story is about connecting the dots.

I dropped out of Reed College after the first 6 months, but then stayed around as a drop-in for another 18 months or so before I really quit. So why did I drop out?

It started before I was born. My biological mother was a young, unwed college graduate student, and she decided to put me up for adoption. She felt very strongly that I should be adopted by college graduates, so everything was all set for me to be adopted at birth by a lawyer and his wife. Except that when I popped out they decided at the last minute that they really wanted a girl. So my parents, who were on a waiting list, got a call in the middle of the night asking: "We have an unexpected baby boy; do you want him?" They said: "Of course." My biological mother later found out that my mother had never graduated from college and that my father had never graduated from high school. She refused to sign the final adoption papers. She only relented a few months later when my parents promised that I would someday go to college.

And 17 years later I did go to college. But I naively chose a college that was almost as expensive as

Stanford Report DAILY NEWS EMAIL

RELATED INFORMATION

Video of Steve Jobs' Commencem Address

RECENT HEADLINES

Is it now 'uncool' to major in the human

Report of the president: Academic Coun Professoriate appointments

What should America do in Egypt? Try nothing, says Stanford expert

Stanford raises undergraduate tuition 3 percent for 2011-12 academic year

Three Stanford scholars selected as APS fellows

MORE HEAI

<미니 특강: 어휘의 지시적 의미와 비유적 의미>

이 책 제1장에서 어휘에 대하여 설명하면서 모든 어휘와 표현은 지시적 의미와 비유적 의미가 있음을 말한 바 있다. 지시적 의미는 대개 그림으로 그릴 수 있는 단순한 표현이다. 일단 유치원생도 이해하는 의미라고 말할 수 있다. 그러나 어른들의 생활 또는 전문분야에서 한 단어나 표현은 단순한 지시적 의미를 넘어 여러 비유적 의미를 가진다. 세 가지 예를 들어서 설명해 본다.

첫째는 영어에서 right와 wrong의 의미구조이다. 이 두 단어는 '곧은, 직선의'(→)와 '굽은, 곡선의'(∿)라는 지시적 의미를 가지고 출발하였다. 그런데 이 단어들이 사람과 일의 성격을 나타내는 '바른, 옳은'과 '틀린, 잘못된'의 비유적 의미로 발전하게 되었다. 따라서 He is right는 '그는 직선이다'에서 '그가 맞아'로 의미 변화 되었고, Your answer is wrong은 '너의 답은 비틀렸어'에서 '너의 답은 틀렸어'로 의미 변화된 것이다. 한국어에서 왜 오른 손을 '바른 손'이라고 하는지 생각해보기를 바란다.

둘째 예는 짧은 문장이다. '멀리 보자'와 '간이 크다'라는 표현을 유치원생에게 말했다면 어떻게 받아들일까? '오늘 달콤한 것만 생각하지 말고 멀리 보자'하면 어린 아이는 고개를 들어 먼 곳을 바라볼 지도 모른다. '요 놈이 아주 간이 크구나'라고 말하면 어린 아이는 그 놈의 간을 꺼내어 자로 재어보자고 할지도 모른다. 그러나 지적인 어른들의 일상 삶에서 전자가 '오늘의 작은 것을 탐하지 말고, 미래를 생각을 하며 정직하게 행동하자' 정도의 뜻일 것이고, 후자는 '이 사람이 겁이 없구나' '이 사람이 아주 무모하구나' 정도의 뜻으로 통용될 것이다.

셋째, 영어에서 소위 이디엄과 구동사라는 것도 이런 식으로 형성된 것이므로 대부분 비유적 의미로 해석한다. go far가 사용된 'This turkey will go far to feed the people at the shelter'라는 문장이 있다(*The American Heritage Dictionary of Idioms*, 1997). go far를 거리의 이동을 나타내는 지시적 의미로 번역하면 이 예문은 '이 칠면조는 그 거주지에 있는 사람들을 먹이기 위하여 멀리 갈 것이다'가 될 것이다. 그러나 아무래도 의미가 통하지 않는다(It does not make sense). 여기에서 go far는 be sufficient for nearly all that is required의 뜻이다. 이 문장을 비유적인 의미로 번역하면 '이 칠면조는 그 거주지에 있는 사람들을 먹이기에 충분할 것이다'가 된다.

그렇다고 비유법을 골치 아픈 것으로 생각하면 안 된다. 비유법이야말로 어렵거나 길게 말할 내용을 아주 간단한 단어로 쉽게 표현하는 매우 경제적이고 효과적인 언어사용법이다. 히딩크 축구감독이 2002년 월드컵 대회 때 주먹을 불끈 쥐며 말했던 'I'm still hungry'의 뜻을 자세히 풀어보면 다음과 같다. 괄호 안에 남은 한 글자를 채워보기 바란다.

저는 그저 (그) 한국 팀의 감독을 맡아서 나름대로 열심히 가르쳤습니다. 실제 월드컵경기에서 한국 팀은 (예)외로 계속 경기에서 이겼습니다. 그러나 저는 한국 팀이 (다) 경기에서도 또 (이)기를 바랍니다.

그런데 히딩크 감독이 네모 안에 있는 말을 길게 그대로 했다면 얼마나 밋밋하고 재미없었을까? 바로 이것이 문학적 표현, 시적 표현의 힘이다. 감동이 있는 좋은 글과 시를 영어로도 읽기 바란다. 어휘의 소리와 의미 그리고 다양한 차원의 의미에 재미를 느끼게 되면 영어공부는 재미있어진다. 그리하면 여러분의 영어실력은 부쩍 성장할 것이다.

* 다음은 green이 지시적 의미를 넘어서 다양한 비유적 의미를 가진다는 요지로 <미국의 소리>(Voice of America)방송에서 제공한 내용이다. (www.voanews.com) 이 글은 1500단어 수준의 영어로 작성된 것이다. 배운 지식을 활용해서 읽기 바란다.

Green Is More Than Just a Color

Green is an important color in nature. It is the color of grass and the leaves on trees. It is also the color of most growing plants. Sometimes, the word green means young, fresh and growing. Sometimes, it describes something that is not yet ripe or finished. For example, **a greenhorn** is someone who has no experience, who is new to a situation. In the fifteenth century, a greenhorn was a young cow or ox whose horns had not yet developed. A century or so later, a greenhorn was a soldier who had not yet had any experience in battle. By the eighteenth century, a greenhorn had the meaning it has today - a person who is new in a job.

About one hundred years ago, **greenhorn** was a popular expression in the American west. Old-timers used it to describe a man who had just arrived from one of the big cities back east. The greenhorn lacked the skills he would need to live in the hard, rough country.

Someone who has the ability to grow plants well is said to have **a green thumb**. The expression comes from the early nineteen hundreds. A person with a green thumb seems to have a magic touch that makes plants grow quickly and well. You might say that the woman next door has a green thumb if her garden continues to grow long after your plants have died.

The Green Revolution is the name given some years ago to the development of new kinds of rice and other grains. The new plants produced much larger crops. The Green Revolution was the result of hard work by agricultural scientists who had green thumbs. Green is also the color used to describe the powerful emotion, jealousy. **The green-eyed monster** is not a frightening creature from outer space. It is an expression used about four hundred years ago by British writer William Shakespeare in his play "Othello."

It describes the unpleasant feeling a person has when someone has something he wants. A young man may suffer from the green-eyed monster if his girlfriend begins going out with someone else. Or, that green-eyed monster may affect your friend if you get a pay raise and she does not.

In most places in the world, **a green light** is a signal to move ahead. A green light on a traffic signal means your car can continue on. In everyday speech, a green light means approval to continue with a project. We want you to know we have a green light to continue this series next week.

5. 경영과 무역

5.1 Own-Label Products

5.1.1 원문과 번역문

[원문]

① **Own-Label Products**
② Yet, in spite of the efforts of the corporate heavyweights to **win market share**, ③ when it comes to fast-moving **consumer goods**, ④ more and more consumers are switching to the supermarkets' own-label products. ⑤ And brand royalty is fast becoming a thing of the past. ⑥ **The once unchallengeable** Nescafé and Kellogg's are actually losing sales, ⑦ as their higher price is no longer automatically associated with higher quality. ⑧ And in many supermarkets across Europe and **the States** ⑨ own-labels now **account for** over **fifty-five percent** of **total sales**. ⑩ Their **turnover** has never been higher.

(*New Business Matters*, p. 36)

[번역문]

번역자: 경영대학원 BS

(1) 자가 상표 상품
(2) (3) 그러나, 빠르게 바뀌는 **소비재**에 관해 말하자면, **시장 점유율을 획득하**기 위해 기업이 비중을 많이 두는 노력에도 불구하고, (4) 점점 더 많은 소비자들이 **수퍼마켓**의 자가 상표 상품으로 바꾸고 있다. (5) 그러나 브랜드 **로얄티**는 빠르게 과거의 것이 되고 있다. (6)(7) 그들의 더 높은 가격이 더 이상

더 높은 품질과 자동적으로 연관되지 않기 때문에 **이전에 변하지 않을 것 같던** Nescafé and Kellogg's 도 현재 판매가 줄고 있다. ⑻ 그리고 유럽과 **미국 전역의** 수퍼마켓 중에 ⑼ 자가 상표가 현재 총 매출액의 55%이상을 **차지한다.** ⑽ **그들의** 총 매출액은 **결코 오르지 않고 있다.**

5.1.2 번역비평과 번역하기

[번역비평]

① & ⑴

Own-Label Products의 한국어 번역으로 '자가 상표 상품'은 맞다. 최근에는 'Private Brand' '자체 브랜드 상품'이라는 용어도 쓴다. 그러나 번역의 등가 개념에서 내용뿐만 아니라 형식도 가능한 한 맞추어야 한다. 원문에서 제목을 나타내기 위하여 진한 글자로 처리했다면 번역문의 글자 크기도 진하게 처리한다. 그리고 own-label이란 own-brand로 쓰기도 하는데 상품이 '제조업자가 아니라 판매업자의 상표가 붙은' 경우를 말한다. 따라서 '판매자상표부착'으로 번역한다. '자가 상표'라는 말이 업계에서 인정받고 있는 표현이면 그대로 써도 좋다.

② ③ & ⑵ ⑶

② ③은 둘 다 부사어이므로 별무리가 없으면 영어순서대로 한국어로 번역한다. 'to win market share'는 '시장점유를 확보하기 위하여'의 뜻이며, 'when it comes to + 명사(구)'는 '-라면; -에 관하여 말하자면'의 뜻이다. 'consumer goods'는 '소비재'로 번역한다. 경영에 관한 전문용어를 익혀야 한다.

④ & (4)

'switch to'는 '~으로 바꾸다'의 뜻이다. 'the supermarkets' own-label products'에서는 '수퍼마켓'이 아니라 '슈퍼마켓'이 바른 외래어 표기법이다. 또한 슈퍼마켓이 원문에서는 복수형이나 번역문에서는 꼭 나타낼 필요는 없다.

⑤ & (5)

'And'를 왜 '그러나'로 번역했는지 알 수 없다. 오히려 '따라서'의 뜻이다. ②의 'Yet'는 문두에 오고 쉼표가 있으므로 확실히 '그러나'로 번역하는 것이 맞다. 'brand royalty'는 의미상 등가가 없으므로 영어를 그대로 차용하여 소리나는 대로 적되 외래어 표기법에 따라야 한다. '브랜드 로열티'가 맞다. 'a thing of the past' '과거의 것'보다는 '과거의 일'이 문맥상 자연스러운 번역이 될 것이다.

⑥ ⑦ & (6) (7)

우선 ⑦이 부사어이므로 먼저 번역하는 것은 옳다. 'The once unchallengeable'은 '한때 도전할 수 없을 것 같던'의 뜻이며, 'Nescafé and Kellogg's'는 하나의 회사가 아니고 두 회사의 고유명사로서 한국에서 '네스카페'와 '켈로그'로 알려져 있다.

⑧ & (8)

'in many supermarkets across Europe and the States'를 '유럽과 미국 전역의 수퍼마켓 중에'로 번역한 것은 두 가지 점에서 잘 되었고 두 가지 점에서 잘못되었다. 잘된 점 두 가지는 'across ~'를 '~의'로 처리한 것과 the States를 the United States의 약칭으로 잘 이해하고 있는 점이다. 그러나 잘못된 점은 '슈퍼마켓'으로 쓰지 않은 점과 'in~'을 '~에서'로 번역하면 될 것을 '~중에'로 잘못 번역하고 있는 점이다.

⑨ & ⑼

'own-labels now **account for** over fifty-five percent of total sales'을 '자가 상표가 현재 총 매출액의 55%이상을 차지한다'로 번역하였다. 'account for'를 '차지한다'고 번역한 것은 상황문맥을 잘 이해한 것이다. 'account for'는 일반적으로 설명하다는 뜻으로 쓴다. 그러나 여기에서는 그렇게 하면 말이 되지를 않는다. 기술적 의미를 잘 찾아보면 경기에서 잡다, 득점하다는 뜻이 있음을 보게 된다. 한편 영어의 복수형 표현 두 가지가 눈에 띈다. %는 '퍼센트'로 바꾸어 주어야 하며 수식어가 복수이더라도 복수형어미 _s를 붙이지 않는다. 그리고 총매출액을 의미하는 영어표현은 total sales로 복수형을 쓰고 있다.

⑩ & ⑽

'Their turnover has never been higher.'가 '그들의 총 매출액은 결코 오르지 않고 있다.'라고 번역되었다. '총매출액'의 표현은 맞다. 그런데 대명사 their가 무엇을 가리키는지 파악하기가 어렵다. 앞쪽에 나온 명사덩어리는 세 개이다. Nescafé and Kellogg's/ (in) many supermarkets across Europe and the States/ own-labels 이 중의 하나가 답이다. 원칙적으로 세 가지를 하나씩 적용해보아 문맥이 가장 자연스러운 것이 답이다. 한편 내 번역 경험으로는 십중팔구 가장 가까이에 즉 가장 뒤쪽에 있는 명사가 답이다. 즉 own-labels이다. 앞으로 여러분은 대명사의 뜻을 알기 어려울 경우, 맨 뒤편 명사부터 적용해보면 된다. 따라서 이 문장의 뜻은 이러하다: 자가상표 상품의 매출액이 (지금보다) 더 이상 높은 적이 없었다; 즉 현재가 가장 높은 매출액을 기록하고 있는 때이다; 과거부터 증가하여 현재 최고 매출액을 보이고 있다. 최근 세계와 한국의 식생활상품 판매시장에서 유통업체가 생산업체를 장악해가고 경우에 따라서는 횡포를 부리는 경향을 볼 수 있다. 앞으로 유통업체의 자가상표는 자신들의 유통판매망을 활용하여 소비시장에서 더욱 막강한 힘을 발휘할 것이다. 좀 어려운 부분이었다고 생각된다. 기본 문법지식과 번역경험 그리고 해당분야의 최근 경향까지 알아야 번역이 가능한 부분이었기 때문이다.

[여러분의 번역]

여러분은 [원문]읽기, 실제 [번역문]읽기, [번역비평]을 학습하였다. 이제 여러분이 직접 번역해 보기 바란다.

판매자상표부착 상품

5.1.3 응용과제

[응용 과제]

위 원문 텍스트에 계속되는 다음 글을 번역해 보시오.

Lookalike Coke

Of course, the big brands are not giving in without a fight. When British supermarket chain, Sainsbury's, led the attack on Coke by launching its own similarly packaged product, it managed to secure fifteen per cent of the total UK cola market in just two months. But Coca-Cola was quick to respond. Sainsbury's was told to change its packaging fast or Coke would cut its prices to rival supermarkets and leave Sainsbury's hopelessly overpriced. Some people say the Sainsbury's cola tastes as good as Coke. But they're the ones who underestimate the power of the brand.

Big Brands – Big Business

Brand names are still the reason Omega can put a 300% mark-up on their watches, the reason Nestlé spent a fortune buying Perrier, the reason investors are prepared to pay up to twelve times the book value for a company's stock. Big brands remain big business in the city.

유사 코카콜라

큰 브랜드 큰기업

5.2 Minimalist Approach

5.2.1 원문과 번역문

[원문]

① So what is it that makes global advertising so compelling and memorable? ② The answer lies partly in reducing the message to an absolute minimum, ③ in letting pictures, music and a strong, simply- worded concept take the place of product description. ④ Indeed, brand image is often reinforced **independently of any real consideration of the product at all**. ⑤ **It needs to be.**

⑥ When **low-cost no-frills airlines** will get you from A to B as quickly as the major carriers, ⑦ and cheap PC-compatibles offer almost as many features as top-of-the -range IBMs, ⑧ **your image** is all you have left **to compete on**. ⑨ So Singapore Airlines promises us "a great way to fly" and IBM offers "solutions for a small planet"

(*New Business Matters,* p. 89)

[원문 텍스트 이해하기]

1) 첫째 단락에서 필자가 말하는 세계적 광고의 흐름은 무엇인가?

2) 둘째 단락에서 필자는 무엇이 고급제품과 저급제품의 차이라고 보는가?

3) 위 글의 제목에 알맞은 철자를 채우시오.

M______________________ist Approach(of Global Advertising)

[번역문]

번역자: 경영대학원 CB

(1) 세계적인 광고를 **마음에 끌게 하고** 기억할 만하게 만드는 것이 무엇인가? (2) 그 대답은 부분적으로 메시지를 절대적인 최소한도로 감소시키는 데에 있고, (3) 사진, 음악 그리고 강렬하고 간단하게 언어로 된 개념이 제품 설명서를 대신하게 해주는 데에 있다. (4) 실제로, 브랜드 이미지는 제품의 어떤 실제적인 고려와는 전혀 관계없이 종종 강화되어 진다. (5) (강화되어야 할) 필요가 있다. (6) **저 운임, 실속위주의 항공사**가 당신을 A에서 B로 일류 항공사처럼 빨리 데려오고, (7) 저가의 PC 호환기종이 최고의 IBM 제품처럼 거의 많은 특징(볼거리)을 제공할 때, (8) 당신의 이미지(인상)는 당신이 경쟁에서 남겨져 가지고 있는 모든 것이다. (9) 그래서 **싱가폴** 항공사는 우리에게 비행하는 데 최고의 길을 주기로 약속하고 **IBM**사는 지구에 대한 모든 해답을 제공한다.

5.2.2 원어텍스트 분석과 번역비평

[원어텍스트의 거시적 분석]

번역을 하기 위해서는 가장 먼저 원문텍스트를 통독하고 정독한다. 이를 통하여 텍스트 자체 의미를 파악한다. 일반적으로 원문의 통사구조, 문법, 어휘, 전문용어, 은유, 반복, 문화어, 음향효과, 관용어 등을 이해하려고 노력한다. 이는 원문텍스트 분석의 미시적 분석항목들이다. 그런데 의미를 좀더 정밀하게 분석하기 위해서는 텍스트에 겉으로 나타나 있지 않은 사항도 파악할 필요가 있다. 직접 쓰여있지 않은 필자의 의도와 텍스트 유형, 목표 독자층, 출판 장소와 시간, 언어적 특징과 문체 등을 파악해야 한다. 이들을 거시적 항목이라 한다. 이 두 가지 작업을 합쳐 원문텍스트 분석이라고 한다. 거시적 항목에 따라 위 텍스트를 분석하시오.

a) 필자의 의도:

____

____

____

b) 텍스트 유형:

____

____

____

c) 독자층:

____

____

____

d) 출판 장소와 시간:

____

____

____

e) 언어적 특징과 문체:

____

____

____

[번역비평: 미시적 관점]

우선 제목인 'Minimalist Approach'를 번역하라고 했더니 '최소주의자적 접근(법)'으로 하였다. 그러나 한국어에서 '~자적 접근법'이라는 표현은 어색하다. '~주의 접근법'이 더 자연스럽다. 이러한 것을 연어(連語; collocations)라고 한다. 일종의 말짝꿍이라 할 수 있다. 짝꿍이란 다른 아이와도 어울릴 수 있지만 주로 어울려 다니는 두 사람에게 쓰이는 말이다. 연어도 마찬가지이다. 또한 어색하다는 말은 글로서 어색함일 수도 있지만 주로 소리로서 어색함이라고 보아야 한다. 번역은 귀로 하는 것이라는 명언을 항상 기억해야 한다. 따라서 한국어 번역을 한 후에는 반드시 작은 소리로 여러 번 읽어보아야 한다.

① & (1)

문장 끝의 'so compelling and memorable'을 '마음에 끌게 하고 기억할 만하게'로 번역하였다. 여기에서 'compelling'을 '마음에 끌게 하고'는 너무 길다는 느낌이다. 원천은 동사이지만 현재는 형용사로 쓰이고 있으므로 간단하게 '강력한'으로 번역하는 것이 더 좋다.

②③ & (2)(3)

②와 ③은 합쳐서 한 문장이다. "The answer lies partly in reducing ~, in letting ~"의 문장구조이다. 그리고 (3)에서 '사진, 음악 그리고 ~ 언어로 된 개념이 제품 설명서를 대신하게 해주는 데에 있다'에서 '대신하게 해주는'은 지나치게 직역투의 문장이다. 따라서 조금만 고쳐보면 '대신하도록 하는'이 좀더 자연스럽다.

④ & (4)

'제품의 어떤 실제적인 고려와는 전혀 관계없이'는 'independently

of any real consideration of the product at all'의 번역이다. '실제적인 고려'라는 표현이 불분명하다. 이를 말짝꿍 개념으로 살펴보고자 한다. 'real'은 '진짜의' '실제적인' '실질적인' 등의 뜻이 있으며, 'consideration'은 불가산 명사로서 '고려', 가산명사로서 '고려사항' '고려할 점' 등의 뜻이 있다. 번역자는 'consideration'을 불가산 명사로 보고 번역하였으나, 앞의 'any'와 관련하여 가산명사로 보면 '제품의 어떤 실제적인 고려와는 전혀 관계없이'는 '제품의 진짜 고려사항과는 전혀 관계없이'로 바꾸어 볼 수 있겠다.

⑤ & (5)

'(강화되어야 할) 필요가 있다.'는 'It needs to be.'의 번역이다. 영어에서는 대명사가 발달했으나 한국어에서는 그렇지 못하다. 번역자는 'it'가 무엇인지 정확히 알았다면 번역에서 생략하지 않았으리라고 본다. 'it'는 'brand image'이고 이 글의 문맥상 가장 중요한 핵심어이다. 광고는 브랜드 이미지를 높이기 위한 방법일 뿐이다.

⑥ & (6)

원문을 아주 정확히 잘 번역하였다. 'low-cost no-frills airlines'를 '저 운임, 실속위주의 항공사'로 번역한 것은 열심히 사전찾고 노력한 결과일 것이다.

⑦ & (7)

'almost as many features as top-of-the-range IBMs'을 '최고의 IBM 제품처럼 거의 많은 특징(볼거리)'로 번역하였다. 전체적으로는 괜찮은 번역이나 번역자는 단순히 영어에서 한국어로 글자옮기기에 급급한 느낌이다. 무슨 뜻인지를 충분히 이해하고 있는 지는 자문

해야 할 것 같다. 우선 한국어 번역문 속에 영어글자를 그대로 쓰는 것은 곤란하다. 한국어번역이란 영어를 모르는 사람도 읽을 수 있어야 하기 때문이다. 즉 'IBMs'는 '아이비엠 제품'으로 쓰는 것이 맞다. 그리고 원문의 뜻은 아이비엠 제품에는 여러 등급의 제품이 있는데 여기에서는 상급기종 또는 최상급기종의 뜻이다. 'features'는 단순한 특징이나 볼거리가 아니라 그 제품의 장점 또는 특장(特長)이라고 할 수 있다. 그리고 'almost as many features'는 완전하게 똑같지는 않으나 그 장점이 거의 같을 정도로 많다는 뜻이다.

⑧ & (8)

'your image is all you have left to compete on'을 '당신의 이미지(인상)는 당신이 경쟁에서 남겨져 가지고 있는 모든 것이다.'라고 번역하였다. 번역문의 뜻이 분명하지가 않고 오역된 부분이 있다. 앞쪽 종속절 ⑥+⑦과 관련해서 살펴야 한다. 저가품/유사품이 귀사의 고급품을 추격해 오더라도 경쟁에서 살아남을 수 있으려면 평상시 당신네 회사가 광고를 통해 좋은 브랜드 이미지를 사회에 구축해 놓아야 한다는 뜻으로 이 말을 하는 것이다. 그리고 경영 및 무역영어에서 'you'는 자주 '당신' 개인이 아니라 당신 회사의 의미인 귀사(貴社)이다. 따라서 '귀사의 이미지는 지속적 경쟁을 위해 귀사가 남겨온 전부이다.'라는 뜻이다. 더욱 좋은 한국어 표현으로 다듬는 작업은 여러분의 몫이다.

⑨ & (9)

우선 지적할 것은 외래어 표기법이다. '싱가폴'은 컴퓨터상에서 빨간 줄이 그어진다. 틀릴 수 있다는 뜻이다. '싱가포르'로 치면 빨간 줄이 없어진다. 반드시 확인하자. 따옴표는 특별한 뜻이다. 해당회사의 캐치프레이즈일 것이다. 이는 매우 상징적이고 비유적인 표현이다. 따라서 따옴표는 원문과 대응하여 넣는다. 물론 "a great way to fly"와 "solutions for a small planet"의 번역은 쉽지 않다. 전자는 비행을 하는데 최상의 길을 약속한다는 뜻이고 후자는 지구라는 작은 행성의 모든 문제점의 해결책을 제시한다는 뜻이다.

5.2.3 번역하기

[여러분의 번역]

이제까지 여러분은 [원문]읽기, [원문 텍스트 이해하기], 실제 [번역문]읽기, [과제: 원문 텍스트의 거시적 분석]과 [번역비평]까지 학습하였다. 위에서 학습한 사항을 확인하기 위하여 여러분이 직접 번역해보기 바란다.

5.3 Think Big

다음은 Minimalist Approach에 계속되는 글이다.

[원문]

Think Big

The beauty of a good global advertising campaign is that it can be used to great effect over a period of many years and still seem fresh. Global image-making, however, is a lengthy, costly and, to some extent, risky business. Bringing together the best creative talent in the advertising industry usually ends up costing the earth.

These days there is growing opposition to the power of the world's biggest brand names. And industry critics of global ads point out that for the majority of brands, global advertising is not the answer. Though the world is getting smaller by the day, few companies, even multinationals, have true global status and most 'mass-marketed' products actually sell to fewer than five percent of the masses. But those five percent can be spread right across the planet and to reach them you've sometimes no option but to 'think big'.

[번역문]

크게 생각하라

번역자: 경영대학원 CB

훌륭한 세계적인 광고 캠페인의 미는 수년의 기간 동안 중요한 영향을 주는 데 사용되어 왔고, 여전히 새로운 것으로 보인다. 그러나 세계적인 이미지 형성은 시간이 오래 걸리고, 비용이 많이 들며, 다소 위험한 업무이다. 광고 사업에서 최고의 창조적인 재능을 함께 가져오는 것은 일반적으로 아주 비용이 많이 든다. 요즈음에는 세계의 가장 큰 브랜드 이름의 힘에 대한 반감이 증대하고 있다. 그리고 세계적인 광고 사업 비평가들은 대부분의 브랜드에 대해서, 세계적인 광고가 그 대답이 아니라는 것을 지적한다. 비록 세계가 하루단위로 작아지고 있을지라도, 기업들, 다국적 기업 조차 확실한 세계적 지위를 가지고 있지 않고, 대부분의 대량 판매용 제품들은 실제로 5퍼센트 미만으로(보다 적게) 팔린다. 그러나 이 5퍼센트는 지구를 가로질러 전체로 퍼져 나갈 수 있고, 5퍼센트에 도달하기 위해서 당신은 때때로 크게 생각하는 것 이외엔 다른 방도가 없다.

부록자료 5 참조

[응용 과제 I]

거시적 및 미시적 분석 관점에서 원문분석과 번역문 표현이 잘 되어있는지를 대조하여 비평하라.

* 거시적 분석 항목: 필자의 의도, 텍스트 유형, 독자층, 출판 장소와 시간, 언어적 특징과 문체

* 미시적 분석항목: 원문의 통사구조, 문법, 어휘, 전문용어, 은유, 반복, 문화어, 음향효과, 관용어 등

5.4 무역영어 신용조회

5.4.1 원어텍스트의 거시적 분석

PEABODY & POORS COMPUTERS
2415 Akron Street
Los Angeles, California 93106

January 30, 2005

Dear Mr. Spencer:

World Emporium, 2725 26th Street, San Diego, has placed an order with us for $3,500 worth of merchandise and listed you as a credit reference.

① We would appreciate your sending us information regarding World Emporium's credit rating. ② We are particularly interested in knowing ③ how long Mr. Robert Jones, the CEO of the company, has had an account with you ④ and whether or not any of his debts are past due. ⑤ We will, of course, keep any information we receive in the strictest confidence.

A reply envelope is enclosed for your convenience.

Sincerely yours,

\-------------

Enclosure: Return envelope

[원어텍스트의 거시적 분석]

a) 화자/필자의 의도:

구좌의 거래기간, 연체부채의 유무가 주요 질의사항임. 상대방은 호의로 답해주는 것이므로 예절을 다하여 의뢰한다.

b) 텍스트 유형:

c) 청자/독자층:

d) 출판의 장소와 시간:

e) 언어적 특징 및 문체:

5.4.2 번역텍스트의 미시적 분석

- We would appreciate your sending us information: 정보를 보내주시면 감사하겠습니다(시제 유의할 것)
- World Emporium: 월드 임포리엄 또는 월드 엠포리엄
- credit rating: 신용도, 신용상태 (=credit standing)
- Mr. Robert Jones, the CEO of the company,: 회사의 최고경영(책임)자이신 로버트 존스 씨. 동격어는 뒤쪽을 먼저 번역한다. 한 회사의 책임자이기 때문에 존칭 사용한다.
- have an account with you: 귀행에 구좌를 갖다. 구좌를 갖다는 뜻은 은행과 거래하다는 뜻이다. 실무영어에서는 we는 당사, you는 귀사로 번역한다. 거시적 관점에서 상황파악을 잘 해야 한다. 여기에서 귀사는 은행이므로 귀행으로 번역한다.
- whether or not any of his debts are past due: 동씨에게 연체부채가 있는지 여부를. due는 지불/지급기한이므로 past due는 연체하다는 뜻이다. 문서에서는 한글투로 서술형 문장보다는 명사화된 문장으로 번역하는 것이 좋다.
- keep any information we receive in the strictest confidence: 회답주시는 정보에 대해서는 극비로 붙이다. 상대방에게 경어를 사용한다. '극비로'는 관용적 표현.

5.4.3 번역문의 비교 비평

위의 거시적 및 미시적 비평을 참고하여, 번역문 1과 번역문 2의 잘된 번역과 잘못된 번역을 지적하고 번역의 질에 대하여 비교하여 논하라. 필요시 문장번호를 사용하라.

[번역문 1: JJ]

세계 무역과 관련된 정보를 자사에게 보내주시면 감사하겠습니다. 특히 자사는 그 회사의 최고 경영자인 로버트 존스씨가 얼마나 오래 귀사와 거래해 왔는지, 채무를 체납한 적이 있는지 알고 싶습니다. 물론 저희가 귀사에서 받은 정보에 대해서는 회사 기밀 사항으로 부칠 것입니다.

[번역문 2: CJ]

월드 엠포리엄의 신용등급에 관한 자료를 보내주셔서 대단히 감사합니다. 저희는 회사의 최고 경영책임자인 로버트 존스씨가 귀사와 얼마동안 거래를 맺었는가하는 것과 그 사람이 채무 기간을 넘겼는지 아닌지를 좀 알고 싶습니다. 물론 저희가 받은 정보들은 모두 절대적 비밀을 보장합니다. 편의를 위해 반송용 봉투를 동봉합니다.

5.5 신용장

5.5.1 신용장 통일규칙 1

국제 상공회의소 공표 제500호의 1993년 개정 화환 신용장 통일관습 및 관례(The Uniform Customs and Practice for Documentary Credits)에 나오는 두 부분을 발췌하여 번역과 통사구조 파악을 시도한다.

[원문 I]

The Credit, therefore, should clearly indicate whether it is revocable or irrevocable. In the absence of such indication the Credit shall be deemed to be irrevocable.

* the Credit: 신용장
* revocable or irrevocable: 취소가능 또는 취소불능
* in the absense of such indication: 그러한 지시가 없는 경우
* be deemed to be irrevocable: 취소불능인 것으로 간주되다

[여러분의 번역 I]

[모범 번역문]

따라서, 신용장은 그것이 취소가능하거나 취소불능인지의 여부를 명백히 표시하여야 한다. 그러한 표시가 없는 경우에는 신용장은 취소불능인 것으로 간주되어야 한다.

5.5.2 신용장 통일규칙 2

[원문 2]

Banks assume no liability or responsibility for the consequences arising out of the interruption of their business by Acts of God, riots, civil commotions, insurrections, wars or any other causes beyond their control, or by any strikes or lockouts. Unless specifically authorized, banks will not, upon resumption of their business, pay, incur a deferred payment undertaking, accept Draft(s) or negotiate under Credits which expired during such interruption of their business.

(UCP500 제17조)

[어휘 및 숙어]

- assume no liability or responsibility for: -에 대하여 (의무나) 책임을 부담하지 않다
- Acts of God: 천재(지변)
- riots: 폭동
- civil commotions: 소요
- insurrections: 반란
- beyond their control: 통제할 수 없는
- strikes: 동맹파업
- lockouts: 직장폐쇄
- unless specifically authorized: 특별히 수권되지 않는 한
- upon resumption of their business: 업무의 재개시에
- incur a deferred payment undertaking: 연지급 약정을 (부담)하다
- Draft(s): 환어음

[통사구조의 이해]

* **by** Acts of God, riots, civil commotions, insurrections, wars **or** any other causes beyond their control, **or** **by** any strikes **or** lockouts

  구문분석 ⇨ by 1, 2, 3, 4, 5 or 6, or by A or B이며, or의 자격이 다름에 유의

* **banks will not**, upon resumption of their business, pay, **incur** a deferred payment undertaking, **accept** Draft(s) **or negotiate** under Credits which expired during such interruption of their business.

  구문분석 ⇨ banks will not 동사 1, 동사 2 or 동사 3

[여러분의 번역 2]

[번역문 2]

은행은 천재, 폭동, 소요, 반란, 전쟁 또는 은행이 통제할 수 없는 기타 원인에 의하거나, 어떤 동맹파업 또는 직장폐쇄에 의한 은행 업무의 중단으로부터 발생하는 결과에 대하여 어떤 의무나 책임을 부담하지 않는다. 특별히 수권되지 않는 한, 은행은 그 업무의 재개시에 그러한 업무중단동안에 만기된 신용장에 따라 지급하고, 연지급 약정을 부담하고, 환어음을 인수하거나 매입하지 않는다.

5.5.3 신용장 개설

다음은 신용장 개설에 관한 원문과 번역문이다. 이 둘을 비교 검토하여 해당 전문용어를 한국어로 쓰시오. 취소불능 신용장이 대표적인데, 이는 당사자 모두의 동의 없이는 수정되거나 취소할 수 없다. 이 문서로 인하여 수출업자는 선적하면 지급보증을 받는 것이다. 다음의 원문은 부산상공회의소에서 발행한 수출입과정을 해설하는 자료에서 발췌하였다. 신용장은 Letter of Credit이고 취소불능 신용장은 Irrevocable Letter of Credit이다.

[원문]

출처: 부산상공회의소

TLX TO KOEX BANK SEOUL KOREA
FROM COMMERCIAL BANK NEW YORK

WE HAVE OPENED OUR IRREVOCABLE LETTER OF CREDIT NO. 8507 DATED JULY 10, 2005.

BENEFICIARY: HAESUNG IND. CO., LTD. CPO BOX 7917 SEOUL, KOREA.

APPLICANT: WILSON & CO., INC. 50 LIBERTY STREET. NEW YORK N.Y. 10005, U.S.A

FOR USD 5,250 CIF NEW YORK EXPIRY DATE AUG. 20, 2005 AVAILABLE BY YOUR DRAFTS AT SIGHT DRAWN ON THE COMMERCIAL BANK OF NEW YORK FOR FULL INVOICE VALUE ACCOMPANIED BY THE FOLLOWING DOCUMENTS:

1. SIGNED COMMERCIAL INVOICE IN TRIPLICATE COVERING 500 DOZ OF COTTON SHIRTS AT US$10.50 PER DOZ
2. PACKING LIST IN TRIPLICATE
3. CERTIFICATE OF ORIGIN IN DUPLICATE
4. FULL SET OF CLEAN ON BOARD OCEAN BILL OF LADING MADE OUT TO ORDER OF THE COMMERCIAL BANK OF NEW YORK, MARKED FREIGHT PREPAID, AND NOTIFY ACCOUNTEE
5. MARINE INSURANCE POLICY OF CERTIFICATE ENDORSED IN BLANK, FOR 110% OF THE INVOICE VALUE : THE INSTITUTE CARGO CLAUSES I.C.C.(A) AND WAR CLAUSES

DOCUMENTS TO BE PRESENTED WITHIN 10 DAYS AFTER THE DATE OF SHIPMENT BUT WITHIN THE VALIDITY OF THE CREDIT.

PARTIAL SHIPMENTS: PERMITTED

THIS CREDIT IS SUBJECT TO UNIFORM CUSTOMS AND PRACTICE FOR DOCUMENTARY CREDIT(2002 REVISION) INTERNATIONAL CHAMBER OF COMMERCE PUBLICATION NO. 500. THIS CABLE IS OPERATIVE INSTRUMENT. RGDS

TRANSSHIPMENT: PROHIBITED

SHIPMENTS FROM BUSAN, KOREA

TO NEW YORK, U.S.A

SHIPMENT MUST BE EFFECTED NOT LATER THAN AUG. 10, 2005. ALL BANKING CHARGES OUTSIDE AMERICA ARE FOR THE ACCOUNT OF THE BENEFICIARY

DOCUMENTS ARE TO BE FORWARDED TO US BY THE NEGOTIATING BANK BY REGISTERED AIRMAIL

[번역문]

통지은행 : 외환은행 개설은행 : 뉴욕상업은행

당은행은 당행의 취소불능신용장(번호 8507)을 개설하며 신용장 개설일자는 2005년 7월 10일.

신용장의 수익자는 해성산업(이하 주소생략)이며, 개설의뢰인은 윌슨사(주소생략)이다. 신용장 금액은 운임, 보험료 포함가격인 미화 5,250달러임.

신용장의 유효기일은 2005년 8월 20일.

이 신용장은 하기에 명시된 서류를 갖추어 어느 은행에서도 매입이 가능하고, 환어음은 뉴욕상업은행을 지급인으로 하여 송장금액전액까지 발행하고, 일람불환어음의 매입(인수, 지급)으로 사용할 수 있는 신용장임.

1. 서명된 상업송장은 3부 첨부하며, 제품명은 면셔츠, 수량은 500다스, 단가는 타당 미화 10달러 50센트임.
2. 포장명세서 3부
3. 원산지 증명서 2부
4. 선화증권은 뉴욕상업은행을 지시인으로 무사고(무결함), 갑판적재필, 해양선화증권 원본전통(통상3부)을 첨부하고, 운임은 선급이며, 화물통지처는 수입상임.
5. 보험증권이나 보험증서는 송장금액의 110%로 부보하고 백지배서(보험증권 뒷면에 회사고무인 날인)해야 하며, 보험조건은 협회화물약관(A)조건에 전쟁위험담보조건을 추가로 부보함.

서류는 선적일로부터 10일 이내에 매입은행에 제시하여야 하는데 신용장 유효기일 이내이어야 한다.

분할운송은 허용하나 환적은 불허한다. 운송은 부산항으로부터 뉴욕항까지임. 선적기일은 2005년 8월 10일임.

미국 이외에서 발생되는 모든 은행의 제비용은 수익자 부담임.

운송서류는 매입은행이 등기우편으로 당행 앞으로 송부해야 함.

이 신용장은 국제상업회의소가 문서번호 500으로 발표한 화환신용장 통일규칙(2006년 개정)에 의거 발행되었음. 이 신용장은 적법한 절차를 통해 개설됨.

신용장 개설은 무역거래의 핵심이다. 신용장을 개설한다함은 거래가 체결됨을 의미한다. 그리고 화물 인수와 대금 결제까지 중요한 모든 내용이 쓰인 문서이다. 영어전공자가 무역회사, 해외영업부에 근무하게 되면 빈번하게 보는 문서이며, 이공계통의 엔지니어도 자기부서의 설비와 자재 수입 및 자사제품수출에 관계되면 수시로 보는 문서이다. 원문을 번역할 수 없거나 번역문을 읽어도 잘 이해가 되지 않는다면 그 이유가 무엇인지 생각해 볼 필요가 있다. 무역서신을 왜 번역 또는 이해할 수 없는가? 전문용어에 대한 개념파악이 안되어 있기 때문이다. 여기에서는 의미의 전달만이 주요과제이므로 원문과 번역문의 전문용어를 영어와 한국어(주로 한자어)로 정리한다.

[과제: 전문용어 찾아 쓰기]

1) IRREVOCABLE LETTER OF CREDIT:

2) BENEFICIARY:

3) APPLICANT:

4) CIF NEW YORK:

5) DRAFTS AT SIGHT (DRAWN ON):

6) FULL INVOICE VALUE:

7) COMMERCIAL INVOICE:

8) PACKING LIST:

9) CERTIFICATE OF ORIGIN:

10) FULL SET OF CLEAN ON BOARD OCEAN BILL OF LADING:

11) NOTIFY ACCOUNTEE:

12) MARINE INSURANCE POLICY:

13) THE INSTITUTE CARGO CLAUSES I.C.C.(A) AND WAR CLAUSES:

14) PARTIAL SHIPMENTS:

15) TRANSSHIPMENT:

16) ALL BANKING CHARGES OUTSIDE AMERICA:

17) THE NEGOTIATING BANK:

18) BY REGISTERED AIRMAIL:

19) UNIFORM CUSTOMS AND PRACTICE FOR DOCUMENTARY CREDIT:

6. 교육과 문화

6.1 교육 1: No Child Left Behind

[원문]

The bottom line is that testing is profitable for the large corporations that sell tests to schools (and that donate money to politicians). It's not particularly useful for the educational process -- it doesn't help teachers teach, and it doesn't help students learn. In this regard, we can see that the Bush "No Child Left Behind" plan is actually part of the Neocon's agenda to turn the public commons -- in this case, education -- over to private for-profit corporations, particularly those who fund Republican campaign efforts. The second point is that this authoritarian thinking in education often simply doesn't work.

[원어텍스트의 거시적 분석]

a) 화자/필자의 의도:

____

____

____

b) 텍스트 유형:

____

____

____

c) 청자/독자층:

____

____

____

d) 출판의 장소와 시간:

____

____

____

e) 언어적 특징 및 문체:

____

____

____

[번역문 I]

결론은 그 실험이 학교에 실험 평가를 파는 대기업들(그리고 정치인들에게 돈을 기부하는 대기업들)에게는 이익이다. 실험은 특히 교육과정에서는 유용하지 않다. 그것은 선생님들이 가르치는 데 도움이 되지 않으며, 학생들이 배우는 데도 도움이 되지 않는다. (이러한 점에서, 우리는 부시 대통령의 '뒤쳐지는 아이가 없어야 한다'는 계획이 --이 경우 교육에 있어서-- 특히 공화당 선거 활동에 자금을 제공하는 사적인 영리기업들에 대한 일반국민의 관심을 돌리기 위한 신보수주의자들의 협의 사항으로 볼 수 있다. 두 번째 문제는 교육에서 이 독재적인 생각은 종종 단순히 작용하지 않는다는 것이다. (JH)

[여러분의 미시적 번역비평하기]

원어텍스트와 번역문 1을 다음 분류에 따라 비평하시오. 아래의 단어 및 구문 해설을 참고하시오.

a) 통사구조/ b) 문법/ c) 어휘/ d) 전문용어/ e) 비유법/ f) 수사법/ g) 기타

- the bottom line: 결론, 핵심
- the large corporations that sell tests: 검정대행사
- that donate money to politicians: 정치인에게 돈을 기부하는 ⇨정치헌금을 하는
- in this regard: 이 점에서
- "No Child Left Behind" plan: '낙오생없는 교육' 법안
- the Neocon's agenda: 신보수주의자의 정책
- to turn the public commons over to ~ : ~에게 공공의 자산을 넘기다
- private for-profit corporations: 사적 영리기업
- those who fund Republican campaign efforts: 공화당 선거에 자금을 대는 사람들
- this authoritarian thinking: 권위적인 생각(사고)

[번역문 2]

핵심적인 문제는 시험이 학교에 시험을 파는 (그리고 정치가들에게 돈을 증여하는) 큰 단체들에게 유익한 것이라는 것이다. 이는 특별히 교육상의 방법에 도움이 되지는 않는다. 이것은 교사들이 가르치는 것이나 학생들이 배우는 것을 돕지는 않는다. 이 점에 있어서 우리는 부시의 "뒤쳐지는 아이 없이" 정책이 사실상 공공의 이익을 사유의 영리 단체들(특별히 공화당의 캠페인에 돈을 대는)에게 넘겨주는 신보수주의자의 협의 사항의 한 부분이라는 것을 알 수 있다. 두 번째 문제는 교육에 있어서 권위주의자의 판단을 절대로 효과를 보지 못한다는 것이다. (JJO)

[여러분의 번역비평하기]

원어텍스트와 번역문 2를 다음 분류에 따라 비평하시오.

a) 과다번역, b) 과소번역, c) 오역, d) 강조점의 변화, e) 기타, f) 번역의 질

[번역문 3]

핵심은 즉, 시험을 치는 것이 학교에 시험을 파는 (그리고 정치가들에게 기금을 후원하는) 큰 회사들에게 이익이 된다는 것이다. 이는 특출나게 교과 과정에서 유용하지는 않다. 그리고 교사들이 학생을 가르치는 것에나, 학생들이 공부를 배우는 것에나 도움이 되지 않는다. 이러한 사항에서 우리는 부시의 "평등교육" 정책이 실제로 공화당의 대선 자금을 지원해주는 특히 사기업집단에서 일반 대중에게로 방향을 돌리려는 신보수주의자들의 시책의 일부임을 알 수 있다. 두 번째 요점은 교육 분야에서 집권자의 생각이 때때로 간단하게 안 먹힌다는 것이다. (JJW)

[번역비평]

르드레르(Marianne Lederer)는 콜러(W. Koller)의 저서를 인용하여 '내용적 등가' '형태적 등가' '텍스트적 등가' '의사소통적 등가' '결과적 등가'의 5원칙을 제시하고 있다.

1) 번역은 원본이 언어 외적 현실에 대해 제공한 정보를 전해야 한다. 콜러는 이를 '외시적 등가'라 부른다.
2) 번역은 언어사용역, 사회언어, 표현의 사용지역 등의 문체를 존중해야 한다. 그는 이러한 등가를 '공시적 등가'라 부른다.
3) 번역은 번역된 텍스트의 유형에 적합해야 한다. 예를 들어, 누구도 조리법을 법학개론처럼 쓰지 않는다. 콜러는 이 경우, '규범적 등가'라는 말을 쓴다.
4) 번역이 이해되려면 독자의 지식에 맞추어져야 한다. 이러한 경우의 등가는 '화용적 등가'이다.
5) 마지막으로 번역의 형태는 원문과 동일한 미적 결과를 산출해야 한다.

위에서 설명한 등가의 5원칙에 따라 원문과 번역문을 비평하시오.

1) 내용적 등가:

____

____

____

2) 형태적 등가:

____

____

____

3) 텍스트적 등가:

____

____

____

4) 의사소통적 등가:

____

____

5) 결과적 등가:

____

____

부록자료 6 참조

6.2 교육 2: College Education Needs Improving

다음은 국내 영자신문인 코리아 타임스의 최근 사설이다. 논술 고사를 중심으로 발생한 대학개혁에 관한 글이다.

College Education Needs Improving

Seoul National University's plan to give its own essay tests to applicants starting in 2008 has been a hot issue among all the people concerned. SNU intends to recruit more creative students through the essay exams. But it has already selected the most excellent high school students of the nation so far. So it's too greedy for the university to have more talented students.

According to a news report in December last year, SNU, the nation's most prestigious university, failed to rank among the world's top 100 colleges. It proves that the university hasn't taught its outstanding students properly and effectively.

In contrast, Korean middle and high school students' scholastic abilities are superior to those of other advanced countries. For example, in PISA (Programme for International Student Assessment) conducted by the OECD in 2003, the nation's 15-year-old students were outstanding enough to rank first in problem solving, second in reading, third in math, and fourth in science.

What on earth has SNU been doing with these smart students? When the freshmen enter the university, they must be excellent. By the time they graduate from it, however, they are not what they used to be.

Instead of imposing the controversial essay tests on the applicants, which are sure to drive them to the cram schools, the university should reform and intensify its curriculum so that their students can study harder.

Park Sung-ik, Seoul
07-17-2004

[원어텍스트의 거시적 분석]

a) 화자/필자의 의도:

b) 텍스트 유형:

c) 청자/독자층:

d) 출판의 장소와 시간:

e) 언어적 특징 및 문체:

[원어텍스트의 미시적 분석: 주어진 단어와 표현을 설명하고 번역하시오]

분석항목: a) 통사구조/ b) 문법/ c) 어휘/ d) 전문용어/ e) 비유법/ f) 수사법/ g) 기타

[전문용어]

- scholastic abilities: 수학능력
- Programme for International Student Assessment: OECD에서 주관하는 '국제 학업성취도 평가 연구' www.pisa.org
- OECD: 경제협력개발기구; Organization for Economic Cooperation and Development

  주요 선진공업국들이 경제성장, 저개발국원조, 세계무역의 확대를 추구하기 위하여 1961 년 9월 30일 유럽경제협력기구(OEEC)를 발전적으로 해체, 창설한 국제기구를 말한다. OECD에는 경제정책위원회, 개발원조위원회, 무역위원회 등 모두 26 개 산하위원회가 있다. 현재 회원국은 주요 선진국 29 개국이며 우리나라는 1996 년에 정식으로 가입하였다. 이 기구에 가입한다는 것은 일반적으로 선진국이 되었다는 것을 의미한다. (동아닷컴 경제용어사전)

[2004년 12월 7일 보도문 요약]

2003 OECD 학업성취도 국제비교 연구(PISA 2003)주요 결과 발표: OECD PISA 2003 결과, 우리나라 만 15 세 학생 (고등학교 1 학년)의 문제해결력은 세계 1위, 읽기 2위, 수학 3위, 과학 4위

- 최상위권 (상위 5%)에 속하는 학생의 점수는 PISA PLUS 와 비교할 때 읽기 21위에서 7위로, 수학 6위에서 3위로, 과학 5위에서 2위로 상승

- the nation's most prestigious university

- the world's top 100 colleges

- are superior to

- in PISA conducted by the OECD in 2003

- the nation's 15-year-old students

- enough to rank first in problem solving

[여러분의 번역문: 밑줄 친 부분 번역하기]

6.3 문화 1: 영화평

6.3.1 Father of the Bride

다음은 항공회사 기내 잡지에 게재된 영화평이다. *Father of the Bride*와 *An American in Paris*이다. 간단히 영화에 대한 줄거리와 주제 그리고 출연한 배우들을 소개하는 내용이다. 비교적 짧은 내용이라 각각 3편의 번역문을 실었다. 이 번역문들을 비교검토하여 번역비평의 기준에 따라 평가해 보길 바란다.

[원문]

Father of the Bride

The movie, *Father of the Bride*, begins as the exhausted Stanley Banks (Spencer Tracy) looks over the debris and chaos in his home after the wedding, then turns to the audience to relate his story. The problems and responsibilities of marrying off a daughter are legion: there's the heart-to-heart talk with the suitor; meeting the in-laws; selecting the honeymoon site; and, of course, the near-ruinous financial expense. Little girl of Stanley Banks was performed by the beauty of Century, Elizabeth Taylor.(from *Asiana Inflight Magazine*)

[번역문 I]

신부의 아버지

영화 '신부의 아버지'는 기운이 다 빠진 스탠리 뱅스 (스펜서 트레이)가 결혼식이 끝난 뒤 자신의 집이 널브러진 부스러기로 어지럽혀져 있는 것을 내려다 보고 나서 관객을 향해 자신의 이야기를 말하는 것으로 시작한다. 딸을 시집 보내는 데에 문제와 책임들이 아주 많다. 구혼자와 진솔한 대화도 있고 상견례도 있으며, 신혼 여행지를 고르는 일도 있다. 물론 거의 파산에 가까운 경제적 지출도 있다. 스탠리 뱅스의 어린 딸은 세기의 미인인 엘리자베스 테일러가 주연했다. (BM)

[번역문 2]

신부의 아버지

영화 신부의 아버지는 기진맥진한 스탠리 뱅크스 (스펜서 트레이시 분)가 결혼식이 끝난 후, 그의 집안의 파편들과 혼란스러운 상태를 보며 시작된다. 그리곤 그의 이야기를 관객들에게 이야기하기 위해 돌아선다. 딸의 결혼을 반대한 문제점과 책임은 아주 많았다: 구혼자와의 마음을 터놓고 한 이야기 인척들과의 만남 신혼 여행지 선택 그리고 물론 터무니없는 비용 등이 있었다. 스탠리 뱅크스의 딸 역할은 세기의 미인 엘리자베스 테일러가 맡았다.(IH)

[번역문 3]

신부의 아버지란 영화는 지쳐버린 스탠리 뱅크스가 결혼 후 가정에서의 파편과 혼란을 주시하여, 스탠리 뱅크스의 이야기와 관련시켜 관객들을 생각하게 한다. 딸을 시집보냄으로서의 문제점과 책임감이 많다. 친척과의 모임에서 물론 파산에 가까운 지출로 신혼 여행지를 고르며, 구혼자와 솔직한 마음으로 이야기를 한다. 스탠리 뱅크스의 어린 딸은 엘리자베스 테일러라는 세기의 미의 이름으로 지어졌다.(BH)

다음에서는 각 번역문에 대한 비평을 시도한다.

과다번역, 과소번역, 오역, 강조점의 변화, 외래어 표기법, 기타, 번역의 질 등으로 나누어 번역비평하고 세 개의 번역문을 비교 평가한다.

[번역문 1 비평]

과다번역, 과소번역, 오역을 중심으로 작성하시오.

부록자료 7,8 참조

[번역문 2 비평]

강조점의 변화, 외래어 표기법, 기타를 중심으로 작성하시오.

부록자료 7,8 참조

[번역문 3 비평]

오역, 외래어 표기법, 번역의 질을 중심으로 비평하시오.

부록자료 7,8 참조

[번역문 1, 2, 3의 질에 관한 총체적 평가]

부록자료 7 참조

6.3.2 An American in Paris

[원문]

An American in Paris

American ex-GI Jerry Mulligan has stayed in Paris after the war to pursue a career as an artist. He falls in love with Lise, who he later discovers, is engaged to his longtime friend, Henri. Complicating matters, his wealthy patron, the beautiful Milo is interested in more than his art. *An American in Paris* won six Academy Awards including Best Picture, Best Screenplay, Best Cinemato-graphy, Best Set Decoration, Best Costume Design and a special award in recognition of Gene Kelly's landmark choreography.

[번역문 1]

파리의 미국인

미국인 전역 군인인 제리 멀리건은 예술가(미술가)로서의 경력을 추구하기 위해 전쟁이 끝난 뒤 파리에서 지낸다. 제리는 리스와 사랑에 빠지지만 나중에 그녀가 자신의 오랜 친구인 헨리와 약혼한 것을 알게 된다. 복잡한 내막으로 제리의 부유한 후원자인 아름다운 마일로는 그의 미술보다 그에게 더 관심을 갖게 된다. '파리의 미국인'은 작품, 각본, 제작, 무대장치, 의상 디자인 부문에서 최고상을, 그리고 젠 켈리의 획기적인 안무를 표창하여 특별상을 수여, 총 6개의 아카데미상을 석권했다. (BM)

[번역문 2]

파리의 미국인

전 미군 병사였던 제리 물리건은 종전 후 예술가로서의 생애를 추구하기 위해 파리에 머물러 있었다. 그는 리즈와의 사랑에 빠지게 되는 데, 후에 리즈는 제리의 오랜 친구 헨리의 약혼녀임이 밝혀진다. 복잡한 뇌막을 가진 그의 부유한 고객인 아름다운 마일로는 제리의 작품 이상에도 관심을 가진다. 파리의 미국인은 최고 영상부문, 최고 각본 부문, 최고 영화 상영부문, 최고 무대장식부문, 최고 의상부문에서 아카데미 영화제 수상을 하였으며, 진 켈리의 뛰어난 안무구성에 대한 표창으로 특별상을 수상, 총 6개 부문을 석권하였다. (IH)

[번역문 3]

미국인 전 GI 제리 멀리건은 예술가로서의 직업을 추구하기 위해 전쟁 후에 파리에서 머물렀었다. 멀리건은 나중에 알게 되었지만, 오랜 친구의 헨리와 약혼했던 리즈와 사랑에 빠졌다. 멀리건의 부자 고객인 아름다운 밀로는 멀리건의 예술(그림)에 더 관심이 많았다. 파리 속의 미국인은 최우수 영상, 최우수 각본, 최우수 영화촬영, 최우수 세트장식, 최우수의상과 진케리의 경계 기술의 공로로 특별상을 포함하여, 6개의 아카데미상을 수상하였다. (BH)

[번역문 1 비평]

과다번역, 과소번역, 오역을 중심으로 작성하시오.

[번역문 2 비평]

강조점의 변화, 외래어 표기법, 기타를 중심으로 작성하시오.

[번역문 3 비평]

오역, 외래어 표기법, 번역의 질을 중심으로 작성하시오.

[번역문 1, 2, 3의 질에 관한 총체적 평가]

6.4 문화 2: 발레

이번 절에서 다룰 글은 '호두까기 인형 발레'에 관한 해설문이다. 한국에서도 크리스마스 때가 되면 발레단에서 같은 작품을 가지고 경쟁적으로 공연을 한다. 아동들을 위한 아름다운 이야기를 소재로 한다. 글은 다음에서 가져왔다. www.nutcracker.net

6.4.1 The Nutcracker Ballet 1

[원문]

The Nutcracker Ballet is based on the story "The Nutcracker and the King of Mice" written by E.T.A. Hoffman. Although what is seen on the stage today is different in detail from the original story, the basic plot remains the same; The story of a young German girl who dreams of a Nutcracker Prince and a fierce battle against a Mouse King with seven heads.

When Marius Petipa had the idea to choreograph the story into a ballet, it was actually based on a revision by Alexandre Dumas, a well known French author. His version reflects more of what we have come to love as the Nutcracker Ballet.

The Party Scene

It is Christmas Eve at the Stahlbaum house – A large and grand house with the most beautiful tree imaginable. The Stahlbaums are hosting their annual Christmas party, welcoming the arrival of their family and friends. The children, Clara and Fritz, are dancing and playing as they welcome their friends too.

The party grows festive with music and dance as godfather Drosselmeyer arrives. He is a skilled clock and toy maker and always full of surprises. Drosselmeyer draws everyone's attention as he presents two life-size dolls. They are the delight of the party, each taking a turn to dance.

The children begin to open gifts when Drosselmeyer presents his to Clara and Fritz. Although his gift to Fritz is quite nice, he gives Clara a beautiful Nutcracker that becomes the hit of the party. Fritz becomes jealous and, having a bit more spunk than a boy should have, grabs the nutcracker from Clara and promptly breaks it. Clara is heartbroken looking on as Drosselmeyer quickly repairs the Nutcracker with a handkerchief he magically draws from the air.

As the evening grows late, the guests depart and the Stahlbaum family retires for the evening. Clara, worried about her beloved Nutcracker, sneaks back to the tree to check on him, falling asleep with him in her arms.

The Fight Scene

As the clock strikes midnight strange things begin to happen. Clara begins shrinking as her beautiful Christmas tree grows high above her. The toys around the tree come to life while the room fills with an army of mice, led by the fierce Mouse King. As the Nutcracker awakens, he leads his army of toy soldiers into battle with the mice. The Mouse King corners the Nutcracker and battles him one-on-one. The Nutcracker seems to be no match for the Mouse King.

The Nutcracker and his army can go on no longer and are captured by the mice and their King. Clara makes a final daring charge throwing her slipper at the Mouse King, hitting him square on the head. The Mouse King drops to the floor and the mice run away, carrying off their leader's lifeless body.

The Land of Snow

The Nutcracker turns into a Prince and takes Clara on a journey to the Land of Snow, an enchanted forest wonderland where they are welcomed by dancing snowflakes.

The Land of Sweets

The Prince escorts Clara to the Land of Sweets where they are greeted by the Sugar Plum Fairy. The Prince tells her about their daring battle with the army of mice and she rewards them with a celebration of dances.

- The Spanish Dance
- The Arabian Dance
- The Russian Dance
- The Chinese Dance
- The Mirliton Dance
- The Waltz of Flowers

As a finale, the Sugar Plum Fairy and the Cavalier dance a beautiful Pas De Deux.

The Dream Ends

Clara awakens from her dream and finds herself by her Christmas tree with her beloved Nutcracker.

6.4.2 기계번역: 구글자동번역 2005/1/3

Nutcracker 발레는 E.T.A에 의하여 쓰는 이야기 "The Nutcracker 과 Mice"의 임금에 기초를 둔다. Hoffman. 오늘 본다 무엇이 무대에 원래 이야기 에서 세부사항안에 달라도, 기본적인 작의는 동일물에 남아 있 다; 일곱개의 머리에 쥐 임금향하여 Nutcracker 황태자및 맹렬 한 전투의 꿈꾸는 젊은 독일 여아의 이야기.

Marius 우물에 의하여 안 프랑스 저자, Petipa에는 발 레로 choreograph에 아이디어가 이야기 있을 때, Alexander 뒤 마에 의하여 개정에 실제적으로 기초를됬다. 우리가 Nutcracker 발레으로서 사랑한것을 왔다 무엇을의 그의 버전은 더를 반성한다.

당 현지

Stahlbaum 집 -- imaginable 가장 아름다운 나무에 크고그리고 웅대한 집에 크리스마스 전야 이다. Stahlbaums은 그들의 가족및 친구의 도착을 환영하는 그들의 일년 크리스마스 당을 접대하고 있다 . 그들의 친구를 너무 환영하기 있을 때 아이, Clara과 Fritz, 이어 무용하고 논 대부 Drosselmeyer이 도착하는 있을 때 당은 음악과 춤에

festive 성장한다. 그는 놀람의 숙련되는 시계와 장난감 제작자그리고 항상 충분하다. 그가 두개의 life-size 인형을증정하는 있을 때 Drosselmeyer은 everyone's 주의를 당긴다. 춤에게 회전 을 가지고 가는 각자, 그들은 당의 쾌재 이다.

Drosselmeyer이 Clara과 Fritz에게 그를 증정할 때 아 이는 선물을 연것을 시작한다. Fritz에 그의 선물이 확실히 좋 아도, 그는 Clara에게 당의 명중에 되는 아름다운 Nutcracker을 준다. 소년이 가져야 하고, Clara에서 nutcracker을 움켜잡 고그리고 신속하게 끊어진 다보다는 Fritz 질두하 되, 조금을 spunk 더 가진. Drosselmeyer이빠르게 그가 공기에서 마술적 으로 당기는 손수건에 Nutcracker을 고치기 있을 때 Clara은 비 통한 봄 위에 이다.

야간이 늦게 성장하는 있을 때, 손님은 출항 하고 Stahlbaum 가족은 야간을 위해 은퇴한다. her 사랑하는 Nutcracker에 관한 고민하는 Clara은 나무등을맞댄 그, 그녀안 에 그와 잠들어 있는 떨어짐에 검사하기 위하여, 팔 몰래 움직 인다.

전투 현지

시계가 치는 있을 때 자 정 기이한 것은 일어난 것을 시작된다. her 아름다운 크리스마스 나무가 그녀의 위 높게 성장한다것과 같이 Clara은 긴축 시작 된다. 방이 쥐의 육군에 채우는 동안 나무의 주위에 장난감은 일생, 맹렬한 쥐 임금의엹의 지도에 온다. Nutcracker이 깨우 는 있을 때, 그는 쥐에 전투로 장난감 군인의 그의 육군을 지도한다. 쥐 임금은 Nutcracker및 전투를 XX아나 에 하나 모서리 를 낸다. Nutcracker은 쥐 임금을 위해 성냥 이것을 보인다.

Nutcracker및 그의 육군은 오랫동안에 갈 수 있고 쥐 및 그들의 임금에 의하여 붙잡. Clara은 머리에 정연한 그를 명중하면 쥐 임금에 her 슬리퍼를 던지는 마지막 daring 화물 을 제조한다. 지면에 쥐 임금 투및 쥐는 멀리적으로 달려, 그 들의 leader's 생명이 없는 본체떨어져 나른.

눈의 땅

Nutcracker은 황태자로 돌고 곳에 그들이 눈송이를 까 무용하기에 의하여 환영되는 눈의 땅, 매혹하곤 숲 동화의 나 라에게 여행에 Clara을 가지고 간다.

사탕의 땅

황태자는 곳에 그들이 설탕 자두 요정에 의하여인사되 는 사탕의 땅에 Clara을 호위한다. 쥐와 그녀의 육군과의 그들 의 daring 전투에 관한 춤의 축에 그들을 보상한다 것을 황태 자는 그녀에게 말한다.

- 스페인 춤
- Arabian 춤
- 러시아 춤
- 중국 춤
- Mirliton 춤
- 꽃의 원무곡

finale으로서, 설탕 자두 요정및 Cavalier은 아름다운 Pas De Deux 을 무용한다.

꿈은 끝낸다.

Clara은 her 꿈에서 깨우고 her 사랑하는 Nutcracker에 her 크리스마스 나무의옆에 발견한다.

여러분은 기계번역이 어느 정도 도움이 된다고 생각하는가? 아주 영어를 모르는 사람에게는 몇 단어라도 건질 수 있다. 단어와 구 수준의 번역은 일단 가능하다. 그렇다고 정확할 수는 없다. 한 단어에도 최소한 두세 가지에서 이삼십 가지의 뜻이 있기 때문이다. 이러한 단어가 다른 단어와 결합하면서 더 많은 경우의 수를 만들어 내기 때문이다. 한 문장의 평균 단어수가 열 단어이고 한 단어에 세 가지 뜻만 있다고 해도 이론상으로는 3 곱하기 10 제곱의 의미조합이 가능해진다. 한 문장의 뜻이 이렇게 많으면 열 문장으로 이루어진 글을 번역하면 어찌되는가? 물론 빈도수에 따라 단순화시킬 수 있다. 그래도 정확도는 매우 낮다. 제대로 된 번역인가 하는 최종적인 판단은 역시 독자가 할 수 밖에 없다. 기계번역은 번역가의 에너지를 줄여주는 효과는 가질 것이다. 최소한 당장은 번역기가 번역가를 대신 할 수 없다가 정답이다.

『통역과 번역 그리고 통역사와 번역사』(미람 G. E., 전지윤·김정희 옮김. 한국문화사, 2004, 185 ~ 201)에 따르면 최초의 컴퓨터가 만들어지고 불과 5년이 지난 1949년, 수학자인 위버 W.가 번역에 컴퓨터를 이용하자는 발상을 학계에 내놓았다고 한다. 여러 수학자와 언어학자가 열정적으로 연구에 참여한 결과 최초의 자동번역 모델 및 시스템이 탄생하였으나 문법과 의미를 제대로 고려하지 못하였다. 자동번역기는 계속 개발되고 있는데 세 가지 단계로 나눌 수 있다. 첫째, 가장 낮은 단계로 단순한 단어와 구 번역이다.

대응어 선택이 이루어지지 않으면 번역시스템은 사전에 제시된 대응어를 모두 출력하여 보여준다. 둘째, 중간단계로 소프트웨어 시장에 나와 있는 대부분의 번역기가 이에 속한다. 통사, 의미 모델을 결합하여 적합한 대응어를 선택하고 출발어 텍스트 구조를 도착어 텍스트 구조로 바꾼다. 셋째, 가장 높은 단계에서는 문법, 의미, 그리고 배경지식을 이용하여 도착어 텍스트를 종합·완성한다. 모델 및 시스템은 아직 실험단계에 머물고 있는 실정이다. 물론 언어계통이 가까운 언어끼리의 전문분야에서의 번역의 정확도는 꽤 높다. 그러나 영어와 한국어와 같이 언어계통이 다르고 어순과 문법이 다른 언어간에는 기계번역의 정확도는 많이 떨어진다. 어렵지만 인간이 할 수밖에 없다.

예비 번역가들이 번역기 때문에 걱정할 필요는 없다. 자동번역기라는 거창한 이름을 누가 붙였는지 알 수 없다. 이름값을 못하는 자동번역기보다는 전자사전처럼 기계가 인간을 돕겠다고 나서는 것이 더 현명한 일이다. 머지않은 미래에 기계에게 자리를 내줄 일은 없을 것이다. 초보적인 번역가라도 위의 구글번역기처럼 번역하지는 않는다. 번역가가 할 일의 순서는 지금까지 반복적으로 학습한 바 있다. 원어텍스트를 거시적으로 분석하는 일 그리고 미시적으로 분석하는 일을 끝내야 본격적인 번역작업은 시작된다. 그리고 초벌번역이 끝나면 수정, 교정, 윤문 작업 등을 거쳐 번역이 완성된다.

6.4.3 번역문과 설명 그리고 해설

다음은 번역 수업시간에 학생들이 원어텍스트를 번역하고 왜 그렇게 번역했는지를 스스로 설명을 한두 가지 붙이라는 과제를 부과하였다. 그에 대한 비교적 잘된 과제제출물이다. 이는 번역자가 스스로 번역비평을 의식하며 번역하는 습관을 기르는데 유용하다. 문단별로 원문, 번역문, 설명 순으로 작성되었다. 읽어나가면서 장문의 번역문 작성 노하우를 익히기 바란다. 참고로 번역문과 설명은 과제제출자의 글이고 해설은 필자의 글이다.

[문단 1]

The Nutcracker Ballet is based on the story "the Nut-cracker and the King of Mice" written by E.T.A. Hoffman. Although what is seen on the stage today is different in detail from the original story, the basic plot remains the same; The story of a young German girl who dreams of a Nutcracker Prince and a fierce battle against a Mouse King with seven heads.

호두까기 인형 발레는 E.T.A. 호프먼이 지은 이야기 "호두까기 인형과 쥐의 임금님"에 토대를 두고 있다. 원작과 오늘날 무대에서 보여지는 이야기에 약간의 차이는 있지만, 일곱 개의 머리를 가진 생쥐의 왕과 맞서 싸우는 호두까기 왕자에 대한 한 독일 소녀의 하룻밤 꿈 이야기 이라는 기본 줄거리는 같다. (BM)

설명: 1. E.T.A. Hoffman: 이니셜은 그대로 써주고 Hoffman은 호프먼으로 발음을 적었다.
원래 발음은 [ou]지만 이중모음은 하나로 통일하는 규정에 따라 [ㅗ]로 표기했다.
2. King of Mice에서 King을 임금님으로 번역했다: 의미상 왕

을 써도 무방하지만 어린이를 위한 동화라는 느낌에 맞게 제목에서는 "임금님"을 택했다.(분위기 불감증 참조)

[해설]

(1) 설명 1.은 국립국어원 공개자료실의 외래어 표기 용례집(인명)(지명)(일반용어) 파일을 확인하여야 한다. 다음과 같이 나와 있다.

Hoffmann, Ernst Theodor Amadeus.#2호프만, 에른스트 테오도어 아마데우스#:35독일의 소설가(1776~1822).

따라서 호프만으로 적어야 한다. 번역은 확인작업이요 사전과 자료집을 뒤지는 일이 매우 중요하다.

(2) 설명 2.는 좋은 생각이다. 그러나 실제로는 적용시키지 못했다. 아마 the King of Mice와 a Mouse King with seven heads가 같은 존재라는 것을 알아채지 못한 것 같다. '쥐의 임금님' '생쥐의 왕'은 하나로 통일성있게 처리해야 한다. 그리고 자주 나오는 이름에 '의'는 빼는 것이 발음상 좋다. 따라서 '생쥐(대)왕'이 어떤가?

(3) '보여지는'은 이중 수동형이다. 따라서 아래 한글에서 작업을 하면 빨간 밑줄이 그어진다. 이럴 때는 확인해 보아야 한다. '보이는'이면 충분하다. '불리우다'도 '불리다'이고 '쓰여지다'도 '쓰이다'로 쓰면 된다.

(4) '일곱 개의 머리를 가진 생쥐의 왕'은 구조가 복잡해 보인다. 한국어에서 간략하게 쓰는 것이 좋다. '일곱머리 생쥐왕'도 가능하다.

[문단 2]

When Marius Petipa had the idea to choreograph the story into a ballet, it was actually based on a revision by Alexander Dumas, a well-known French author. His version reflects more of what we have come to love as the Nutcracker Ballet.

마리우스 프티파가 이 이야기를 발레 안무로 짤 생각을 했을 때, 실제로 그의 안무는 프랑스의 대작가인 알렉산너 뒤마의 개정판을 기본으로 하고 있었다. 호두까기 인형 발레로서 우리에게 사랑받는 이야기는 뒤마의 개정판에 더 영향을 받고 있다.

설명: 1. Marius Petipa: 원래 러시아식 발음은 "페티파"이다. 그러나 번역에서는 영문식 발음법을 선택하여 "프티파"라고 표기했다. 그러나 Alexander Dumas에서 영문 발음 "알렉잔더" 대신에 친숙한 발음인 "알렉산더"로 표기하고 Dumas 또한 이제껏 한국에서 출판된 그의 번역작품에 주로 쓰이는 "뒤마"를 참고하여 번역에 반영하였다.

2. His version reflects more of what we have come to love as the Nutcracker Ballet.:
원문 해석은 "뒤마의 (그의) 개정판이 우리가 호두까기 인형 발레로서 사랑해 왔던 것에 좀 더 영향을 준다" 이다. 문법적으로 틀리지는 않지만 표현이 어색하여 "영향을 받고 있다"로 문장 형식을 바꾸어 주었다.

[해설]

(1) 설명 1.에서 Marius Petipa를 영어식으로 처리하는 것은 옳지 않다. 프랑스 태생의 러시아 무용가임을 확인해야 한다. 외래어표기법 인명 편에서 찾아보면 다음과 같다.

Petipa, Marius.#2페티파, 마리우스#:35프랑스 태생의 제정 러시아 무용가(1819~1910).

따라서 '마리우스 페티파'로 표기해야 한다. 그리고 Alexander Dumas의 표기도 '알렉산더 뒤마'가 아니라 '알렉상드르 뒤마'이다. '알렉산더 뒤마'는 앞쪽은 영어식 뒤쪽은 프랑스식으로 처리한 셈이다.

(2) it was actually based on ~이 '~을 기본으로 하고 있었다'로 번역되었다. 뜻은 맞으나 중요하지 않은 말이 '으로 하고 있었다'로 길어졌다. 형식상 등가개념에 맞지 않는다. 따라서 '~이 기본이었다'나 '~에 근거하였다' 정도면 어떨까요?

(3) 설명 2.는 매우 훌륭하다. 또한 His를 뒤마로 바꾼 것도 좋다. 영어 대명사를 한국어 번역에서는 명사로 바꾸는 것을 원칙으로 한다.

[문단 3]

The Party Scene

It is Christmas Eve at <u>the Stahlbaum house</u> – A large and grand house with the most beautiful tree imaginable. <u>The Stahlbaums</u> are hosting their annual Christmas party, welcoming the arrival of their family and friends. The children, Clara and Fritz, are <u>dancing and playing</u> as they welcome their friends too.

파티 장면

우리가 상상 할 수 있는 가장 아름다운 크리스마스 트리로 장식된 크고 웅장한 슈탈바움 저택에서의 크리스마스 이브이다. 슈탈바움 일가는 그들의 가족과 친구들이 도착한 것을 환영하면서 연례 크리스마스 파티를 열고 있다. 슈탈바움 가의 아이들인 클라라와 프리츠 역시 그들의 친구들을 환영하면서 춤추며 파티를 즐기고 있다.

설명:

1. Stahlbaum은 독일어 발음대로 "슈탈바움"으로 그대로 표기하였다.
2. The children, Clara and Fritz, are dancing and playing as they welcome their friends too. : "춤추고 놀면서 역시 친구들을 환영한다." 를 "즐기다"로 바꾸어 주었다. 오역의 위험이 있으나 장소가 파티이므로 "즐긴다"라는 표현도 어울릴 것 같아서 선택을 해보았다.

[해설]

(1) 설명 1.은 옳다. 텍스트의 장소에 대하여 잘 인식하고 있다. 그리고 the Stahlbaum house를 뒤에 나오는 묘사에 맞추어 슈탈바움 저택으로 표현한 것은 훌륭하다.

(2) 설명 2.도 가능하다. 그러나 직역으로도 문제가 없이 뜻이 잘 통하면 그대로 두는 것이 낫다. 즐긴다는 말은 어른처럼 의식적인 행동이 될 수 있다. '춤추며 놀고 있다'가 좀더 천진난만한 느낌을 줄 수 있다고 본다. '그들의'는 아예 빼든지 아니면 '자기네' 정도로 처리해도 무방할 듯 하다.

[문단 4]

The party grows festive with music and dance as godfather Drosselmeyer arrives. He is a skilled clock and toy maker and always full of surprises. Drosselmeyer draws everyone's attention as he presents two life-size dolls. They are the delight of the party, each taking a turn to dance.

파티가 음악과 춤으로 점점 더 무르익어 갈 때 클라라와 프리츠의 대부 드로셀마이어가 도착한다. 드로셀마이어는 시계와 장난감 장인으로 항상 깜짝 놀랄만한 선물들을 가득 가지고 온다. 그가 실물 크기의 두개의 인형들을 꺼내 놓자 모든 사람들의 이목이 집중된다. 손님들이 서로 순서를 앞 다투며 인형들과 춤을 추려 하면서 이들은 파티의 활력소가 된다.

설명: They are the delight of the party, each taking a turn to dance.: 이 문장을 "각각 춤을 출 차례를 가지면서, 그들은 파티의 즐거움이 된다."로 해석을 해보았다. They를 그들로 받으면 아이들인지, 인형들인지 혼동을 줄 수 있으므로 they를 인형들로 번역했다. 파티에서 사람들이 인형을 보고 신기해하며 서로 만져보고, 기뻐하는 모습을 생각하며 위의 해석을 의역했다.

[해설]

(1) 번역자의 설명은 매우 타당하다. they가 인형인 것도 정확하다.

(2) The party grows festive를 '파티가 점점 더 무르익어 갈 때'

로 번역한 것은 탁월한 한국어 구사력이다. 그리고 문장의 주절과 종속절의 순서를 바꾼 것도 훌륭하다.

(3) Drosselmeyer draws everyone's attention.을 '모든 사람들의 이목이 집중 된다.'로 번역한 것은 주어에 있어서 양 언어의 특징을 잘 파악하고 있다고 할 수 있다. 영어는 인간주어중심이요 한국어는 상황주어중심이기 때문이다.

(4) They are the delight of the party,를 '이들은 파티의 활력소가 된다.'로 번역한 것도 참 좋다. 설명에서와 같이 번역은 생생한 상상력이 필요하다.

[문단 5]

The children begin to open gifts when Drosselmeyer presents his to Clara and Fritz. Although his gift to Fritz is quite nice, he gives Clara a beautiful Nutcracker <u>that becomes the hit of the party</u>. Fritz becomes jealous and, <u>having a bit more spunk than a boy should have</u>, grabs the nutcracker from Clara and promptly breaks it. Clara is heartbroken looking on as Drosselmeyer quickly repairs the Nutcracker with a handkerchief he magically draws from the air.

클라라와 프리츠는 대부 드로셀마이어가 선물을 주자 선물을 개봉하기 시작한다. 프리츠의 선물도 꽤 괜찮은 것이었지만 <u>파티에서 주목을 받았던 아름다운 호두까기 인형</u>을 클라라에게 준다. 프리츠는 샘이 나서 <u>평소보다 더 법석을 떨어</u> 클라라에게서 인형을 뺏어가자마자 인형을 망가뜨리고 만다. 클라라가 곧 울 듯한 표정을 짓자 드로셀마이어는 마술처럼 공중에서 손수건을 꺼내 호두까기 인형을 재빨리 고쳐준다.

설명:

1. Drosselmeyer는 발음 자료를 찾아보니 "드로셀메이어"와 "드로셀마이어"가 있었다. 작품내에서 이름표기는 영어식 보다는 본토 발음을 따르기로 했으므로 "드로셀마이어"를 선택했다.
2. Fritz becomes jealous and, having a bit more spunk than a boy should have,: 이 부분을 번역할 때 "spunk"를 어떻게 번역할까 고심했다. spunk의 사전적 의미는 "용기, 기력, 활기" 이다. 그래서 소년이 법석을 떨다가 장난감을 망가뜨리는 장면을 생각했다.
3. 또한 망가진 장난감으로 인해 상처를 받은 클라라를 표현한 heartbroken looking을 우리식 표현으로 "곧 울 듯한 표정"으로 바꾸어보았다.

[해설]

(1) 설명 1.은 맞다. 반드시 사전에서 확인하자.

(2) 설명 2.와 3.도 좋다.

(3) he gives Clara a beautiful Nutcracker that becomes the hit of the party가 '파티에서 주목을 받았던 아름다운 호두까기 인형을 클라라에게 준다'로 번역되었다. becomes가 '받았던'으로 번역한 것도 훌륭하다.

[문단 6]

As the evening grows late, the guests depart and the Stahlbaum family retires for the evening. Clara, worried about her beloved Nutcracker, sneaks back to the tree to check on him, falling asleep with him in her arms.

밤이 점점 깊어지자 손님들은 떠나고 스탈바움 가족은 잠자리에 들 준비를 한다. 소중한 그녀의 호두까기 인형을 걱정하던 클라라는 살금살금 크리스마스 트리 뒤에 숨어 들어가 인형을 살펴보다가 팔로 끌어안은 채 잠이 들고 만다.

설명: "sneaks back"은 소리가 안나게 조심스레 움직이는 것을 표현한다. 그래서 의태어인 "살금살금"을 덧붙여 써 보았다.

[해설]

(1) 설명은 번역가가 영어에 대한 뛰어난 감각이 있음을 보여준다.

(2) 아뿔사! 앞에서 잘해놓은 표기법을 여기에서 틀렸다. Stahlbaum은 '스탈바움'이 아니고 '슈탈바움'이다.

(3) Clara, worried about her beloved Nutcracker,가 '소중한 그녀의 호두까기 인형을 걱정하던 클라라는'으로 번역되었다. 첫째 '소중한 그녀의 호두까기 인형'과 '그녀의 소중한 호두까기 인형'은 차이가 없는가 한번 토론해 볼 문제이다. 여기에서는 인명 다음에 대명사로 받는다는 원칙이 영어텍스트에서는 지켜지고 있으나 한국어텍스트에서는 지켜지지 않고 있다. 이 역시 한번 토론해 볼 문제이다. '클라라는 자기가 아끼는 호두까기 인형이 걱정이 되어/되자'는 어떤가? 한국어는 서술어식 표현을 좋아한다.

6.4.4 번역하기: The Nutcracker Ballet 2

이제부터는 여러분이 밑줄 친 부분에 유의하면서 주어진 해설을 이용하여 직접 번역하기로 한다.

[문단 7]

The Fight Scene

As the clock strikes midnight strange things begin to happen. Clara begins shrinking as her beautiful Christmas tree grows high above her. The toys around the tree come to life while the room fills with an army of mice, led by the fierce Mouse King. As the Nutcracker awakens, he leads his army of toy soldiers into battle with the mice. The Mouse King corners the Nutcracker and battles him one-on-one. The Nutcracker seems to be no match for the Mouse King.

[해설]

The toys around the tree come to life while the room fills with an army of mice, led by the fierce Mouse King: 생쥐 군대로 방이 가득 참과 동시에 장난감들이 생명을 갖는 것으로 이해하면 좋다.

전투 장면

부록자료 9 참조

[문단 8]

The Nutcracker and his army can go on no longer and are captured by the mice and their King. Clara makes a final daring charge throwing her slipper at the Mouse King, hitting him square on the head. The Mouse King drops to the floor and the mice run away, carrying off their leader's lifeless body.

[해설]

(1) 클라라가 생쥐 왕에게 마지막 반격을 하는 장면을 묘사하고 있다. 원문 표현에는 슬리퍼를 총을 쏘듯이 charge라는 단어를 사용하였다. 장면에 맞는 단어를 고르면 '겨냥하다'라는 말도 가능하다. make a charge는 공격하다이며 final은 '마지막'이란 의미 외에도 '최후의, 결정적인' 뜻도 있다.

(2) carrying off the leader's lifeless body를 번역할 때 carrying off를 단순히 '옮기다'라는 표현은 좀 약하다. 시체라는 말에 어울리는 '수습'이라는 단어도 가능하다. 뜻은 무리 없이 잘 나타내고 있으나 어휘가 좀 무거운 느낌을 주는 감이 있다.

(3) Clara makes ... , hitting him square on the head.는 '정통으로 생쥐 왕의 이마에 맞힌다'이다.

부록자료 9 참조

[문단 9]

The Land of Snow

The Nutcracker turns into a Prince and takes Clara on a journey to the Land of Snow, an enchanted forest wonderland where they are welcomed by dancing snowflakes.

[해설]

(1) enchanted forest wonderland를 '마법의 숲속 요정나라'로 번역했다. 동화적인 느낌을 살려주기 위해 '숲속'이라는 표현을 사용하고 wonderland를 '요정의 나라'로 번역한다.

(2) they는 '왕자와 클라라'이다.

눈의 나라

부록자료 9 참조

[문단 10]

The Land of Sweets

The Prince escorts Clara to the Land of Sweets where they are greeted by the Sugar Plum Fairy. The Prince tells her about their daring battle with the army of mice and she rewards them with a celebration of dances.

The Spanish Dance
The Arabian Dance
The Russian Dance
The Chinese Dance
The Marlinton Dance
The Waltz of Flowers

As a finale, the Sugar Plum Fairy and the Cavalier dance a beautiful Pas De Deux.

설명:

1. sweets를 호두까기 발레 한국어 판에서는 "사탕과자"로 표기해 놓았다. Sugar Plum Fairy는 프랑스식 "봉봉캔디" "막대사탕"을 말한다.

[해설]

(1) 이 부분에서는 확실한 영어실력과 상상력이 없으면 실수하기 쉽다. 물론 발레를 직접 아니면 영상으로 한번 보면 훨씬 도움이 된다. 특히 대명사 파악을 잘 해야 한다. The Prince escorts

Clara to the Land of Sweets where they(the Prince and Clara) are greeted by the Sugar Plum Fairy. The Prince tells her(the Sugar Plum Fairy) about their(of the Prince and Clara) daring battle with the army of mice and she(the Sugar Plum Fairy) rewards them(the Prince and Clara) with a celebration of dances.

(2) 여러 나라의 춤이 있는데 앞의 수식어들이 일관성을 가지도록 번역해야 한다.

사탕 과자의 나라

____

____

____

____

____

____

____

____

부록자료 9 참조

[문단 11]

The Dream Ends

Clara awakens from her dream and finds herself by her Christmas tree with her beloved Nutcracker.

설명:

제목 "The Dream Ends"에서 "End"는 동사이다. 직역하면 '꿈이 끝나다' 정도로 번역할 수 있다. 또는 앞서 제목들이 명사형으로 표현되어 있고 꿈은 '깨다'라는 말이 연어이므로 '꿈에서 깨어남'으로 번역 가능하다. 대문자는 제목을 의미한다.

[해설]

finds herself by her Christmas tree: '깨어나 보니 자신이 크리스마스 트리곁에(서) (누워)있음을 알게 되다'로 번역한다.

꿈에서 깨어남

부록자료 9 참조

7. 취미와 스포츠

현대인은 삶의 질을 우선하면서 여가생활이 매우 중요하게 되었다. 한국에서도 본격적으로 주 5일 근무제가 실시되면서 취미와 스포츠에 대한 관심이 고조되고 있다. 취미분야에서는 서양의 야생초인 허브에 관한 글을 선정하였고, 스포츠 분야에서는 세계 여성골프계의 주목을 받고 있는 천재골프소녀 미셸 위에 관한 뉴욕타임스 기사를 골랐다.

7.1 취미: 허브

7.1.1 로즈메리의 설명

이번에 다룰 글은 로즈메리라는 식물에 관한 것이다. 약간 생소하겠지만 최근 한국에도 건강과 참살이(well-being)에 대한 관심이 높아가면서 허브가 주목받고 있다. 펜실베이니아 주립대학의 원예학과 자료에 따르면 'Rosemary'는 라틴어 어원으로 바다 안개(mist of the sea)를 의미한다. rosemary for remembrance 라는 말에서 보듯이 로즈메리는 인간의 정신과 기억을 강화한다고 옛 그리스인들은 믿었다.(원문 끝 사이트 참조) *Sleeping Beauty*의 잠자는 숲속의 미녀는 깨어날 때 로즈메리 향기를 맡았고, *Romeo and Juliet*에서 두

연인의 결혼식 때 신부의 화환은 로즈메리로 만들어졌다고 한다. 최근 영화를 잘 보면 이 사실을 알게 된다. 서양인들에게는 예로부터 아주 친숙하며 아름답고 향이 강한 야생초로서 충실, 정조, 기억을 상징한다.

우리는 전문분야의 번역을 위해서는 해당분야 지식과 용어 이해가 필수적이며 한자어 활용능력과 외래어 표기법의 중요성도 깨닫게 된다. 또한 허브의 재배와 용도를 통하여 영미인의 생활문화 배경지식도 습득하게 된다.

[원문]

① Rosemary is a gray-green **evergreen shrub** with a **pungent**, pine-like fragrance. ② It has **scaly bark** and **opposite**, narrow, spiky, leathery leaves, ③ which are thick and **dark green** on top and **downy** white underneath. ④ **Prominent veins** run down the middle of the leaves, ⑤ and **the margins roll down**. ⑥ The **two-lipped** flowers are white, mauve or violet-blue and are about $\frac{1}{2}$ inch long. ⑦ They bloom in spring and summer **in our climate** ⑧ and grow **in short axillary racemes**. ⑨ The **fruit** is a very small, **spherical** nutlet.

* 출처: http://hortweb.cas.psu.edu/

[번역문 I]

(1) **로즈마리**는 자극적이고 소나무 같은 향기를 지닌 회녹색의 **상록 관목**이다. (2) 또한 비늘 같은 **표피**와 **마주나기**의 좁고 뾰족하며 두꺼운, 가죽같이 질긴 잎을 가지고 (3) 위는 **진한 녹색**이며

아래는 솜털같이 부드러운 흰색이다. (4) **돌출한 잎맥**은 잎의 중간을 따라 내려오고 (5) 가장자리는 아래로 말려있다. (6) **두 개의 입술모양**의 꽃은 흰색이나 담자색 혹은 보랏빛 파란색을 띠며, 대략 0.5인치이다. (7) 우리나라와 같은 기후에서는 봄과 여름에 꽃을 피우고 (8) 짧은 액상의 총상 꽃차례로 자란다. (9) **과일**은 매우 작고 둥근 **견과류**이다.(BM)

[번역문 2]

(1) **로즈마리**는 소나무와 같이 코를 찌르는 향을 가진 회녹색의 **상록수**이다. (2) **나무껍질**은 비늘 모양을 하고 있고 **잎은 서로 마주보고 있으며**, 좁고 끝이 뾰족하며 가죽같이 질긴데 (3) 위쪽은 두껍고 **진초록**을 띠는 반면, 아래쪽은 솜털같이 부드러우며 흰색이다. (4) **두드러지는 엽맥**이 잎의 가운데에 나타나고, (5) 잎의 가장자리는 말려있다. (6) **입술모양**의 꽃은 희거나, 연한 자주빛 혹은 보라색에 가까운 청색을 띠고 길이는 ½인치 정도이다. (7) 꽃은 기후상 봄과 여름에 피고 (8) 짧은 엽맥의 총상화서의 형태로 자라난다. (9) 로즈마리의 **열매**는 매우 작고 둥근 **작은 견과**이다. (BB)

여러분은 원문과 두 개의 번역문을 읽고나서 어느 번역문이 더 잘되었다고 판단하는가? 왜 그런 판단을 하게 되었는가? 실제 수업에서 번역자 두 사람은 모두 우수한 번역자이었다. 판단의 근거를 적어 보라. 이는 번역에 대한 인식 차이일 수도 있고 번역자의 개성의 차이일 수도 있다. 다음을 적고 서로 의견이 다른 사람과 토론해 보라. 많은 것을 얻을 것이다.

(a) 선호하는 번역문은? 번역문 1(　　), 번역문 2(　　)

(b) 그 근거는 구체적으로 무엇인가? 간단히 쓰시오.

①

②

③

[원문의 미시적 분석: 전문용어를 중심으로]

미국의 한 원예센터에서 제공하는 간단한 설명문을 이해하기 위해서는 우리는 영어의 벽이 두껍다는 사실을 알게 된다. 평소에는 쓰이지 않는 단어도 있으며, 아는 단어라 할지라도 모르는 뜻을 가지고 있음을 깨닫게 된다. 주요 어휘를 정리하면 다음과 같다.

참조: http://gossary.garden.com/glossary

- evergreen shrub: 식) 상록 관목
- evergreen: Retaining foliage year-round.
- shrub: (관목의 반대어는 교목)
- pungent: Terminating in a rigid sharp point; acrid to smell or taste. 식) 뾰족하고 날카로운, 자극성의
- scaly bark: 비늘모양의 나무껍질(A joke! Why does the dog bark at the tree?)
- opposite: Describes leaves arranged along a twig or shoot in pairs, opposite each other at a single point along an axis; 마주나기
- leathery: Of a smoothly tough texture; 가죽질의
- downy: Covered with fine hairs; 솜털같이 부드러운
- prominent veins: 돌출 잎맥
- prominent: Standing out from the surface, clearly visible and touchable, as are veins and other surface features.
- veins: The thread of fibro-vascular tissue in a leaf or other organ, especially those which branch (as distinguished from nerves).
- the two-lipped flowers: 입술모양 꽃
- in short axillary racemes: 짧은 잎겨드랑이 총상화서(꽃차례)로
- axillary: Situated in an axil.
- axil: The angle formed by a leaf or branch with the stem.

- racemes: 화서(꽃차례)
- a very small, spherical nutlet: 매우 작고 둥근 견과
- spherical: Nearly round.
- nutlet: One of several small, nut-like parts of a fruit compound; a diminutive nut

위와 같이 전문분야에서의 어휘의미를 파악한 후 번역에 들어가야 한다. 따라서 번역자는 여러 종류의 사전을 필요로 한다. 책으로 된 것이든 아니면 웹상에서 좋은 자료를 확보할 수 있어야 한다. 주로 대학이나 협회, 기관에서 운영하는 사이트에서 사전과 용어집을 입수하면 좋다.

[번역비평]

원문의 문체는 매우 평이하고 단순하다. 문장구조도 어렵지 않다. 어휘이해가 가장 중요한 작업이겠으나 두 번역본에서 몇 가지 실수가 엿보인다. 전체적으로 번역의 질은 양호하다.

(1) 공통적으로 '로즈메리'를 '로즈마리'로 표현하였다. 두 가지 다 통용되는 표현이지만 원칙적으로는 '로즈메리'가 맞다. 외래어 표기법에 따른 표현인지를 확인하지 않은 탓이다. 영한사전만 활용해도 정확히 나온다. 그리고 [번역문 2]에서는 'evergreen shrub'을 '상록 관목'과 '상록수'로 번역하였는데 후자는 의미를 축소 처리한 것으로 보인다.

(2) bark를 '표피'와 '나무껍질'로 번역하였는데 로즈메리를 키워본 사람은 이 허브가 나무라기보다는 좀 굵은 야생초임을 알 수 있다. 따라서 나무임을 강조하지 않는 것이 좋다고 본다. 또한 opposite는 '마주나기의 ~잎'과 '잎은 서로 마주보고 있으며'로 번역하였는데 전자는 식물학 용어로 번역하였고 후

자는 풀어서 설명한 것으로 보인다.

(3) dark green을 '진한 녹색'과 '진초록'으로 번역하였는데 영한 사전을 뒤지면 '진초록'이다. 그러나 색상명칭에 대해서는 '교육부 제정 20색'과 '산업자원부 기술연구원 제정 133색'이 표준으로 제시되고 있다. 여기에서는 일반 국민을 상대로 하는 교육부안을 따른다. 20색상에는 녹색과 초록이 있다. 아마도 진녹색을 초록으로 보고 있는 듯 하다.

(4) prominent veins를 '돌출한 잎맥' '두드러지는 엽맥'으로 번역하였다. 수식어 부분에서 좀더 전문성을 가지려면 한글인 '두드러지는'보다는 '돌출한'이 낫고 피수식어부분인 단어는 둘다 가능한 표현이지만 백과사전 표제어로는 '잎맥'으로 나와있으므로 이를 추천한다.

(5) the margins roll down은 '가장자리는 아래로 말려있다'가 '잎의 가장자리는 말려있다'보다 정확하다고 할 수 있다. '가장자리는 뒤로 말려있다'라고 번역하는 것도 가능하다. [번역문 2]가 문체가 유려하여 읽어내기에는 편하여 가독성(readability)이 좋지만 정확성(accuracy)에서는 [번역문 1]이 낫다고 볼 수 있다.

(6) The two-lipped flowers는 한국어 어감 면에서 '두 입술모양의 꽃'보다는 '입술모양의 꽃'이 낫다고 본다. 백과사전의 설명을 보면 '입술모양의 꽃 ... 윗입술은 ... 아랫입술은 ...'방식으로 설명하고 있다. 물론 직역을 하면 '두개의 입술'이 맞지만 이를 back translation하면 '두 사람의 입술'이라는 뜻도 가능해진다. 그리고 로즈메리 꽃 색깔 표현에서 어느 쪽도 가능하겠지만 한글맞춤법에 따르면 [번역 2]의 '자주빛'은 '자줏빛'이 맞다. 이러한 실수는 번역자의 부주의에서 발생한다.

왜냐하면 흔글에서 자동으로 한국어 맞춤법이 점검될 수 있기 때문이다.

⑦ & (7) in our climate는 '우리나라와 같은 기후에서는'과 '기후상'으로 번역되었다. 그러나 둘 다 뭔가 부족함이 있다. 상황에 대한 무감각이 낳은 결과이다. 원문의 출처를 확인했다면 our를 '미국의'로 바꿀 수 있어야 눈치 빠른 번역자이다.

⑧ & (8) in short axillary racemes는 '짧은 액상의 총상 꽃차례'와 '짧은 엽맥의 총상화서의 형태'로 번역이 되었다. 어느 번역도 가능하지만 '액상'과 '총상화서'가 무슨 뜻이지 그림을 그려보며 알고 넘어가야 한다.

(9) fruit를 '과실'과 '열매'로 번역하였는데 후자가 더 적절하다. (2)에서 지적한 bark의 번역 '표피'와 '나무껍질'의 반대현상이 나타나고 있다. 즉 나무에만 쓰이는 강한 표현은 삼가는 것이 좋다. 두 번역자 모두 실물/현장 확인없이 책상에서만 번역작업을 하였거나 일관성이 부족하다고 본다. 그리고 nutlet을 '견과류'와 '작은 견과'로 번역하였다. 물론 '소견과'라고 표현하기도 그렇고 고민이 많았겠지만 앞에 작다는 표현이 있으므로 과감히 생략해도 될 듯하다. 그런데 [번역 2]의 '매우 작고 둥근 작은 견과'에서 작다는 말이 두 번 계속되는 것은 좋지 않다. 왜냐면 "귀로 번역하라"는 선배들의 지침을 어기고 있기 때문이다.

7.1.2 로즈메리의 재배와 용도

위 텍스트는 원문의 'Description'에 해당하는 부분이었다. 원문의 다른 부분인 'Cultivation'과 'Herbal Use'를 번역하시오. 밑줄 친 부분에 유의하며 번역하시오. 별첨 자료를 참고하시오.

Cultivation

A low germination rate makes it difficult to propagate plants from seeds. Sow in flats and plant in the garden 2 feet apart after the seedlings are 3 inches tall. Rosemary is best started from cuttings(or by stem layering). Take 6-inch sections of tip growth in late spring and place in a growth medium. Once the root system is established, plant cuttings outside in a sunny location.

Herbal Use

Aromatic, cosmetic, culinary, decorative, and medicinal. The aromatic oil is added to soaps, creams, lotions, perfumes, and toilet waters. The leaves are used in sachets and potpourris as well as in herbal baths, facial steams, hair rinses, and dyes. Dried or fresh leaves may be used to flavor poultry, fish, lamb, beef, tomatoes, mushrooms, cheese, eggs, potatoes, vinegars, and herbal butters. Rosemary has attractive flowers and is grown for ornamental use in the landscape. The prostrate plant is attractive trailing down over a wall or used for ground cover. It also is used in container gardening. It is said to have some medicinal qualities.

[별첨 자료]

출처: 『꽃, 나무, 허브 키우기』(곽병화, 주부생활.)

로즈[메]리(Rosemary)는 향이 편리해 우리나라에서는 가장 많이 알려지고 기르는 분들이 제일 많은 허브입니다. 로즈[메]리향은 뇌의 활동을 높이고 기억력 집중력을 높여주므로 학자의 허브라 부르기도 합니다.

* 원산지는 지중해 연안이며 키는 최고 2M 정도까지 자랍니다. 꽃은 5-6월에 피는데 종류에 따라 청자색, 연보라, 연분홍, 흰색.
* 화분을 놓는 위치: 해가 잘 들고 바람이 잘 통하는 다소 건조한 곳.
* 물주기: 화분의 흙이 마르면 흠뻑 준다. 한여름 야외일 경우는 물의 소비가 많으므로 물받침에 물을 부어 놓는 방법도 좋다.
* 1-2년차는 봄, 가을 2회, 3년차부터는 매년 분갈이를 해준다.

1. 번식 방법

* 씨 뿌리기

  봄에 씨를 뿌리며 발아가 될 때 까지는 따뜻한 응달에 두며 발아가 되면 햇볕을 쏘여 준다. 새 싹이 3-4cm 정도 까지는 화분 바닥을 통해 물을 흡수 시킨다

* 꺾꽂이

  습도가 낮은 봄이나 가을에 1년생 어린가지를 10cm 정도 잘라 아래쪽 잎은 반 정도 제거한다. 하룻밤 정도 물에 담궈 물을 흡수시킨다. 끝부분을 약간 잘라준 후 꺾꽂이 한다.

  일주일 동안은 따뜻한 그늘에 햇빛이 잘 드는 장소로 옮기고 물은 너무 많이 주지 않는다.

  3주후 뿌리가 내리기 시작.

  살짝 당겨(힘껏 당기지 말 것) 뿌리가 내린 것이 확인되면 뿌리에 상처가 나지 않게 주의하면 화분으로 옮겨 심는다.

* 휘묻이

  가지를 지면에 고정시켜 뿌리를 내리는 방법으로 뿌리에 가까운 가지를 고정시키고 묻을 부분에 잎을 따고 부드러운 흙으로 덮는다. 새싹이 나오면 뿌리가 생긴 것이므로 새 포기에서 가지를 분리해 화분에 심는다.

2. 가지치기와 말리는 법

바람이 잘 통하고 나무형태를 예쁘게 잡아주기 위해 가지치기를 한다. 가지치기는 봄 가을이 좋으며 가지치기와 병행하여 꺾꽂이 번식도 함께 해 보는 것도 좋다. 로즈마리는 둘째 해부터 나무처럼 단단해 지기 시작하며 일년내내 수확을 즐길 수 있다. 잘라낸 로즈마리는 바람이 좋은 그늘에서 바짝 말린다. (대략 1주일 정도)

3. 로즈마리 활용

말린 로즈마리는 줄기체로 묶어 공부하는 학생 방이나 화장실 등에 걸어두면 방향제로 좋다.

말린 잎과 줄기를 분리 잎은 건조제와 함께 병에 보관해 녹차나 홍차 마실 때 함께 넣어도 좋으며 꿀이나 레몬을 가미해 로즈마리차로 마셔도 좋다. 줄기는 목욕할 때 욕조에 넣으면 좋다.

로즈마리는 열을 가해도 향을 보존하기 때문에 세이지, 타임과 함께 육류요리에 많이 이용된다. 생잎, 말린 것 모두 OK.

* 린스나 화장수로 만들어서 사용해도 좋다.

끓는 물-미네랄 워터-에 10-15분 정도 로즈마리를 우려 냄.

(물 500cc에 말린 허브 약30g 또는 생허브 3줌)

여과시켜 소독한 병에 넣고 냉장고에 보관한다.

**로즈마리는 과용과 임산부의 복용은 해롭습니다.

재배 방법

허브의 용도

7.2 스포츠: 골프

7.2.1 천재 소녀 골퍼 미셸 위

스포츠 분야 번역으로는 13세의 나이로 2003년 미국 여자아마골프대회에서 최연소 우승을 차지한 미셸 위를 선정하였다. 위는 미국 하와이 호놀룰루에서 한국계 부모에게서 태어난 미국 여자 골프 선수이다. 2003년부터 최근까지 엘피지에이 투어와 피지에이 투어에 초청받아 우수한 성적을 계속 거두고 있다. 곧 프로선수로 전향할 것이라는 소문도 자자하다. 이러한 가운데 뉴욕 타임스는 위가 프로로 전향할 경우 예상되는 지대한 광고효과에 대하여 전망하고 있다.

(출처: http://www.nytimes.com/2004/07/18/business/media/18wie.html?th&emc=th)

A Teenage Golfer May Also Be a Marketers Dream

By LOUISE STORY Published: July 18, 2004

Michelle Wie came in 23rd at the United States Women's Open last month, behind other personable young golfers - the winner, Birdie Kim, 23, and Brittany Lang, 19, and Morgan Pressel, 17, who tied for second place. Ms. Wie failed to survive elimination in the P.G.A. Tour's John Deere Classic this month and fell short in her attempt to qualify for the Masters tournament next year.

Michelle Wie, following her putt in Ohio last week. What stands between her and endorsement riches? Maybe only a victory.

Yet Ms. Wie, 15, is the golfer that sports marketers have their eyes on.

[Part A]

Advertisers say that <u>what differentiates her</u> is her blossoming talent, her personality and her determination to compete with male golfers.

No woman has <u>survived elimination on the P.G.A.</u>, the men's golf tour, since Babe Didrikson Zaharias did it in the 1945 Tucson Open. But Ms. Wie, from Honolulu, has made changing that her quest. Ms. Wie, who <u>made history</u> last week <u>as the first woman to qualify for the men's United States Amateur Public Links Championship</u>, is generating a following that one marketer called "Michelle mania."

"She's very much focused at competing not at the top of the women's world, but at the top of the golf world," said Peter Stern, president of the Strategic Sports Group in New York. "She's a great sports story."

Advertisers and network executives said that Ms. Wie could increase interest in golf and command large endorsement deals on a par with the tennis stars Maria Sharapova and Serena Williams, who are each earning about $20 million this year. Tiger Woods earns about $80 million a year in endorsements. The question is whether a female golfer could reach that level.

[Part B]

"There's a lot of speculation that she is to women's golf what Tiger was to men's golf," said Paul Swangard, managing director of the Warsaw Sports Marketing Center at the University of Oregon. "As Tiger has moved past that and has just been good for the game of golf, in some many ways I think Michelle will hopefully have the ability to transcend her gender and just be a golfer."

If she survives elimination in the next few years in a P.G.A. Tour event, Ms. Wie would be good at reaching young women and girls, marketers said.

"She's their age and watching her compete with, and in some cases beat, men is pretty inspiring," said Jim Brighters, golf editor for the Sports Network, an international sports wire service based in Hatboro, Pa.

Individual female athletes often gain more attention than women on sports teams, sports marketers said. Golfers, the marketers said, were particularly suited to advertising because golf was generally followed by wealthier people and because golfers usually had longer careers than athletes in other sports.

Within a year of entering the P.G.A. Tour in 1996, Mr. Woods signed five-year deals with Nike for $40 million, with the Titleist unit of American Brands for $20 million. After winning the Masters in 1997, he signed with American Express for $13 million and with the Rolex Watch Company for $7 million, according to Brandweek magazine.

But, in terms of endorsements, Mr. Woods is in a league of his own. He now earns more from them annually than the former National Basketball Association star Michael Jordan, who was the first athlete to win many huge endorsements. Mr. Woods far outearned the tennis star Andre Agassi, who was second in endorsements with $44.5 million last year, according to Sports Illustrated. Most other athletes who earned more than $25 million made the bulk of it in salaries, rather than through endorsements.

Serena Williams made the fifth-highest amount in endorsements last year, $20 million. Since then, a fellow tennis player, Ms. Sharapova, has surpassed Ms. Williams, according to Forbes magazine estimates for June 2004 to June 2005. Other female athletes with endorsement deals in recent years include Anna Kournikova, the tennis player; Mia Hamm, the soccer player; and Marion Jones, the track star.

The most prominent player on the women's professional golf tour, the L.P.G.A., Annika Sorenstam, has endorsement deals with companies like Callaway Golf, Mercedes-Benz, Oakley and Rolex. She earned $7.3 million, third-highest among the female athletes featured by Forbes. Ms. Sorenstam was unsuccessful in making a P.G.A. Tour cut in 2003.

The golf industry has benefited from Ms. Wie's gumption this year. On June 24, about 700,000 people watched the United States Women's

Open, the event where Ms. Wie placed 23rd, the highest number of viewers ESPN has ever had for a women's golf event, said Dan Quinn, an ESPN spokesman.

John Wildhack, ESPN's senior vice president of programming, said: "I think she definitely has the ability to be one of those athletes that can drive ratings. The next step for her is to win."

[Part C]

The commissioner of the L.P.G.A., Ty M. Votaw, said Ms. Wie had accomplished a lot for a 15-year-old, but still had a lot to prove.

"If she has just played men's events and missed cuts between now and the time she's 25, that market is not going to be there," Mr. Votaw said. "You have, in Michelle, a very unique situation where she has the ability to (be) compete on the L.P.G.A. tour and the marketability to be attractive to P.G.A. sponsors who want her to play in the P.G.A. Tour events. How long that lasts, time will tell."

Where Ms. Wie ultimately spends most of her time playing - the L.P.G.A. or the P.G.A. - may depend on where she can play best, Mr. Votaw said, adding that Ms. Wie may be able to make more prize money in women's tournaments.

But that does not include endorsement money.

Golfers say it is only a matter of time until Ms. Wie makes the cut at a P.G.A. Tour event.

"She's got to win," said Bob Dorfman, executive creative director of Pickett Advertising in San Francisco, who specializes in matching athletes with marketers. "All the female athletes that are successful are winners. They've won big events.”

7.2.2 원어텍스트의 거시적 분석

뉴욕 타임스의 원문텍스트를 요약 정리하고 있는 첨부자료1과 2인 동아일보와 조선일보 기사를 참고하여 원문텍스트를 거시적으로 분석하시오.

[원어텍스트의 거시적 분석]

a) 화자/필자의 의도:

b) 텍스트 유형:

c) 청자/독자층:

d) 출판의 장소와 시간:

e) 언어적 특징 및 문체:

[첨부자료 1: 동아일보 2004-07-20 03:06:00]

NYT "위를 보면 돈이 보인다… 마케팅 전문가들 눈독"

요즘 미국의 스포츠 마케팅 전문가들이 눈독을 들이는 선수는 한국계 미국인인 아마추어 여자골퍼 미셸위(위성미 · 15 · 사진)라고 뉴욕타임스가 18일 보도했다.

미셸 위가 미국 아마추어 퍼블릭 링크스 챔피언십에 여성으로는 처음으로 출전자격을 얻자 한 마케팅 업계 관계자는 "미셸 위가 여자 골프 세계가 아닌 골프 세계의 최고 자리를 노리고 있다"고 의미를 부여했다. 미셸 위는 이 대회를 통해 '미셸 열풍'을 일으키고 있다는 것.

테니스 요정 마리아 샤라포바와 세레나 윌리엄스는 올해 광고에 출연해 각각 2000만 달러의 수입을 올렸다. 타이거 우즈는 이보다 훨씬 많은 8000만 달러. 과연 '여자 골프계의 우즈'인 미셸 위는 여성으로서 얼마만큼의 광고 수입을 올릴지 주목되고 있다.

1996년 프로 전향 후 1년 내에 우즈는 나이키와의 5년 계약으로 4000만 달러, 골프 브랜드 타이틀리스트에서 2000만 달러를 챙겼으며 1997년 마스터스 우승 후엔 아메리칸 익스프레스에서 1300만 달러, 롤렉스시계에서 700만 달러의 수익을 거뒀다.

세계 여자 프로골퍼 랭킹 1위인 아니카 소렌스탐은 메르세데스벤츠 등과 광고 계약을 해 여성 스포츠 스타로는 3위인 730만 달러를 벌었다.

미셸 위가 남자 프로골프 대회에서 본선에 진출한다면 그는 젊은 여성들이나 이보다 어린 소녀들에게 감동을 줄 수 있을 것이라고 스포츠 네트워크 통신사의 짐 브라이터스 씨는 말했다.

6월 말 US여자오픈 대회에서 미셸 위는 23위를 차지했지만 이 경기를 지켜본 시청자는 사상 최대인 70만 명에 이를 정도였다고 뉴욕 언론이 전했다.

뉴욕 = 홍권희 특파원 konihong@donga.com

[첨부자료 2: 조선일보 입력 : 2004.07.18(월) 15:22 00']

(김경인 기자)

국제 미셸 위, 세계 광고계 접수한다

"미셸 위는 여성 선수권 뿐 아니라 전체 골프계에서 최고가 되는데 초점을 맞추고 있다. 그녀는 위대한 스포츠의 역사다"(피터 스턴 스트래티직 스포츠 그룹 사장)

"많은 사람들은 미셸 위가 여성 골프계의 `타이거 우즈`와 같은 인물이 될 것으로 예상하고 있다" (폴 스웬가드 워소우 스포츠 마케팅 센터 경영디렉터)

10대 소녀인 골프 스타 미셸 위(15, 한국명: 위성미)가 세계 광고업계의 `핵`으로 급부상중이다. 지난 US여자오픈골프대회서 23위에 그쳐, 모간 퍼셀(17), 브리테니 랑(19) 등 동년배 선수들보다 저조한 성적을 기록했으나, 세계 스포츠 마케터들의 관심은 미셸 위에게 쏠려있다.

뉴욕타임스(NYT)는 18일(현지시간) 미셸 위가 세계의 이목을 끄는 스포츠 스타로 급부상, 세계 광고시장을 '접수'하게 될 전망이라고 보도했다. 미셸의 무르익는 실력과 털털한 인간성, 남성 골퍼들과의 경쟁 등이 그녀를 다른 스포츠 스타들과 차별화시키고 있다고 진단했다.

1945년 베이브 디드릭슨 자하리아스가 최초의 '성(性) 대결'을 벌인 이후, 미국프로골프(PGA) 투어에서 살아남은 여자 선수는 전무했다. 그러나 미셸 위는 지난주 여성 선수로는 처음으로 US아마추어퍼블릭링크스챔피언십 출전 자격을 따내, 여성 골프 역사를 새로 썼다.

유명 광고주들은 "그녀의 용기있는 도전과 성공이 '미셸 마니아'를 양산하고 있다"며 "위가 골프에 대한 일반인들의 흥미를 높일 수 있고, 테니스 스타인 마리아 사라포바 등과 같이 대형 스폰서 계약을 체결하게 될 것" 이라고 예상했다.

미국 경제주간지인 포브스에 따르면 골프 스타 타이거 우즈는 작년 6월부터 1년간 총 8700만달러를 벌어들였다. 우즈는 1996년 PGA투어에 발을 들인 뒤, 나이키, 아메리칸 익스프레스, 롤렉스 등 세계 유수의 기업들과 스폰서 계약을 체결해왔다.

여성 선수중에는 테니스 스타 마리아 샤라포바와 세레나 윌리엄스 등이 선두권을 형성했으나, 각각 2000만달러 수준에 그쳐, 남자 선수들과의 차이가 매우 컸다. 그 밖에 테니스 선수 안나 쿠르니코바, 미국 축구선수 미아 햄 등이 상위권에 올라있다.

여성 골프선수 중에는 애니카 소렌스탐이 칼라웨이, 메르세데스-벤츠, 오클리, 롤렉스 등과 스폰서 계약을 체결하는 등 1년간 730만달러를 벌어들였다.

광고업계 관계자들은 만약 미셸 위가 향후 몇년간 PGA에서 살아남을 수 있다면, 젊은 여성 및 청소년들에게 어필하는 좋은 광고 모델이 될 것으로 기대했다. 폴 스웬가드 디렉터는 "여러 측면에서 미셸이 그녀의 성(性)을 능가하는 골프선수가 될 것으로 기대한다"고 평가했다.

그녀가 골프 선수라는 점 또한 '광고계의 별'이 될 것이란 기대감에 무게를 싣는다. FT는 여성 선수의 경우 단체 스포츠보다 개인 스포츠의 선수가 더욱 대중의 관심을 받는 경향이 있다고 설명했다.

또한 골프는 일반적으로 부유층의 스포츠라는 인식이 있고, 다른 스포츠보다 선수 생명이 더 길기 때문에 광고 모델로 보다 적합하다고 분석했다.

7.2.3 원어텍스트의 미시적 분석

원어 텍스트의 [Part A] [Part B] [Part C]의 밑줄 친 부분을 중심으로 미시적 분석을 하시오. 미시적으로 분석가능한 세부항목은 다음과 같다.

a) 통사구조/ b) 문법/ c) 어휘/ d) 전문용어/ e) 비유법/ f) 수사법/ g) 기타

[Part A]

[Part B]

[Part C]

7.2.4 한국어로 번역하기(밑줄 친 부분만)

통사구조나 문법 등은 그리 어렵지 않다. 그러나 골프분야에서 쓰이는 어휘들이 간혹 보인다. 이러한 어휘번역에 신중을 기해야 하며, 외래어 표기법을 완전히 숙지하여야 정확한 표기를 할 수 있다. 두 신문 기사에서도 잘못된 표기가 있을 수 있다.

[Part A 번역]

[Part B 번역]

[Part C 번역]

8. 영한번역과 국어어문규정

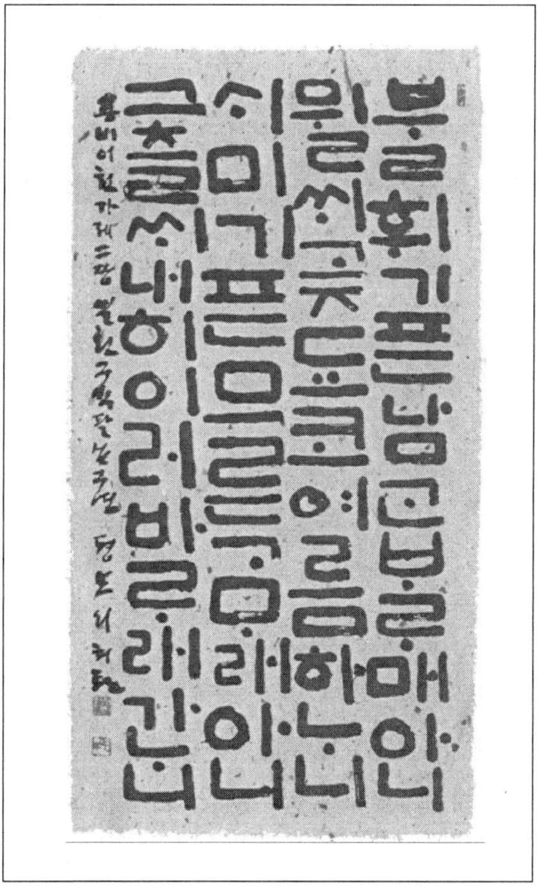

8.1 영한번역과 국립국어원

국립국어원은 언어와 문학을 특히 번역에 관심이 있는 사람들에게는 꼭 알고 있어야 하는 곳이다. 국립국어원 홈페이지(www.korean.go.kr)를 방문해보면 원장의 인사말에 이런 말이 나온다. "사람이 말을 만들고 말이 사람을 만듭니다. 말이 잘 갖추어져야 삶에 질서가 있고, 말이 잘 다듬어져야 그 삶이 윤기 있게 되는 까닭이 여기에 있습니다. 언어는 문화를 창조하는 바탕이 됩니다. 어법이 바로 서고 어문생활이 가지런해야 문화혜택을 누릴 수 있으며, 문화 창달도 기약할 수 있습니다." 언어의 중요성를 정확히 지적한 말이다. 그래서 세계의 모든 선진국가가 자국어를 정리, 정돈하는 데에 엄청난 투자를 한다. 영한번역을 하려는 모든 이들은 목표어로서의 한국어에 많은 관심을 가져야 한다. 특히 국립국어원이 제정한 한국어 어문규정을 철저히 알고 그에 따라 번역작업을 해야 한다.

8.2 국립국어원의 설립목적

국립국어원은 우리나라 어문정책의 전반에 관련된 정책을 주관하는 기구이다. 우리나라의 어문 정책에 필요한 자료를 과학적·체계적으로 조사, 연구하여 어문 정책의 기반을 조성하고, 국어 생활에 필요한 어문 규정을 개정하거나 표준말을 사정하고 국어사전을 편찬하는 등 교양 있고 표준적인 언어생활의 기초를 다진다. 또한 어문 관계 자료를 수집, 정리, 발간하여 국어와 관련된 유산을 보존, 연구함으로써 국어 생활의 향상을 위한 발판을 마련하여, 국어 생활의 향상을 꾀하고, 국어 정책의 개발에 필요한 토대를 마련하기 위해 설립되었다. 국립국어원은 바로 이러한 목적을 달성하기 위해 1991년 초에 국가의 어문 정책 관련 연구를 주관하는 기관(국립국어연구원)으로 설립되고, 2004년 말에 국가의 어문 정책에 관련된 총괄적인 업무를 수행하는 '국립국어원'으로 발전하였다. 주소와 연락처는 다음과 같다.

🖃 서울특별시 강서구 사계절공원길 64 (방화3동 827) ☎ 전화 02-2669-9775 가나다 ☎ 전화 02-771-9909

8.3 국립국어원의 사업내용

다양한 사업 가운데 가장 핵심이 되는 것은 국어 연구 활동이다. 이는 다시 1) 표준어사정심의위원회 운영, 2) 정부언론 외래어심의공동위원회 운영, 3) 외래어 지명 사전 편찬, 4) 한국어 표준발음 정비와 보급, 5) 로마자 표기법 보급, 6) 어문 규범의 단계적 개발과 정보화, 7) 어문 규범의 안내 및 보급('가나다 전화' 운영) 등입니다. 번역가는 특히 표준어, 맞춤법, 외래어 표기법, 로마자 표기법에 관심을 가져야 한다. 영한 번역을 위해서는 앞쪽 세 가지를 숙지하는 일이 필수적이다.

'가나다 전화(02-771-9909)'는 국민들에게 국어 생활에 대한 바른 지침을 제공할 목적으로 1991년 2월 2일에 국립국어원 안에 설치하였다. 전임 상담원이 '가나다 전화'를 통해 들어온 국어 생활 전반에 관련한 문의 사항에 대해 직접 답변을 함으로써 국민들이 궁금증을 즉시 해결할 수 있도록 한 것이다. 이를 통해 국어 생활의 기준이 되는 '어문 규범(한글 맞춤법, 표준어, 외래어 표기법, 국어의 로마자 표기법)'을 널리 보급하는 역할도 함께하고 있다. '가나다 전화'를 설치한 이후 이를 이용하는 사람이 해마다 크게 늘어나고 문의 내용의 폭도 상당히 넓어졌다.

"정부언론외래어심의공동위원회"는 우리말에 새로 들어오는 외래어의 표기 혼란을 방지하고 표준 표기를 결정하여 보급하기 위한 목적에 따라 운영되고 있다. 정부와 학계 및 언론계 인사들로 구성된 이 위원회는 1991년부터 2004년 2월 25일 까지 56차에 걸친 회의를 통해 7,000여 항목의 외래어 표기를 결정하였다. 외래어 표기는 기본적으로 1986년에 고시된 『외래어 표기법』과 『외래어 표기 용례집』을 근거로 처리한다. 그러나 새로 들어오는 외국의 인명, 지명 중에는 표기법 원칙을 적용하기 어려운 것들이 있어 이 위원회에서 개별적인 심의를 통해 표준 표기를 결정한다. 2002년부터는 외래어 표기뿐만 아니라 무분별하게 사용되는 외래어의 순화 방안도 함께 심의하고 있다. 격월로 개최되는 이 위원회에서 결정된 사항은 각 언론사에 통보되며, 『새국어생활』과 국어원 홈페이지를 통해 일반에 공개된다.

표기가 혼란한 외국 지명의 표준적인 표기를 제시하기 위해 『외래어 지명 사전』을 편찬하고 있다. 현재 외래어 표기는 『외래어 표기법』을 따르고 관용적 표기의 인정 여부에 대해서는 『외래어 표기 용례집』 및 『표준국어대사전』, 정부언론외래어심의공동위원회 결정 사항 등을 따르도록 하고 있다. 그러나 기존 자료들에 수록된 지명 표제어의 수가 적고 최신 정보가 반영되지 않은 것들이 있어 외래어 표기 혼란의 한 원인이 되고 있다. 이에 널리 쓰이는 외국의 지명 3만여 항목을 수록한 『외래어 지명 사전』을 2005년

중에 발간할 예정으로 현재 표제어 수집과 뜻풀이 작업을 진행하고 있다.

교통과 커뮤니케이션의 발달로 세계가 좁아지면서 각국에서 벌어지는 일이 하루도 쉬지 않고 신문과 방송을 통해서 우리에게 알려지고 있다. 세계 각국의 인명, 지명은 물론 그 밖의 말들도 쏟아져 들어온다. 이러한 외래어 중에는 고유명사뿐만 아니라 새로운 문물을 가리키는 보통명사도 있어 우리말로 바꿀 수 있는 것은 바꾸어 쓰지만 그렇지 못한 것은 외국어의 발음을 한글로 적을 수밖에 없다. 특히 고유명사는 번역이 불가능한 경우가 대부분이어서 현지 발음에 가깝게 적게 된다.

이러한 외래어는 속성상 사람마다 표기를 다르게 하기가 쉬워서 외래어의 표기 통일을 위해 「외래어 표기법」을 두고 있다. 그러나 「외래어 표기법」이 있다고 외래어 표기가 저절로 통일되지는 않는다. 각 외래어에 대해서 표기법을 적용하는 일은 수월하지 않기 때문이다. 익숙해진 전문가들에게는 가능한 일이지만 일반인들이 모두 「외래어 표기법」에 통달하기를 기대하기는 어렵다. 결국 전문가들이 「외래어 표기법」을 적용해서 한글 표기를 제시해 줄 필요가 있다. 또한 「외래어 표기법」은 가능한 모든 경우에 대해 세칙을 마련해 두고 있지는 않기 때문에 개별적으로 외래어의 표기를 심의해야 할 경우가 필연적으로 따르게 된다. 그래서 1991년 정부와 언론(한국신문방송 편집인협회)은 외래어심의공동위원회를 구성하여 주로 언론에 보도되는 시사성 있는 말을 중심으로 외래어의 표기를 심의하여 한글 표기를 결정해 왔다. 부정기적으로 열어 오다가 1995년부터 격월로 개최하는 것을 원칙으로 하고 있다.

8.4 한국 어문 규정집

8.4.1 한국 어문 규정집의 목적과 내용

한국 어문 규정집은 서두에 그 목적과 내용을 다음과 같이 밝히고 있다.

1. 이 규정집은 그동안 정부가 고시한 어문 규정(이하 '고시본'이라 부른다.)을 한데 묶은 것으로, 국민의 어문 생활에 도움을 주고자 마련한 것이다.
2. 이 규정집에 수록된 내용은 다음과 같다.

가. '한글 맞춤법'

문교부 고시 제88-1 호 (1988년1 월19 일)

나. '표준어 규정'

문교부 고시 제88-2 호(1988 년1 월19 일)

다. '외래어 표기법'

문교부 고시 제85-11 호(1986 년1 월7 일)

'외래어 표기 용례집(동구권 지명·인명)' 중 표기 일람표와 표기 세칙

문화부 제1992-31 호(1992 년11 월27 일)

'외래어 표기 용례집(북구권 지명·인명)' 중 표기 일람표와 표기 세칙

문화 체육부 제1995-8 호(1995 년3 월16 일)

라. '국어의 로마자 표기법'

문화 관광부 고시 제2000-8 호(2000 년7 월7 일)

8.4.2 한국 어문 규정집 변천과 발간

돌이켜보면, 우리 민족은 지난 70년 남짓한 동안 어느 문화 민족 못지않게 어문 규범을 마련하고 다듬어 우리말 우리글을 올바로 이끄는 일에 정성을 쏟아 왔다. 실제로 1930년대에는 갖가지 어려운 상황 속에서도 '한글 맞춤법 통일안'(1933년)과 '사정한 조선어 표준말 모음'(1936년)을 공표하여 바람직한 우리 어문 생활의 토대가 될 지침을 마련하였다. 그러나 세월이 흐름에 따라 우리의 어문 현실도 많이 달라졌다. 이에 1970년 초부터 1980년대에 걸쳐서는 그동안의 어문 규정에 약간의 손질을 더하여 수정하는 한편, '국어의 로마자 표기법'(1984년), '외래어 표기법'(1986년)도 마련하였다. 하지만 1984년에 고시된 '국어의 로마자 표기법'은 쓰기에 불편한 점이 있어, 각계의 의견을 수렴하여 2000년에 '국어의 로마자 표기법'을 개정하기에 이르렀다.

그동안 어문 규범을 널리 알리기 위하여 국립 국어 연구원에서는 여러 가지로 노력을 기울여 왔지만 아직도 어문 규범이 지켜지지 않는 경우가 적지 않다. 그 까닭은 일반 국민들이 어문 규정에 무관심하기 때문이기도 하겠지만, 한편으로는 각종 어문 규정을 누구나 손쉽게 찾아보기가 힘들기 때문이라는 것도 부인하기 어렵다. 이에 국립 국어 연구원에서는 흩어져 있던 어문 규정들을 한데 모아 한 권의 책자로 펴내기로 하였다. 발간하는 목적은 다음과 같다.

첫째, 어문 규정만을 작은 책자에 담아, 누구라도 언제 어디서나 손쉽게 이용할 수 있게 하기 위함이다. '한글 맞춤법', '표준어 규정' 등 어문 규범은 교육, 언론, 출판을 비롯한 모든 문화 생활의 바탕이 되므로, 이를 바르게 익혀야 하기 때문이다.

둘째, 이 규정집은 국외 동포나 교포들에게 자칫하면 잊기 쉬운 우리말의 규범을 익히고 간직할 수 있게 할 뿐만 아니라, 한국 어문과 문화를 이해하고 싶어하는 외국인에게도 도움이 될 수 있게 하기 위함이다.

셋째, 규정과 용례(해설서의 용례도 포함함.) 사이에 약간 상충되거나 문제가 되는 점에 대해서는 1994년 국어 심의회에서 조정한 바 있는데, 이번에 그 결정 내용을 널리 알리기 위함이다.

넷째, 여러 어문 규정 사이에 체재나 용어·용법이 통일되어 있지 않은 것도 더러 있어, 이를 조정하기 위함이다. 이는 여러 어문 규정의 특성이 각기 다른 데다가, 이를 마련한 시기가 다르고, 참여한 사람이 같지 않은 데서 생긴 결과였다. 그러나 이에 대한 조정은 최소한으로 줄여, 될 수 있으면 정부 고시의 내용과 성격이 제대로 유지되도록 하였다.

다섯째, 민간 출판사에서 발간한 어문 규정집 중에는 1987년 국어 심의회 과정에서 삭제하기로 결정한 몇몇 용례들이 그대로 남아 있어, 이를 바로잡기 위함이다.

위와 같은 목적으로, 국립 국어 연구원에서는 이 책에 '한글 맞춤법'(1988 년, 문교부 고시 제88-1호), '표준어 규정'(1988년, 문교부 고시 제88-2호), '외래어 표기법'(1986년, 문교부 고시 제85-11호, 1992년 문화부 고시 제1992-31호, 1995년 문화 체육부 고시 제1995-8호), '국어의 로마자 표기법'(2000년, 문화 관광부 고시 제2000-8호)을 한데 묶어 우리의 어문 규범을 쉽게 익힐 수 있도록 했으며, 모든 용례를 한자리에 모아 놓은 찾아보기를 마련하여 편리하게 활용할 수 있도록 하였다. 원래 '한국 어문 규정집'은 1995년에 발간했던 것이나, 2000년에 '국어의 로마자 표기법'이 개정됨에 따라 그 부분을 수정하여 다시 내게 된 것이다.

8.5 외래어 표기법과 해설

외래어 표기법은 영한 번역가에게는 필수적인 자료이다. 반드시 익혀 틀림없이 표기하여야 한다. 외래어 표기법은 다음의 고시를 거쳐 현재 시행되고 있다.

문교부 고시 제85-11 호(1986. 1. 7.)
문화부 고시 제1992-31 호(1992. 11. 27.)
문화 체육부 고시 제1995-8 호(1995. 3. 16.)

8.5.1 외래어 표기의 변천과 실태

외래어 표기의 변천과 실태

김세중/국어 연구소 연구원 · 언어학

Ⅰ. 머리말

이 글은 서구어에서 차용한 외래어의 표기에 대한 역사를 개괄하고 현재의 외래어 표기 실태에 대해 조사, 분석한 것이다. 오늘날 국어에는 인구어로부터 들어온 차용어가 많이 있다. 이러한 외래어는 국민의 일상 회화에서, 잡지의 이름에서, 텔레비전의 프로그램 이름에서, 기업과 가게의 이름에서 널리 쓰이고 있다. 그래서 외래어를 빼고는 언어생활을 온전히 지탱하기 어려울 정도로 외래어는 국어의 어휘에서 차지하는 비중이 높아지고 있다. 외래어는 받아들일 수밖에 없는 것이 있는 반면에 고유어를 몰아내고 그 자리를 차지하는 것이 있다. 따라서 외래어는 국어의 어휘를 풍부하게 하는 긍정적 측면과 고유어의 비중을 약화시키는 부정적 측면을 동시에 지니고 있다. 이 부정적 측면 때문에 외래어는 늘 순화의 대상으로 생각되어 왔다. 한편 외래어에 대해서는 표기가 문제되어 왔다. 한 단어를 두고 연령층에 따라, 이 국어에 익숙한 정도에 따라, 또 지방에 따라 표기가 다름으로 인해 표기의 통일이 요구되어 왔다. 이 글은 표기 문제만을 다룬다. 특히 우리 사회의 여러 방면에서 쓰이고 있는 외래어 중에서 회사 이름에 쓰이고 있는 외래어의 표기에 대하여 현행 외래어 표기법 및 외래어 표기 용례집에서의 규정이 지켜지고 있지 않은 면들을 고찰하였다.

Ⅱ. 외래어 표기의 변천

외래어 표기의 변화 과정을 살펴보기에 앞서 외래어의 개념부터 정리해 보아야 하겠다.

1. 외래어는 국어이다.
2. 외래어 사이에는 국어화한 정도에 있어 차이가 있다.

외래어가 외국어와 구별되는 것은 외래어는 국어에 동화되어 국어 어휘를 구성하는 말이지만 외국어는 다른 나라 말에 머무르고 있다는 점 때문이다. 그러므로 외래어도 국어라면 외래어를 무조건 배척하는 태도는 옳지 않다. 세계의 어떤 언어도 외래어가 없는 언어는 없다. 다만 고유어가 있음에도 이를 버리고 외래어를 받아들이는 것은 지양해야 할 것이다.

외래어는 차용된 지 오래 되어 언중이 다른 나라 말에서 들어온 말임을 의식하지 못하는 말에서부터 아주 최근에 들어와서 아직 생소한 것에 이르기까지 여러 단계가 있다. 전자에 드는 말로 '담배, 빵, 고무, 구두, 가방' 등을 예로 들 수 있다. '담배'는 차용어임이 분명하나 대부분의 국어사전에서 원어가 밝혀져 있지 않으며 '빵'은 국어사전에 포르투갈 어로부터의 차용어임이 대체로 밝혀져 있다. 그러나 언어학의 지식이 없는 일반 대중은 '빵'이 외래어인 줄 잘 모르며, 안다 하더라도 어느 언어로부터의 차용어인지 잘 알지 못한다. 반면에 최근에 들어와서 아직 언중에게 생소한 말로는 '컴퓨터, 콤팩트 디스크, 캠코더' 등을 예로 들 수 있다. 이 중에서 '컴퓨터'는 60년대의 국어사전에는 실려 있지 않을 정도로 최근에 들어온 말이면서도 짧은 기간 동안에 급속도로 퍼져서 이제는 친숙한 말이 되었다. 그러나 '콤팩트 디스크, 캠코더' 등은 아직도 많은 사람들에게 있어 생소한 말이어서 과연 국어 어휘라 할 수 있을지 의문이다.

어떤 말이 외래어냐 외국어냐에 대한 답은 개인차가 있을 수 있다. 예를 들어 '앵커'니 '멘트'니 하는 말은 방송에 종사하는 사람들에게는 아주 익숙한 말이어서 그들의 언어생활에서 빼놓을 수 없는 어휘이지만 방송을 잘 모르는 사람에게는 낯선 말일 수 있다. '펑고'라는 말은 야구를 잘 아는 사람에게는 외래어이지만 보통 사람에게는 낯선 말이다. 결국 어떤 말을 놓고 개인들끼리 외래어인지 외국어인지를 다투는 것은 별 의미가 없다. 사람마다 지식의 수준이 다르고 종사하는 분야가 다르기 때문이다. 국가 기관이 언중의 언어 사용 실태를 조사한 뒤에 판정을 내려 주는 것이 한 방법일 것이다. 외국어가 아닌 외래어라고 판단이 내려지면 그 말은 국어사전에 오를 수 있게 된다.

국어에 외래어는 이른 시기부터 들어왔다. 국어에 들어온 외래어 중에 중국어에서 들어온 어휘의 비중이 단연 크다. 이들은 중국어 구어에서 차용된 것도 있고 한문을 통해 들어온 것도 있다. 오늘날 국어 어휘의 반 이상을 차지하는 한자어는 대개 중국어에서 받아들인 것이다. 이들 어휘도 넓은 의미의 외래어에 속한다. 그러나 한자어라고 모두 차용어라고 볼 수는 없다. 우리나라에서 조어된 한자어도 있기 때문이다. 고대 국어에서 근대 국어까지 중국어 외에 서역어, 동로마제국어, 범어, 몽고어, 여진어, 만주어, 서구제어에서 차용어는 수용되었다. 서역어, 동로마제국어, 범어로부터의 차용어는 한문을 통한 간접 차용어이고 몽고어, 여진어, 만주어로부터의 차용어는 구어를 통한 직접 차용어이다. 그러나 이들은 오늘날 대중의 언어생활에서 큰 비중을 차지하지 않는다. 19세기 후반부터는 서구어, 즉 인구어[인도 유럽 어족(語族)의] 차용어가 들어오게 된다. 20세기 전반기에 일제의 지배하에서는 일본어가 쏟아져 들어와서 해방된 지 45년이 지난 지금도 사회 구석구석에 일본어의 잔재가 남아 있는 실정이다. 일본어로부터는 일본어 구어뿐 아니라 일본식 한자어도 함께 들어왔고 지금도 들어오고 있다. 해방 후에 들어서는 서구어, 특히 영어로부터 외래어가 물밀듯이 밀려들어 왔다. 앞으로도 이러한 추세는 심화될 것으로 보인다.

8.5.2 외래어 표기법 규정 발췌

다음은 외래어 표기법의 제1장 표기의 기본원칙과 제3장 표기세칙 중 제1절 영어의 표기를 중심으로 발췌하였다.

제1장 표기의 기본원칙

제1항 외래어는 국어의 현용 24 자모만으로 적는다.
제2항 외래어의 1 음운은 원칙적으로 1 기호로 적는다.
제3항 받침에는 'ㄱ, ㄴ, ㄹ, ㅁ, ㅂ, ㅅ, ㅇ'만을 쓴다.

제4항 파열음 표기에는 된소리를 쓰지 않는 것을 원칙으로 한다.
제5항 이미 굳어진 외래어는 관용을 존중하되, 그 범위와 용례는 따로 정한다.

제 3 장 표기 세칙

제 1 절 영어의 표기

표 1에 따라 적되, 다음 사항에 유의하여 적는다.

제 1 항 무성 파열음 ([p], [t], [k])

1. 짧은 모음 다음의 어말 무성 파열음([p], [t], [k])은 받침으로 적는다.

gap[gæp] 갭	cat[kæt] 캣
book[buk] 북	

2. 짧은 모음과 유음 · 비음([l], [r], [m], [n]) 이외의 자음 사이에 오는 무성 파열음 ([p], [t], [k])은 받침으로 적는다.

apt[æpt] 앱트	setback[setbæk] 셋백
act[ækt] 액트	

3. 위 경우 이외의 어말과 자음 앞의 [p], [t], [k]는 '으'를 붙여 적는다.

stamp[stæmp] 스탬프	cape[keip] 케이프
nest[nest] 네스트	part[pɑ: t] 파트
desk[desk] 데스크	make[meik] 메이크
apple[æpl] 애플	mattress[mætris] 매트리스
chipmunk[tʃipmʌŋk] 치프멍크	
sickness[siknis] 시크니스	

제 2 항 유성 파열음([b], [d], [g])

어말과 모든 자음 앞에 오는 유성 파열음은 '으'를 붙여 적는다.

bulb[bʌlb] 벌브 land[lænd] 랜드
zigzag[zigzæg] 지그재그 lobster[lɔbstə] 로브스터
kidnap[kidnæp] 키드냅 signal[signəl] 시그널

제 3 항 마찰음([s], [z], [f], [v], [θ], [ð], [ʃ], [ʒ])

1. 어말 또는 자음 앞의 [s], [z], [f], [v], [θ], [ð]는 '으'를 붙여 적는다.

mask[mɑːsk] 마스크 jazz[dʒæz] 재즈
graph[græf] 그래프 olive[ɔliv] 올리브
thrill[θril] 스릴 bathe[beið] 베이드

2. 어말의 [ʃ]는 '시'로 적고, 자음 앞의 [ʃ]는 '슈'로, 모음 앞의 [ʃ]는 뒤따르는 모음에 따라 '샤', '섀', '셔', '셰', '쇼', '슈', '시'로 적는다.

flash[flæʃ] 플래시 shrub[ʃrʌb] 슈러브
shark[ʃɑːk] 샤크 shank[ʃæŋk] 섕크
fashion[fæʃən] 패션 sheriff[ʃerif] 셰리프
shopping[ʃɔpiŋ] 쇼핑 shoe[ʃuː] 슈
shim[ʃim] 심

3. 어말 또는 자음 앞의 [ʒ]는 '지'로 적고, 모음 앞의 [ʒ]는 'ㅈ'으로 적는다.

mirage[mirɑːʒ] 미라지 vision[viʒən] 비전

제 4 항 파찰음([ts], [dz], [tʃ], [dʒ])

1. 어말 또는 자음 앞의 [ts], [dz]는 '츠', '즈'로 적고, [tʃ], [dʒ]는 '치', '지'로 적는다.

   Keats[kiː ts] 키츠　　odds[ɔdz] 오즈
   switch[switʃ] 스위치　　bridge[bridʒ] 브리지
   Pittsburgh[pitsbəː g] 피츠버그
   hitchhike[hitʃhaik] 히치하이크

2. 모음 앞의 [tʃ], [dʒ]는 'ㅊ', 'ㅈ'으로 적는다.

   chart[tʃɑː t] 차트　　virgin[vəː dʒin] 버진

제 5 항 비음([m], [n], [ŋ])

1. 어말 또는 자음 앞의 비음은 모두 받침으로 적는다.

   steam[stiː m] 스팀　　corn[kɔː n] 콘
   ring[riŋ] 링　　lamp[læmp] 램프
   hint[hint] 힌트　　ink[iŋk] 잉크

2. 모음과 모음 사이의 [ŋ]은 앞 음절의 받침 'ㆁ'으로 적는다.

   hanging[hæŋiŋ] 행잉　　longing[lɔŋiŋ] 롱잉

제 6 항 유음([l])

1. 어말 또는 자음 앞의 [l]은 받침으로 적는다.

   hotel[houtel] 호텔　　pulp[pʌlp] 펄프

2. 어중의 [l]이 모음 앞에 오거나, 모음이 따르지 않는 비음([m], [n])앞에 올 때에는 'ㄹㄹ'로 적는다. 다만, 비음([m], [n]) 뒤의 [l]은 모음 앞에

오더라도 'ㄹ'로 적는다.

slide[slaid] 슬라이드	film[film] 필름
helm[helm] 헬름	swoln[swouln] 스월른
Hamlet[hæmlit] 햄릿	Henley[henli] 헨리

제 7 항 장모음

장모음의 장음은 따로 표기하지 않는다.

team[tiː m] 팀	route[ruː t] 루트

제 8 항 중모음[1]([ai], [au], [ei], [ɔi], [ou], [auə])

중모음은 각 단모음의 음가를 살려서 적되, [ou]는 '오'로, [auə]는 '아워'로 적는다.

time[taim] 타임	house[haus] 하우스
skate[skeit] 스케이트	oil[ɔil] 오일
boat[bout] 보트	tower[tauə] 타워

제 9 항 반모음([w], [j])

1. [w]는 뒤따르는 모음에 따라 [wə], [wɔ], [wou]는 '워', [wɑ]는 '와', [wæ]는 '왜', [we]는 '웨' , [wi]는 '위', [wu]는 '우'로 적는다.

word[wəː d] 워드	want[wɔnt] 원트
woe[wou] 워	wander[wɑndə] 완더
wag[wæg] 왜그	west[west] 웨스트
witch[witʃ] 위치	wool[wul] 울

2. 자음 뒤에 [w]가 올 때에는 두 음절로 갈라 적되, [gw], [hw], [kw]는 한 음절로 붙여 적는다.

---

1) 이 '중모음(重母音)'은 '이중 모음(二重母音)'으로, '중모음(中母音)'과 혼동하지 않도록 한다.

swing[swiŋ] 스윙 twist[twist]트위스트
penguin[peŋgwin] 펭귄 whistle[hwisl] 휘슬
quarter[kwɔ: tə] 쿼터

3. 반모음 [j]는 뒤따르는 모음과 합쳐 '야', '얘', '여', '예', '요', '유', '이'로 적는다. 다만, [d], [l], [n] 다음에 [jə]가 올 때에는 각각 '디어', '리어', '니어'로 적는다.

yard[jɑ: d] 야드 yank[jæŋk] 앵크
yearn[jə: n] 연 yellow[jelou] 옐로
yawn[jɔ: n] 욘 you[ju:] 유
year[jiə] 이어
Indian[indjən] 인디언 battalion[bətæljən] 버탤리언
union[ju: njən] 유니언

제10항 복합어[2)]

1. 따로 설 수 있는 말의 합성으로 이루어진 복합어는 그것을 구성하고 있는 말이 단독으로 쓰일 때의 표기대로 적는다.

cuplike[kʌplaik] 컵라이크
bookend[bukend] 북엔드
headlight[hedlait] 헤드라이트
touchwood[tʌtʃwud] 터치우드
sit-in[sitin] 싯인
bookmaker[bukmeikə] 북메이커
flashgun[flæʃgʌn] 플래시건
topknot[tɔpnɔt] 톱놋

2. 원어에서 띄어 쓴 말은 띄어 쓴 대로 한글 표기를 하되, 붙여 쓸 수도 있다.

Los Alamos[lɔs æləmous] 로스 앨러모스/로스앨러모스
top class[tɔpklæs] 톱 클래스/톱클래스

---

2) 이 '복합어'는 학교 문법 용어에 따르면 '합성어'가 된다. 이하 같다.

8.5.3 외래어와 외래어 표기 해설

외래어와 외래어 표기에 관하여 김세중(국립국어연구원)의 또다른 글을 소개한다. 영한번역을 하는 사람은 수시로 외래어를 접한다. 또 외래어로 등록되어 있지 않은 사물이나 개념과 외국의 인명과 지명을 번역할 때 소리를 중심으로 한글로 표기해야 한다. 따라서 외래어와 외래어 표기법이란 무엇이며 왜 필요한 것인지 알아두어야 한다. 더 나아가 외래어 표기법의 정신과 기본 원칙도 숙지하고 있어야 한다. 극히 일부분에서 필자의 수정이 있었음을 밝힌다.

1 외래어와 외래어 표기법

1.1 외래어

세계에는 3,000개가 넘는 언어가 있다. 지구상에 존재하는 언어의 수를 6,000개 정도로 보는 학자도 있다. 우리가 쓰는 한국어는 그 중의 하나이다. 어떤 언어든지 언어는 단어와 문법으로 구성되어 있다. 문법이란 단어를 엮어서 문장을 만들어내는 방법을 말한다. 한 언어의 단어는 대개 수만 내지 수십 만 개에 이르는데 단어를 모아 놓은 것이 바로 사전이다. 한 언어의 단어는 크게 고유어와 외래어로 양분된다. 고유어는 그 언어가 본래부터 갖고 있었던 어휘이며 외래어는 다른 언어에서 받아들인 어휘이다. 어느 언어든지 외래어가 있다. 외래어가 전혀 없는 언어는 없다. 다만 외래어를 받아들이는 방법이 언어마다 다르고, 외래어의 비율이 많고 적고의 차이가 언어마다 다를 뿐이다.

국어에도 외래어가 많이 있다. 예전에도 그랬고 지금도 그렇다. 국어의 역사는 외래어를 받아들인 역사라 해도 과언이 아니다. 중국어로부터 한자어를 많이 받아들였기에 오늘날 국어 어휘의 반이 넘는 수가 한자어이다. 20세기에 들어와서는 영어로부터 어휘가 무수히 흘러들어왔고 지금 이 순간에도 들어오고 있다. 물론 그렇다고 해서 영어에서만 외래어가 들어오는 것은 아니다. 프랑스어에서 들어온 단어도 적지 않으며 음악 용어는 이탈리아어에서 대부분 들어왔다.

1.2 외래어의 범위

외래어는 외국어에서 들어온 국어 어휘이다. 그런데 외래어라고 해서 한결같지는 않다. 외국어에서 들어온 지 너무 오래 되었기 때문에 고유어처럼 인식되는 말이 있는 반면에 들어온 지 얼마 되지 않아 아직 외국어의 느낌이 강한 말까지 여러 단계가 있다. '남포'나 '담배'가 전자의 예라면 '컴퓨터'나 '인터넷'과 같은 말은 후자에 속한다. 그리고 우리말의 반 이상을 차지하는 한자어는 중국어에서 들어왔으나 우리말화하였기 때문에 언중의 의식 속에 외래어라는 느낌이 별로 없다.

따라서 넓은 의미의 외래어는 한자어도 포함된다. 외래어란 어원적으로 외국어에서 온 말이기 때문이다. 그러나 좁은 의미의 외래어는 언중들의 의식 속에 외국어에서 온 말이라는 느낌이 뚜렷한, 주로 서양의 언어에서 들어온 외래어이며 한자어는 배제된다. 한자어는 들어온 지 오래되었기 때문에 외국어에서 온 느낌이 별로 없으며 또한 어형이 흔들림 없이 고정되어 있다. 이에 반해 서양 언어에서 들어온 외래어는 어형이 매우 불안정한 특징이 있다. '텔레비전'만 하더라도 표준형인 '텔레비전' 외에 '텔레비젼' '텔레비죤' 등이 사용되는 것을 발견할 수 있고 '가스'는 '개스'라고 쓰는 사람도 있다.

외래어는 외국어에서 들어오는 말이기 때문에 들어오는 당시에는 외국어이다. 차츰 국어 속에 퍼지면서 외국어의 색이 엷어지고 국어 단어로서의 자격을 갖기 시작한다. 신문에서는 낯선 외국어가 국어 속에 처음 들어와 쓰일 때는 인용 부호를 사용하기도 한다. 인용 부호를 쓰는 이유는 처음 보는 새로운 말임을 표시해 주기 위해서다. 그러나 그 말이 널리 쓰이면서 인용 부호는 빠지게 된다.

이론적으로는 외래어란 국어 속에 들어와 국어의 일부가 된 어휘이고 외국어는 아직 국어가 되지 못한 어휘로 규정되지만 실제의 예를 보면 아직 국어가 되었는지 되지 않았는지 불분명한 경우가 많다. 어떤 말이 어느 사전에는 수록되어 있는데 다른 사전에는 수록되지 않은 예가 종종 발견되는데 사람마다 외래어에 대한 수용 여부에 대한 판단이 다르기 때문이다. 외국의 지명, 인명은 특히 외래어인지 외국어인지 논란의 대상이 된다. 전문 서적일수록 외국인 이름을 원어의 철자 그대로 쓰는 경향이 강하고 신문이나 아동 도서에서는 그 반대로 외국인 이름을 한글로 쓴다. 외국의 지명, 인명을 원어의 철자대로 쓰면 표기의 혼란은 막을 수 있겠지만 어떻게 읽어야 할지 알 수가 없게 된다. Clinton을 Clinton이라고 적으면 어떻게 발음해야 할지 몰라서 발음을 못하는 사람이 생긴다. 이에 반해 '클린턴'이라고 적으면 누구나 '클린턴'이라고 발음할 수 있게 된다. 외국의 지명, 인명도 그것이 본래 외국어임에는 틀림없지만 국어 생활 속에서는 한글로 옮기지 않을 수 없게 된다. 결국 외국의 지명, 인명도 외래어에 포함시킬 수밖에 없다는 결론에 이른다.

1.3 외래어 표기법의 필요성

외래어는 최근에 들어온 말일수록 어형이 안정되어 있지 않다. 즉 여러 가지 다른 형태가 쓰이는 경우가 많다. 예를 들어, '가스'와 '개스'가 뜻이 같지만 둘 다 쓰이고 있다. '버스' 외에도 '버쓰', '뻐쓰'가 쓰이고 있다. '볼링'이 흔하지만 '보울링'이라고 쓰는 곳도 있다. 일반 명사가 아니고 고유명사에 이르면 그 혼란은 더욱 심해진다. '맨해튼'인지 '만하탄'인지 '맨해탄'인지 아리송하다. 이런 현상은 고유어나 한자어에서는 거의 일어나지 않는 것이다. '산', '바람', '달', '물' 따위의 고유어, 한자어는 단어의 형태가 하나로 통일되어 있다. 물론 방언에 따라 조금씩 차이가 나는 경우가 있기는 하다. 그러나 한 방언 안에서는 단어의 형태가 안정되어 있다. 외래어는 그렇지 않다. 웬만한 외래어는 둘, 셋 또는 그보다 많은 형태로 쓰인다. 그 이유를 살펴보자.

외래어는 유입 경로가 두 가지이다. 하나는 직접 말소리를 귀로 듣고 받아서 적는 경우이고 다른 하나는 외국어 글자를 접하고 한글로 옮기는 경우이다. 먼저 말소리를 직접 듣고 한글로 적을 경우 모든 사람이 똑같이 받아들이지 않는다. 뉴욕의 한 구역 중에 Flushing이 있다. 이 지역에는 한국 이민들이 많이 산다. 한국 이민들은 미국인들의 영어 발음을 자주 듣게 되는데 Flushing을 '후라싱', '후라씽', '후러싱', '훌러싱', '훌러씽' 등 갖가지로 인식한다. 실제로 이런 '어'형들이 개인의 언어 생활에서 다 쓰이고 있다. 두 번째로, 외국으로부터 영어로 쓰인 신문, 잡지, 도서를 받아들이면서 외국의 지명, 인명을 알게 되는 경우도 있다. Flushing이란 철자를 보았을 때에 그 영어 발음을 모를 경우 어떻게 적어야 할지 막막하다. 발음을 귀로 듣고도 여러 가지로 한글 표기를 하게 되는데 철자만 알고 발음은 모르는 경우에는 더욱 한글 표기가 어려움은 당연하다. 그러다 보니 '플러싱'으로 쓰는 사람, '플러쉉'으로 쓰는 사람, 또 다르게 쓰는 사람이 나타난다. 즉 소리를 듣고 적게 되건, 문자를 보고 적게 되건 한글로 적을 때는 여러 가지로 적는 경향이 나타나는 것이다. 그럼 과연 이렇게 한 단어가 여러 가지로 쓰이는 것이 바람직한지 생각해 볼 필요가 있다. 결론부터 말하면 한 단어는 한 가지로 형태가 고정되어야 한다는 것이다.

고유어나 한자어에서도 표기의 통일을 위해서 표준어 규정이 마련되어 있다. 일테면 '냄비'와 '남비'가 다 현실적으로 쓰이고 있지만 '냄비'를 표준어로 규정하고 있고 '상추' '상치'가 다 쓰이고 있어도 '상추'를 표준어로 인정하고 있다. 외래어도 어형이 통일되어야 하는데 외래어 표기법은 외래어의 어형을 통일하기 위한 규정이라 할 수 있다.

2 외래어 표기법의 정신과 기본 원칙

2.1 원음과 국어 사이의 조화

2.1.1 원음 중시

외래어는 외국어에서 들어오는 말이니만큼 외국어일 때의 발음을 될 수 있는 대로 살리는 것이 당연하다. 외래어 표기법의 기본 정신도 외국어 발음을 될 수 있는 대로 가깝게 표기하자는 것이다.

외래어는 외국어인 상태에서 차츰 국어의 일부로 편입이 된다. 즉 받아들이는 당시에는 외국어의 원래 모습을 그대로 유지하려는 경향이 강하다. 외래어를 외국어 철자 그대로 쓰는 것은 그런 경향을 보여 준다. 언중들 사이에는 국어 생활을 하면서도 '커피', '텔레비전'이 아니라 'coffee', 'TV' 등으로 표기하는 사례를 흔히 볼 수 있다. 즉 외래어는 외국어의 소리를 될 수 있으면 유지해서 발음하려는 경향이 언중들의 심리 속에 있다.

외래어는 결국 원음에 가깝게 한글로 표기될 수밖에 없는데 외래어 표기법은 국제음성기호와 한글 대조표를 통해서 이를 실현하려고 한다. 외국어의 소리는 국제음성기호라는 발음 기호로 표기할 수 있다. 영어 사전에는 영어 단어의 발음이 표시되어 있는데 대개 국제음성기호로 표기되어 있다. 국제음성기호와 한글 대조표는 국제음성기호마다 가장 가까운 한글을 배당해 놓은 표이다. 외래어는 이미 확고하게 굳어져 버린 경우 이외에는 이 표에 따라 한글 표기가 결정된다. 이 표에 따르면 외국어 발음에 가깝게 외래어 표기가 정해진다. 예를 들어 ice hockey라는 영어 단어는 발음이 [ais hɔːki]이다. 따라서 이 표에 따라 '아이스하키'가 된다. 그런데 북한에서는 '아이스호케이'라고 하고 있다. 왜 '호케이'인가? 영어 철자가 hockey이기 때문일 것이다. 여기서 우리가 알 수 있는 것은 영어 철자에 따라 외래어 표기를 하는 것보다 영어 발음 기호에 따라 외래어 표기를 하는 것이 원음에 가깝게 외래어를 사용한다는 것이다.

한 가지 유의해야 할 것은 국제음성기호와 한글 대조표를 통해 외래어 표기를 하는 것이 원음을 중시한 것임은 틀림없지만 원음과 100% 같지는 않다는 것이다. 국제음성기호와 한글 대조표에서 [l]은 'ㄹ'로 대응되어 있지만 이는 [l]이 곧 'ㄹ'이라는 뜻은 아니다. 영어 [l]과 국어 'ㄹ'은 정확히 같은 소리는 아니다. 주의 깊게 관찰하면 상당히 다른 소리임을 알 수 있다. 그러나 [l]을 'ㄹ' 말고 대응시킬 만한 더 비슷한 소리가 없기에 'ㄹ'에 대응시키는 것이다. 나아가 경우에 따라서는 더 가까운 소리가 있음에도 불구하고 더 가까운 소리를 대응시키지 않은 경우도 있다. 예컨대 [f]는 'ㅍ'에 대등되어 있는데 이에 대해서는 논란이 끊이지 않는다. [f]는 웃입술과 아랫니를 좁혀서 그 사이로 공기가 나오게 하며 내는 마찰음인데 'ㅍ'은 마찰음이 아니라 파열음이다. 이에 반해 'ㅎ'은 마찰음이다. 따라서 'ㅎ'이 'ㅍ'보다 더 가까운 소리라 할 수 있다. 'ㅎ'이 'ㅍ'보다 [f]에 더 가까운 소리라 해서 'ㅎ'으로 표기하면 France는 '후랑스'가 되고 golf는 '골후' 가되어 버리고 말아 어색한 결과를 낳는다. 역시 France나 golf는 '프랑스', '골프'라야 한다. 그렇다면 [f]는 늘 'ㅍ'으로 표기하는 것이 간결함을 알 수 있다. 요컨대 국제음성기호와 한글 대조표는 원음과 가깝게 표기하기 위한 방편이긴 하지만 한글이 국제음성기호의 음가와 같은 것은 물론 아니며 경우에 따라서는 원음과 꽤 거리가 있는 경우도 생김을 기억할 필요가 있다.

국어의 특징 가운데 두음법칙이 있다. 어두 즉, 낱말의 첫머리에 'ㄹ'이 오지 못하는 것은 국어의 한 특징이다. 그러나 외래어의 경우에는 두음법칙이 적용되지 않는다. 영어의 radio, lace, rhythm, line 등에서 온 말은 '라디오, 레이스, 리듬, 라인' 등으로 적지 굳이 두음법칙을 적용하지 않는다. 외래어에는 두음법칙을 적용하지 않는 것은 외국어의 발음을 될 수 있는 대로 가깝게 내기 위한 노력의 일환이다. 여기에 대해서는 논란의 여지가 있다. 시골의 할아버지, 할머니 중에서는 '라디오'를 발음하지 못하는 사람도 있다. '라디오'를 발음하지 못하고 '나지오'라고 하거나 '라면'을 발음하지 못하고 '나면'이라고 하는 사람도 있다. 그러나 다수의 사람들은 어두에서 'ㄹ' 발음을 할 수 있다. 고유어에서도 제한적으로 어두에 'ㄹ'이 오기도 한다. '리을'이라는 글자 이름부터 그러하다. 외래어에서까지 'ㄹ'을 어두에 못 오게 한다면 '리듬'이란 말은 어떻게 해야 할지 곤란해진다. '리듬' 대신 '이듬'이라고 할 수는 없을 테니까 말이다. 결국 외래어는 국어 단어이긴 하지만 특수한 부류로서 두음법칙의 적용을 받지 않는다. 두음법칙을 적용하지 않음으로써 조금이라도 더 외국어 발음을 반영할 수 있게 된다.

두음법칙 외에도 외래어에는 고유어나 한자어에서 볼 수 없는 음절이 쓰이는 특징이 나타난다. 일테면 '튜브'의 '튜', '블루스'의 '블' 따위의 음절은 고유어나 한자어에서는 볼 수 없는 음절이다. 고유의 국어에서 쓰지 않는 음절을 외래어에서 쓰는 것은 원래 외국어 상태의 발음을 될 수 있는 대로 가깝게 유지하려는 노력의 결과이다.

외래어의 표기를 할 때에 원지음을 반영하려는 노력이 지나쳐서 새로운 글자를 만들자는 주장을 하는 사람들도 있다. 외국어에 흔히 나타나는 [f], [v] 소리는 국어에는 같은 소리가 없다. [f]는 'ㅎ'도 아니고 'ㅍ'도 아니다. 따라서 [f]를 정확하게 적기 위해서는 새로운 글자를 만들어야 한다. 그러나 새 글자를 만들어야 한다면 [f]만 만들어야 할 수는 없다. 얼마나 많은 새 글자를 만들어야 하는지 모른다. 그것은 가능하지 않은 일이다. 결국 외래어는 기존의 한글 글자만을 가지고 표기할 수밖에 없으며 원지음에 가깝게 적으려고는 하지만 원지음을 똑같이 적을 수는 없음을 알 수 있다. 상당한 정도로 원지음과 거리가 생길 수밖에 없다.

2.1.2 국어의 특성 중시

외래어는 외국어의 발음과 가깝게 적어야 하지만 외래어도 국어이기 때문에 국어의 일반적인 특성에서 크게 벗어나지 않아야 한다. 외국어 발음을 정확하게 반영하겠다고 현재의 한글에 없는 새 글자를 만들어 써서는 안 된다. 외래어는 외국어에서 들어온 말인데 외국어의 소리가 그대로 유지되지 못하고 국어에 있는 소리로 바뀌어 들어온다. 새 글자를 만들어서라도 외국어의 소리를 보존하겠다는 것은 무모한 생각이다. 일반 국민이 외국어의 소리를 알 까닭이 없다.

외래어는 국어이므로 국어의 음절 구조에 따르게 된다. 언어마다 음절 구조가 다르다. 우리말은 어두에 자음이 두 개 이상 올 수가 없고 어말에서도 두 개 이상 올 수가 없다. 그러나 영어에서는 어두에 세 개의 자음이 올 수 있고 어말에서도 마찬가지다. 예컨대 영어 단어 film은 '자음-모음-자음-자음'으로 되어 있다. 어말에 자음이 둘 온 것이다. 그리고 film은 한 음절이다. 그러나 우리말에서는 어말에서 자음이 둘 올 수가 없다. 그래서 '필름'이 되고 만다. 두 음절로 늘어났다. 영어 spray[sprei]는 '자음-자음-자음-모음'으로 되어 있는 1음절 단어이다. 즉 어두에 세 개의 자음이 왔다. 그러나 국어에서는 어두에 한 개의 자음밖에 올 수가 없다. 따라서 영어의 1음절 단어가 국어에 들어와서는 '스프레이'로 네 음절 단어가 되었다. 이런 현상은 언어마다 음절 구조가 달라서 생겨나는 것이다.

'커피숍'을 '커피숖'으로 쓰는 예를 흔히 볼 수 있는데 조사 '-은', '-이', '-에서'가 붙으면 [커피쇼븐], [커피쇼비], [커피쇼베서]와 같이 발음되므로 '커피숍' 이라고 적어야 옳다. 영어 coffee shop이 영어 is 앞에서는 [p]로 발음되지만 국어에서는 다르다. 외래어는 국어이기 때문에 국어의 특성에 따라 적어야 한다.

'ㅈ', 'ㅊ' 다음에서 '야, 여, 요, 유' 등을 적지 않는 것도 국어의 특성에 따른 것이다. '텔레비전'을 '텔레비젼'으로 적는 사람들도 있으나 이는 외래어 표기법에 맞지 않다. 국어의 'ㅈ, ㅊ'은 구개음이기 때문에 다른 자음과 달리 이들 다음에서 '아, 어, 오, 우'로 발음하나 '야, 여, 요, 유'로 발음하나 발음이 같다. 국어 고유어나 한자어에서 '장'은 있어도 '쟝'은 없음을 상기할 필요가 있다. 외래어도 국어의 일부이기 때문에 'ㅈ, ㅊ' 다음에 '야, 여, 요, 유' 등을 적어서는 안 된다.

외래어는 국어의 특성에 맞게 적어야 한다는 원칙을 지나치게 고집하면 두음법칙까지도 적용하게 된다. '라디오'를 '나지오'라고 하면 두음법칙에는 맞는다. 그러나 원지음과는 너무나 멀어진다. 중국, 일본의 지명, 인명을 우리 한자음으로 적어야 한다는 주장도 외래어를 국어의 특성에 맞게 적어야 함을 지나치게 내세운 결과이다.

외래어 표기법은 원지음을 중시하되 국어의 특성을 지키는 범위 안에서 원지음을 반영하려고 한다. 원지음을 지나치게 중시하여 국어에 없는 새로운 글자를 만들지 않으며, 그 반대로 외래어도 국어임을 지나치게 강조하여 원지음과 일부러 다르게 하려고도 하지 않는다. 두 가지 서로 모순되어 보이는 원칙을 적절히 조화시킨 결과이다.

2.2 외래어 표기법의 기본 원칙

제1항은 "외래어는 국어의 현용 24자모만으로 적는다"이다. 단 한 글자도 새로 만들어서는 안 됨을 선언하고 있다. 외국어에는 국어에 없는 소리가 꽤 많이 있다. 예컨대 [f]는 국어에 없는 소리인데 ㆄ으로써 [f]를 적자고 한다면 [v], [ʒ], [z], [θ] 등을 적기 위한 글자도 새로 만들어야 한다. 어디 이뿐이랴. 프랑스어의 [r] 소리나 콧소리가 나는 모음을 위해서도 새 글자를 만들어야 한다. 그러다 보면 글자를 얼마나 만들어야 할지 모르며 지금 우리가 쓰고 있는 한글보다도 더 많은 글자를 만들어야 할지도 모른다. 그것은 여러 모로 문제를 낳는다. 당장 컴퓨터만 놓고 보자. 이들 새 글자를 입력할 수 있도록 자판을 새로 만들어야 한다. 컴퓨터의 자판은 쉽게 늘일 수 있는 것이 아니어서 글자를 새로 만들어 쓰는 것은 실현 불가능에 가까움을 알 수 있다. 그뿐이 아니다. 설령 ㆄ를 컴퓨터에서 찍을 수 있게 되었다 하더라도 어떻게 읽어야 할지를 모르는 사람들을 생각하지 않을 수 없다. 소수의 외국어 전공자만 그 발음을 알고 대다수 일반 국민은 음가를 알 수 없는 문자는 채택할 수 없다. 이런 이유로 외래어 표기법은 단 한 글자도 새로운 글자를 허용하지 않고 있다.

제2항은 "외래어의 1음운은 1기호로 적는다"이다. 외국어의 한 소리는 늘 일정하게 한글로 적혀야 예측 가능하다. 만일 [f]를 [i] 앞에서는 'ㅎ'로, [u] 앞에서는 'ㅍ'로한다고 치자. film은 '휠름', football은 '풋볼'이 되는데 기억의 부담을 주어 따르기가 쉽지 않다. [외래어 표기법]은 [f]는 언제나 'ㅍ' 또는 '프'로 적도록 하고 있다.

제3항은 "외래어의 받침에는 'ㄱ, ㄴ, ㄹ, ㅁ, ㅂ, ㅅ, ㅇ'만을 적는다"이다. 그 밖의 받침은 적을 필요가 없고 적어서는 안 된다. '커피'이 아니라 '커피숍'으로 적어야 한다. '이', '은', '에서'와 같은 조사가 올 때에 어떻게 발음이 되는지를 생각한다면 '커피'과 같이 적어서는 안 됨을 알 수 있을 것이다. 즉 [커피쇼비], [커피쇼븐], [커피쇼베서]와 같이 발음하지 [커피쇼피], [커피쇼픈], [커피쇼페서]와 같이 발음하지 않는다. 따라서 '커피'이라고 쓸 이유가 없음을 알 수 있다. '커피숖'이란 표기는 다분이 coffee shop이라는 영어 철자에 끌려서 생긴 표기이다. 영어 단어 shop의 p는 'ㅍ'과 같다고 생각하는 뿌리 깊은 습관 때문에 '커피숖'이라는 표기가 흔히 나타나는데 이는 잘못된 것이다. 마찬가지로 '슈퍼마켙'이라든지 '디스켙', '케잌' 같은 표기도 물론 틀렸다. '슈퍼마켓', '디스켓', '케이크'가 바른 표기

이다. 외래어의 받침에는 물론 겹받침을 써서도 안 된다. '맑스'와 같은 표기는 옳지 않다. '마르크스'라고 적어야 한다.

제4항은 "파열음 표기에는 된소리를 쓰지 않는 것을 원칙으로 한다"이다. 프랑스어나 스페인어 등의 무성파열음은 국어의 된소리와 아주 비슷하므로 된소리로 적을 수도 있다. 예컨대 프랑스의 수도 Paris는 '파리'보다는 '빠리'라고 하는 게 프랑스어 발음에 가까울 수 있다. 만일 프랑스어의 [p]는 된소리인 'ㅃ'으로 적는다면 '나폴레옹'도 '나뽈레옹'으로 바꾸어야 할 것이고 [p]뿐 아니라 [k], [t]도 다 된소리로 적어야 할 것인데 이는 문자 생활의 커다란 변혁으로 이만저만한 파장을 미치지 않을 것이다. 더 큰 문제는 따로 있다. 커다란 파장을 감수하고라도 된소리 표기를 허용한다고 하자. 그렇게 되면 된소리로 적어야 할 언어와 거센소리로 적어야 할 언어를 일일이 기억해야 하는 부담이 따른다. 프랑스어, 스페인어, 이탈리아어, 러시아어 등이 무성 파열음인 [k], [t], [p]를 된소리인 'ㄲ, ㄸ, ㅃ'으로 적어야 할 언어로 쉽게 떠오르겠지만 네덜란드어, 터키어, 그리스어, 아랍어는 어떻게 할 것인지 일일이 발음을 조사해서 정해 주어야 한다. 그 결과 영어, 독일어 등과 같이 무성 파열음을 거센소리로 적어야 할 언어와 프랑스어, 러시아어 등과 같이 된소리로 적어야 할 언어로 나뉘게 될 것인데 이를 기억해서 이대로 지키기란 여간 어렵지 않을 것이다. 물론 기억의 부담이 따르더라도 된소리 표기를 하는 것이 좋을지는 앞으로 두고 검토해 보아야 할 문제이지만 현재로서는 된소리 표기를 하지 않는 것이 표기법을 따르는 길이다.

한편 영어에서 온 외래어 중에서 원어가 유성 파열음인데도 불구하고 국어 생활에서 된소리로 발음하는 경향이 나타나는 단어들이 있다. '까스', '땜', '뻐스'와 같은 말들이 그런 예에 속한다. 이들 단어는 영어에서 gas, dam, bus로 적힌다. 영어 gas, dam, bus의 발음이 한국인의 귀에는 'ㄱ, ㄷ, ㅂ'로 들림에도 불구하고 국어 생활에서는 된소리 표기와 된소리 발음이 널리 퍼져 있지만 이 또한 바른 표기는 '가스', '댐', '버스'로 정해져 있다. 만일 '까스', '땜', '뻐스'가 널리 퍼져 있다 해서 이를 인정해 버린다면 어디까지 된소리 표기를 인정해야 할지 종잡을 수가 없게 된다. '골프', '게임', '골', '가운', '달러', '더블', '백', '볼' 등도 현실 국어 발음에서는 된소리로 흔히 발음되기 때문이다. 파찰음인 'ㅈ'의 경우에도 마찬가지이다 '재즈', '지프', '잼' 등도 현실 국어 발음에서는 된소리로 흔히 발음되지만 표기는 'ㅈ'으로 하는 것이 옳다. 된소리를 쓰지 않는 원칙은 마찰음인 [s]에도 이어진다. service, system에서 온 말도 '서비스', '시스템'이 바른 표기이다.

제5항은 "이미 굳어진 외래어는 관용을 존중한다"이다. 이미 굳어진 외래어는 굳어진 관용이 존중되어야 한다. 인위적으로 어형을 바꾸는 것은 바람직하지 않다. 원지음과 다르게 굳어졌다 하더라도 아무 문제될 것이 없다. 외래어는 국어이기 때문이다. '모델'과 '라디오'를 예로 들어 보자. 영어 model의 발음은 영국영어로는 '모들', 미국영어로는 '마들'이어서 '모들'이나 '마들'이 원어 발음과 가깝지 '모델'은 영어 발음과 멀다. 그렇다고 해서 지금까지 온 국민이 '모델'로 써 온 것을 영어 발음과 다르다고 해서 '모들'이나 '마들'로 바꿀 필요가 없다는 뜻이다. 언어라는 것은 사회적 약속이요 관행이므로 갑자기 사회 구성원들 사이에 이미 맺어진 약속을 바꾸자고 해서는 안 된다. '라디오'도 '레디오'나 심지어 '뤠이디오우'라고 쓰자고 할 이유가 없다. '피자'도 마찬가지이다. '피자'는 영어 발음과 거리가 머니 영어 발음과 가깝게 '핏자'나 '피짜'라고 하려는 사람들이 있지만 '피자'로 익숙해져 있는 것을 굳이 바꾸려고 해서는 안 된다.

2.3 외래어 표기법의 성격과 용도

흔히 외래어 표기법을 외국어 표기법으로 오해하는 사람이 많다. 즉 외래어 표기법의 표기를 외국어를 구사할 때 해야 할 발음으로 오해하는 경우가 있다는 것이다. 예컨대 외래어 표기법에 따라 적은 '커피'는 영어 회화를 할 때 coffee를 발음하라고 정해 놓은 것이 아니다. 그럼 영어 회화를 할 때는 어떻게 해야 할까? 영어 회화를 할 때에는 '커피'의 '어' 대신에 입술을 약간 둥글게 오므리고 혀를 뒤로 더 빼야 한다. 그뿐 아니라 [f] 소리를 낼 줄 알아야 한다. [f] 소리는 윗니를 살짝 아랫입술에 갖다 얹고 그 사이로 바람을 내뿜으며 내는 소리다. 그리고 또한 중요한 것은 악센트이다. 첫 음절에 강하게 악센트를 주어야 영어다운 발음이 된다. 요컨대 '커피'는 국어 생활을 위해 쓰는 것이지 영어를 위해 있는 것이 아니다. 비단 '커피'뿐이 아니고 모든 외래어가 다 그렇다. 외래어는 국어이고 외래어 표기법은 국어 표기법이다. 이를 이해하지 못하거나 무시하고 외래어를 외국어로 알고, 외래어 표기법을 외국어 표기법으로 간주하는 사람은 착각에 빠져 있는 것이다. 더욱이 그런 오해에 바탕을 두고 외래어 표기법이 잘못되었다고 주장하는 것은 큰 잘못이 아닐 수 없다.

외래어 표기법에는 일본어에서 들어온 외래어를 적는 방법도 물론 포함되어 있는데 이에 따르면 일본의 도시 이름은 '도쿄', '오사카', '후쿠오카'이다. 여기에 대해서 '도쿄', '오사카', '후쿠오카'는 일본어 발음과 아주 다르며 '도-꾜', '오-사까', '후꾸오까'라고 해야 일본어 발음에 가깝다고 주장하면서 외래어 표기법을 개정해야 한다고 주장하는 사람도 있다. 요컨대 '도쿄', '오사카', '후쿠오카'는 일본 사람과 만나서 일본어를 할 때에 쓰라고 만든 어형이 아니니까 일본 사람과 만나 일본어를 할 때에는 그렇게 발음 안 하고 자기가 아는 지식대로 일본어 발음을 정확하게 하면 된다. 외래어 표기법에 따른 표기는 국어 생활에서 쓰기 위해 만든 것이니만큼 일본어 발음과 가깝지 않다며 불평할 이유가 없다.

외래어 표기법은 외국어 그 자체를 적기 위한 방법으로 만든 것이 아니다. 한글은 국어의 소리를 적기 위한 글자이지 아무 외국어의 소리나 다 적을 수 있지는 않다. 한글이 우수한 것은 분명하지만 국어의 소리를 체계적으로 잘 분석한 과학적인 글자라는 점에서 우수하다는 것이지 아무 외국어의 소리나 다 적을 수 있기 때문은 아니다. 한글의 능력을 턱 없이 높이 평가하는 사람들이 많다. 한글과 국어를 떼어 놓고 생각하는 것은 옳지 않다. 한글은 국어의 소리, 즉 음소를 기호화한 것이다. 요컨대 외래어 표기법은 외국어 발음을 적기 위한 방법이 아님을 분명히 기억해 둘 필요가 있다. 외래어 표기법은 국어 생활을 하는 가운데 외래어를 통일되게 표기하기 위한 방법일 뿐이다.

외국어 교육을 한글로 하는 데는 한계가 있다. 외국어 교육을 한글로 할 수 있다면 왜 오디오를 통해 외국어 발음을 들으려고 하겠는가. 왜 외국에 직접 가서 외국인들의 발음을 들으려고 애쓰겠는가. 지구상의 수 많은 언어들의 발음을 들어 보면 한글로는 도저히 적을 수 없는 소리가 참으로 많다. 한국어와 비교적 발음이 가깝다는 일본어조차도 실은 한국어와 발음이 여러 모로 다른 점이 많다. 외래어 표기법이 외국어 교육용이 아님은 아무리 강조해도 지나치지 않다.

3 영어에서 온 외래어의 표기

영어 data에서 온 외래어는 '다타'라고 할 수 없고 game에서 온 외래어는 '가메'라고 할 수 없을 것이다. 각각 '데이터'이고 '게임'이다. 영어는 철자와 발음의 관계가 아주 복잡해서 따로 발음 기호가 필요한 언어이다. 프랑스어도 마찬가지이다. Loire를 어떻게 적어야 할까? 외래어 표기법에 따르면 '루아르'이다. 프랑스어를 모르는 사람들은 왜 Loire가 '루아르'가 되는지 이해할 수 없을 것이다. 프랑스어 역시 발음 기호가 따로 필요한 언어이다. 전세계적으로 통용되는 발음 기호로는 국제음성기호가 있다. 음성학자들이 약속한 세계 공통의 발음 기호이다. 원지음을 체계적이고 규칙적으로 한글로 옮기고자 할 때는 국제음성기호를 기준으로 삼을 수밖에 없을 것이다. 외래어 표기법에서 가장 중요한 부분은 바로 국제음성기호와 한글 대조표이다.

어느 언어의 소리이든 자음과 모음으로 크게 나뉜다. 다시 자음은 파열음, 마찰음, 파찰음, 유음, 비음으로 나뉜다. 영어의 파열음 표기는 좀 까다로운 데가 있다. 어말과 자음 앞의 무성 파열음의 처리가 특히 그렇다.

단모음 다음의 어말 무성음은 받침으로 적는다는 규정이 있다. 예를 들어 tip[tip]은 '티프'가 아닌 '팁'이고 Jack은 '잭'이다. 그러나 그 어말 무성음이 [t]이고1 음절어일 경우에는 '으'를 붙여 새 음절을 만드는 게 자연스럽다. net, jet, set, mat, bit, dot, mitt 등은 '네트, 제트, 세트, 매트, 비트, 도트, 미트' 등이다. cut는 '커트'와 '컷' 다 있는데 '커트'는 탁구 용어이거나 머리를 다듬는 방법을 가리키고 '컷'은 인쇄 용어이다.

무성파열음이 단모음과 유음, 비음 이외의 자음 사이에 올 경우에도 받침으로 적는다. 따라서 lipstick은 '리프스틱'이 아닌 '립스틱'이다. 위 두 경우를 제외하고는 무성 파열음은 '으'를 붙여서 적는다.

한편, cutter, locker에서 온 말을 '컷터', '록커'로 표기하는 것은 옳지 않다. '커터', '로커'가 바른 표기이다.

유성 파열음은 원칙적으로 어떤 경우에서든지 '으'를 붙여서 적게 되어 있다. 그러나 반드시 그런 것은 아니다. 관용적으로 받침으로 적는 경우도 있다. bag, handbag, lab, jab은 '백, 핸드백, 랩, 잽'으로 굳어져 있으므로 굳어진 대로 따라야 한다. gag는 규칙에 맞게 '개그'로 적는다. Webster의 [b]는 유성음이므로 '으'를 붙여서 적어야 하고 '웨브스터'라고 적어야 한다. Hudson은 따라서 '허드슨'이다.

마찰음은 국어에는 잘 발달되어 있지 않으나 영어에는 상대적으로 훨씬 많다. 어말이나 자음 앞의 마찰음은 '으'를 붙여서 적는다. [f]의 경우 '후'로 적으려는 경향이 있으나 이는 옳지 않다. [f]를 'ㅍ'으로 적으면 불편한 점이 있는 것이 사실이다. fan이 '팬'이면 pan도 '팬'이니 서로 같아지는 것이다. 그러나 [f]를 'ㅎ'으로 적는다고 동음이의어가 생기는 것은 마찬가지이다. feel을 '휠'이라고 하면 wheel도 '휠'이어서 동음어가 되고 만다. [f]를 'ㅎ'으로 적으면 곤란해지는 이유는 실은 따로 있다. golf처럼 [f]가 어말에 오는 경우도 많이 있는데 '골흐'나 '골후'라고 할 것인가? '파일'보다 '화일'이 영어 발음에 가깝다고 하지만 '골흐'나 '골후'가 '골프'보다 영어 발음에 가까울 것 같지는 않다. 그뿐이 아니다. 어말이 아니라 자음 앞에 [f]가 올 경우도 있는데 이 때도 [f]를 'ㅎ'으로 적기가 쉽지 않다. muffler를 '머훌러', waffle를 '와훌'로 하기는 곤란하다.

sh는 뒤따르는 모음과 합쳐서 '샤, 섀, 셔, 셰, 쇼, 슈, 시'로 적어야 한다. 어말에서는 '시'로, 자음 앞에서는 '슈'로 적는다. 어말에서 '쉬'로 적는 경향이 있지만 옳지 않다. '대시'이지 '대쉬'가 아니며 '플래시'이지 '플래쉬'가 아니다.

vision, television은 '비전, 텔레비전'으로 옮기는 것이 옳다. '비젼, 텔레비젼'은 틀린 표기이다. '쥬스', '레져' 따위도 물론 틀린 표기이며 '주스', '레저'가 바른 표기이다.

[s]가 'ㅅ'에 대응되어 있는 것도 주목할 만하다. service, system 등의 표기가 '서비스, 시스템'이고 '써비스, 씨스템'이 아니다. 회사 이름 등 일부 고유명사에서 '써비스', '씨스템'과 같은 표기를 쓰고 있는 것은 유감스러운 일이다. 그렇다고 해서 보통 명사까지 '써비스', '씨스템'이라고 할 수는 없다.

파찰음의 경우에도 '챠, 쳐, 쵸' 등과 같은 표기가 있을 수 없다. '찬스', '차트'이지 '챤스', '챠트'는 틀린 표기이다. '죠지'도 마찬가지로 '조지'가 옳다.

유음과 비음의 표기는 별 어려움이 없다. 유음에서 유의할 사항은 [l]의 표기이다. slate[sleit], slide[slaid]에서 온 말을 '스레이트', '스라이드'와 같이 표기하는 경향이 있는데 '슬레이트, 슬라이드'가 옳다. blues[blu:s]도 따라서 '블루스'가 옳다.

영어의 모음 글자는 늘 일정하게 발음되지 않고 여러 가지로 소리난다. 예컨대 a는 다양하게 소리난다. e도 [e], [i:], [i] 등으로 소리난다. 따라서 어떻게 소리나느냐에 따라 한글 표기를 할 수밖에 없다. 원칙은 발음에 따라서 한글 표기를 해야 하지만 이미 굳어진 말은 굳어진 대로 적는 수밖에 없음은 물론이다. 예를 들어 gas[gæs]는 원칙에 따르면 '개스'이지만 '가스'로 굳어져 있으므로 '가스'로 적어야 한다.

원어가 따로 설 수 있는 말의 결합으로 이루어진 복합어일 경우에는 복합어를 구성하고 있는 말의 원래 표기를 적는다. 따라서 highlight[hailait]에서 온 말은 '하이라이트'라고 적지 '하일라이트'라 적지 않는다. online[ɔnlain]도 on과 line에서 온 말로 보아 '온라인'으로 적는다.

이밖에 [외래어 표기법]에 고시되지는 않았지만 어말의 a는 '아'로 적는 것과 어말의 s[z]는 '즈'가 아닌 '스'로 적는 것도 유의할 만하다. Times[taimz], Thames[temz], James[ʤeimz], Jones[ʤounz] 등은 각각 '타임스, 템스, 제임스, 존스'이다.

영어의 표기에서 가장 문제가 되는 것은 일반인이 어떻게 국제 음성 기호로 적힌 영어 발음 정보를 얻을 것인가이다. 발음 사전을 참조할 수도 있고 최근에는 인터넷 사이트 중에서 발음을 보여 주는 사이트가 있으니 이용할 만하다.

(http://www.speech.cs.cmu.edu/cgi-bin/cmudict)

4 그 밖의 서양 언어에서 온 외래어의 표기법

독일어의 표기에서는 sh가 어말에서 '시'가 아닌 '슈'가 되는 점을 유의할 필요가 있다. 또 영어와 달리 어말의 파열음은 무조건 '으'를 붙여서 적는다. [ts]를 'ㅊ' 으로 적는 것은 독일어에서도 예외가 아니다. 따라서 Mozart는 '모짜르트'가 아닌 '모차르트'이다.

프랑스어의 무성 파열음은 국어의 거센소리보다는 된소리에 훨씬 가까운 것이 사실이나 된소리가 아닌 거센소리를 적는다. 따라서 Paris는 '빠리'가 아닌 '파리'이다. 또 어말에 올 때에는 '으'를 붙여 적는다. 결국 영어 Philip은 '필립'이지만 프랑스어 Philippe은 '필리프'이다. 이중모음의 표기는 유의할 필요가 있다. [w]의 표기는 '우'로 하고 뒤따르는 모음과 합쳐서 적지 않는다. 따라서 Renoir는 '르느와르'도 '르노와르'도 아닌 '르누아르'이다. 마찬가지로 Beauvoir, Francois는 '보부아르', '프랑수아'이다. 강 이름인 Seine은 '세느'가 아니고 '센'이다. [n]이 '느'가 아닌 'ㄴ';이기 때문이다. 마찬가지로 Canne[kan]도 '칸'이다. '에'와 '앵'은 유의해야 한다. 따라서 Chopin, Rodin은 '쇼팽, 로댕'이다.

영어, 독일어, 프랑스어에 비해 이탈리아어, 스페인어, 폴란드어, 체코어, 헝가리어, 루마니아어, 세르보크로아트어, 스웨덴어, 노르웨이어, 덴마크어의 표기법은 간명하다. 철자가 늘 일정하게 발음되는 언어여서 해당 언어 철자와 한글 대조표에 따라 표기하면 된다.

1986년에 우리나라에서는 [외래어 표기법]이 일부 수정되었다. 1958년에 만들어진 [외래어 표기법] 가운데 문제 있는 부분이 바뀌었다. 나라 이름 중에서도 바뀐 것이 몇 개 있다. '말레이지아', '베네주엘라', '이디오피아', '에쿠아도르', '니카라구아'는 '말레이시아', '베네수엘라', '에티오피아', '에콰도르', '니카라과'로 바뀌었으므로 유의해야 한다. 도시 이름도 바뀐 것이 있는데 '다마스커스', '부쿠레시티'는 '다마스쿠스', '부쿠레슈티'로 바뀌었다.

5 중국어와 일본어에서 온 외래어의 표기법

일본이나 중국은 지명, 인명을 한자로 적는다. 그런데 그 한자의 발음이 우리의 한자음과는 현저히 다르다. 중국보다 일본이 더 현저히 다르다. 成田의 우리 한자음은 '성전'이지만 일본어 발음은 '나리타'에 가깝다. 일본어 발음에 가까운 '나리타'로 적을 것이냐 우리 한자음인 '성전'으로 적을 것이냐가 문제이다. [외래어 표기법]은 이에 대해 일본어 발음에 따라 한글 표기를 하도록 규정하고 있다. 이는 합리적인 태도이다. [외래어 표기법]의 기본적인 원칙이 원지음에 가깝게 옮기는 것이기 때문에 일본어, 중국어에서 온 말에 대해서만 원지음을 무시한 우리 한자음식 표기를 채택하는 것은 사리에 맞지 않다. 현실적으로 沖繩, 札幌은 우리 한자음으로 읽으면 '충승, 찰황'이 되는데 '오키나와, 삿포로'를 버리고 '충승, 찰황'을 고집할 이유가 없다. '풍신수길, 이등박문' 대신에 '도요토미 히데요시', '이토 히로부미'로 적어야 한다. 일본어의 표기는 '가나와 한글 대조표'에 따른다.

중국의 경우는 고대인은 우리 한자음대로 읽는 관용이 있으므로 이를 인정하여 '공자, 맹자, 주자, 왕안석' 등으로 표기한다. 그러나 현대인은 굳어진 관용이 없으므로 원지음에 가깝게 적어야 한다. 중국어에서 온 외래어의 표기는 '주음 부호와 한글 대조표'에 따른다. 한자의 중국어 발음인 주음 부호는 중국어 사전에서 확인하면 된다.

일본어와 중국어에서 온 외래어의 표기에서 유의해야 할 사항이 있다. 일본어의 경우 장음은 표기에 반영하지 않는다. 따라서 일본어에서는 구별되는 말이 한글로 옮기면 표기가 같아지는 경우가 생긴다. 이는 어쩔 수 없는 것으로 본다. 촉음은 'ㅅ'으로 통일한다. 따라서 '삽포로'가 아닌 '삿포로'이다. 마찰음 가운데 'ㅆ'가 허용되는 점은 특이하다. 따라서 '고마쯔'가 아닌 '고마쓰'이고 '쯔시마섬'이 아닌 '쓰시마섬'이다.

중국어의 표기에서는 'ㅈ, ㅊ' 다음에 '야, 예, 요, 유'를 적지 않는다. 파찰음에서는 된소리인 'ㅉ'가 허용됨은 특기할 만하다.

영어의 한글 표기 방법

영어의 표기에 있어서는 다음과 같은 원칙을 따른다. (앞으로 나오는 로마자는 모두 철자를 나타내되, [ ]로 묶은 것은 음성 기호를 나타낸다.)

(가) 어말의 –a[ə]는 '아'로 적는다.ə
〈보기〉Georgia 조지아
(나) 어말의 –s[z]는 '스'로 적는다.
〈보기〉James 제임스
(다) [ə]의 음가를 가지는 i와 y는 '이' 로 적는다.
〈보기〉Halifax 핼리팩스Powys 포이스
(라) –ton은 모두 '턴'으로 적는다.
〈보기〉Canton 캔턴
(마) 접두사 Mac–, Mc–은 자음 앞에서는 '맥'으로, 모음 앞에서는 '매ㅋ'로 적되, c나 k, q 앞에서는 '매'로, l 앞에서는 '매클'로 적는다.
〈보기〉 MacMillan 맥밀런McKinley 매킨리
MacAuley 매콜리Maclay 매클레이
(바) and로 연결된 말은 and를 빼고 표기하되, 언제나 띄어 쓴다.
〈보기〉Tyne and Wear 타인 위어

〈a〉

'a'가 'ㅔ'로 표기 되는 것은 '페인트(paint)' 처럼 'a'가 다른 모음과 어울려 발음될 경우 쉽게 예를 찾을 수 있지만 단독으로 쓰일 때는 예로 들을 만한 것이 많지 않다. '게리(Gary)' 라는 이름이 흔치 않은 예.

그러므로 'a'가 바로 옆에 다른 모음없이 홀로 있을 경우 'ㅔ'로 표기하는 데 신중해야 한다.

컴퓨터 용어로 쓰이고 있는 'application'을 '에플리케이션'이라고 표기한 글을 자주 볼 수 있는데 이것은 '애플리케이션'이라고 해야 옳다.

〈[ʧ] [ʤ] [ʒ]〉

위 발음 기호에 한글의 ‘ㅏ’나 ‘ㅓ’에 해당하는 모음이 이어질 때는 ‘차’ ‘자’, ‘처’ ‘저’로 표기해야 한다.

‘chart’는 ‘챠트’가 아니고 ‘차트’다. ‘version’도 ‘버젼’ 대신 ‘버전’이라고 써야 한다.

〈고유명사 표기〉

고유명사는 외래어 표기법을 따르지 않는다. 그러므로 똑같은 외국어가 같은 글 속에서도 달리 표기될 수 있다.

‘쥬라기 공원’이라는 이름으로 국내 극장가에서 방영됐던 영화를 소개할 때도 극장의 ‘쥬라기 공원’은 중생대의 쥐라기......식으로 써야 한다.

8.5.4 외래어 표기법 규정 익히기 1

앞에서 학습한 외래어 표기법의 표기의 기본원칙에 맞게 괄호를 채우시오.

제1장 표기의 기본원칙

제1항 외래어는 국어의 현용 (　　　　　) 자모만으로 적는다.
제2항 외래어의 1 음운은 원칙적으로 1 (　　　)로 적는다.
제3항 받침에는 ‘ㄱ, ㄴ, (　　　), ㅁ, ㅂ, (　　), ㅇ’만을 쓴다.
제4항 파열음 표기에는 (　　　)소리를 쓰지 않는 것을 원칙으로 한다.
제5항 이미 굳어진 외래어는 (　　　　　　　　)을 존중하되, 그 범위와 용례는 따로 정한다.

제1장 표기의 기본원칙 후반부에 나오는 영어의 한글표기 방법의 예입니다. 영어 옆에 한글로 써넣으시오.

(가) 원칙:

Georgia

(나) 원칙:

James

(다) 원칙:

Halifax　　Powys

(라) 원칙:

Canton

(마) 원칙:

MacMillan　　McKinley

MacAuley　　Maclay

(바) 원칙:

Tyne and Wear

제 3 장 표기 세칙

제 1 절 영어의 표기

표 1에 따라 적되, 다음 사항에 유의하여 적는다.

제 1 항 무성 파열음 ([p], [t], [k])

1. 짧은 모음 다음의 어말 무성 파열음([p], [t], [k])은 받침으로 적는다.

gap[gæp]　　cat[kæt]

book[buk]

2. 짧은 모음과 유음 · 비음([l], [r], [m], [n]) 이외의 자음 사이에 오는 무성 파열음 ([p], [t], [k])은 받침으로 적는다.

apt[æpt]
act[ækt]
setback[setbæk]

3. 위 경우 이외의 어말과 자음 앞의 [p], [t], [k]는 '으'를 붙여 적는다.

stamp[stæmp]
nest[nest]
desk[desk]
apple[æpl]
chipmunk[tʃipmʌŋk]
sickness[siknis]
cape[keip]
part[pɑ: t]
make[meik]
mattress[mætris]

제 2 항 유성 파열음([b], [d], [g])

어말과 모든 자음 앞에 오는 유성 파열음은 '으'를 붙여 적는다.

bulb[bʌlb]
zigzag[zigzæg]
kidnap[kidnæp]
land[lænd]
lobster[lɔbstə]
signal[signəl]

제 3 항 마찰음([s], [z], [f], [v], [θ], [ð], [ʃ], [ʒ])

1. 어말 또는 자음 앞의 [s], [z], [f], [v], [θ], [ð]는 '으'를 붙여 적는다.

mask[mɑ: sk]
graph[græf]
thrill[θril]
jazz[dʒæz]
olive[ɔliv]
bathe[beið]

2. 어말의 [ʃ]는 '시'로 적고, 자음 앞의 [ʃ]는 '슈'로, 모음 앞의 [ʃ]는 뒤따르는 모음에 따라 '샤', '섀', '셔', '셰', '쇼', '슈', '시'로 적는다.

flash[flæʃ]
shark[ʃɑ: k]
shrub[ʃrʌb]
shank[ʃæŋk]

fashion[fæʃən]　　sheriff[ʃerif]
shopping[ʃɔpiŋ]　　shoe[ʃu:]
shim[ʃim]

3. 어말 또는 자음 앞의 [ʒ]는 '지'로 적고, 모음 앞의 [ʒ]는 'ㅈ'으로 적는다.

mirage[mira:ʒ]　　vision[viʒən]

제 4 항　파찰음([ts], [dz], [tʃ], [dʒ])

1. 어말 또는 자음 앞의 [ts], [dz]는 '츠', '즈'로 적고, [tʃ], [dʒ]는 '치', '지'로 적는다.

Keats[ki:ts]　　odds[ɔdz]
switch[switʃ]　　bridge[bridʒ]
Pittsburgh[pitsbə:g]
hitchhike[hitʃhaik]

2. 모음 앞의 [tʃ], [dʒ]는 'ㅊ', 'ㅈ'으로 적는다.

chart[tʃa:t]　　virgin[və:dʒin]

제 5 항　비음([m], [n], [ŋ])

1. 어말 또는 자음 앞의 비음은 모두 받침으로 적는다.

steam[sti:m]　　corn[kɔ:n]
ring[riŋ]　　lamp[læmp]
hint[hint]　　ink[iŋk]

2. 모음과 모음 사이의 [ŋ]은 앞 음절의 받침 'ㆁ'으로 적는다.

hanging[hæŋiŋ]　　longing[lɔŋiŋ]

제 6 항 유음([l])

1. 어말 또는 자음 앞의 [l]은 받침으로 적는다.

hotel[houtel] pulp[pʌlp]

2. 어중의 [l]이 모음 앞에 오거나, 모음이 따르지 않는 비음([m], [n])앞에 올 때에는 'ㄹㄹ'로 적는다. 다만, 비음([m], [n]) 뒤의 [l]은 모음 앞에 오더라도 'ㄹ'로 적는다.

slide[slaid] film[film]
helm[helm] swoln[swouln]
Hamlet[hæmlit] Henley[henli]

제 7 항 장모음

장모음의 장음은 따로 표기하지 않는다.

team[tiː m] route[ruː t]

제 8 항 중모음[3]([ai], [au], [ei], [ɔi], [ou], [auə])

중모음은 각 단모음의 음가를 살려서 적되, [ou]는 '오'로, [auə]는 '아워'로 적는다.

time[taim] house[haus]
skate[skeit] oil[ɔil]
boat[bout] tower[tauə]

3) 이 '중모음(重母音)'은 '이중 모음(二重母音)'으로, '중모음(中母音)'과 혼동하지 않도록 한다.

제 9 항 반모음([w], [j])

1. [w]는 뒤따르는 모음에 따라 [wə], [wɔ], [wou]는 '워', [wɑ]는 '와', [wæ]는 '왜', [we]는 '웨', [wi]는 '위', [wu]는 '우'로 적는다.

word[wəː d] want[wɔnt]
woe[wou] wander[wɑndə]
wag[wæɡ] west[west]
witch[witʃ] wool[wul]

2. 자음 뒤에 [w]가 올 때에는 두 음절로 갈라 적되, [ɡw], [hw], [kw]는 한 음절로 붙여 적는다.

swing[swiŋ] twist[twist]
penguin[peŋgwin] whistle[hwisl]

quarter[kwɔː tə]

3. 반모음 [j]는 뒤따르는 모음과 합쳐 '야', '얘', '여', '예', '요', '유', '이'로 적는다. 다만, [d], [l], [n] 다음에 [jə]가 올 때에는 각각 '디어', '리어', '니어'로 적는다.

yard[jɑː d] yank[jæŋk]
yearn[jəː n] yellow[jelou]
yawn[jɔː n] you[juː]
year[jiə]
Indian[indjən] battalion[bətæljən]
union[juː njən]

제10항 복합어[4)]

1. 따로 설 수 있는 말의 합성으로 이루어진 복합어는 그것을 구성하고 있는 말이 단독으로 쓰일 때의 표기대로 적는다.

cuplike[kʌplaik]
bookend[bukend]
headlight[hedlait]
touchwood[tʌtʃwud]
sit-in[sitin]
bookmaker[bukmeikə]
flashgun[flæʃgʌn]
topknot[tɔpnɔt]

2. 원어에서 띄어 쓴 말은 띄어 쓴 대로 한글 표기를 하되, 붙여 쓸 수도 있다.

Los Alamos[lɔs æləmous] /
top class[tɔpklæs] /

8.5.5 외래어 표기법 규정 익히기 2

다음은 외래어표기법의 해설에 나오는 영어단어를 중심으로 작성된 테스트이다. 외래어 표기법은 영한번역에서 수시로 필요한 지식이다. 외국의 인명과 지명 그리고 한국어에는 대응어가 없는 경우 해당단어를 한글로 표기하는 방법이다. 원칙적으로 원지음(原地音)으로 적는다. 그러면서도 한국어 음운구조에 맞게 표기하는 원칙을 지켜야 한다. 자세한 내용은 인터넷에서 국립국어연구원을 방문해 보면 자세히 볼 수 있다.

---

4) 이 '복합어'는 학교 문법 용어에 따르면 '합성어'가 된다. 이하 같다.

❖ 흔히 마주치는 다음 30개 외래어의 맞는 표기법을 고르시오. 바르게 표기된 것에 √ 하시오.

1)	biscuit	비스켓 ( )		비스킷 ( )	
2)	chocolate	초컬릿 ( )		초콜릿 ( )	
3)	coffee	코피 ( )		커피 ( )	
4)	cake	케익 ( )		케이크 ( )	
5)	sausage	소세지 ( )		소시지 ( )	
6)	mayonnaise	마요네스 ( )		마요네즈 ( )	
7)	buffet	부페 ( )		뷔페 ( )	
8)	snack	스넥 ( )		스낵 ( )	
9)	juice	쥬스 ( )		주스 ( )	
10)	pizza	핏자 ( )		피자 ( )	
11)	ketchup	케찹 ( )		케첩 ( )	
12)	sponge	스폰지 ( )		스펀지 ( )	
13)	talent	탈랜트 ( )		탤런트 ( )	
14)	accessory	악세사리 ( )		액세서리 ( )	
15)	tape	테입 ( )		테이프 ( )	
16)	air-conditioner	에어콘 ( )		에어컨 ( )	
17)	robot	로보트 ( )		로봇 ( )	
18)	escalator	에스칼레이타 ( )		에스컬레이터 ( )	
19)	television	텔레비젼 ( )		텔레비전 ( )	
20)	supermarket	슈퍼마켙 ( )		슈퍼마켓 ( )	
21)	ton	턴 ( )		톤 ( )	
22)	color	칼라 ( )		컬러 ( )	
23)	scout	스카웃 ( )		스카우트 ( )	
24)	pamphlet	팜플렛 ( )		팸플릿 ( )	

25) sign 싸인 ( ) 사인 ( )

26) New York Times

뉴욕 타임즈( ) 뉴욕 타임스 ( )

27) Jurassic Park 쥬라기 공원( ) 쥐라기 공원 ( )

28) English 잉글리쉬 ( ) 잉글리시 ( )

30) Catholic 카톨릭 ( ) 가톨릭 ( )

[외래어 표기법 테스트 해설]

1) biscuit; [ ]

2) chocolate: [ ]

3) coffee: 커피가 오랜 관행의 힘으로 채택되었습니다. 아무래도 코피는 코에서 나는 피와 같은 발음이라서 처음부터 피하지 않았을까요?

4) cake: 단모음+무성음에서만 끝자음을 받침으로 씁니다. 따라서 '케익, 케잌'이 아니라 '케이크'가 됩니다. '스폰지케잌'은 '스펀지케이크'로, '핫케잌'은 '핫케이크'로, '데코레이션케잌'은 '데커레이션케이크'로 적는 것이 맞습니다.

5) sausage: [ ]

6) mayonnaise: 마요네즈가 프랑스 원지음입니다.

7) buffet: 뷔페가 프랑스 원지음입니다.

8) snack: [ ]

9) juice: 외래어 표기법에 따라 적으면 '쥬스'가 아니라 '주스'가 됩니다. '오렌지 쥬스, 사과 쥬스, 생과일 쥬스'등도 '오렌지 주스, 사과 주스, 생과일 주스'로 적습니다.

10) pizza: 오랫동안 이미 관행으로 정착되었습니다. 영어식 발음은 따로 확인하세요. [ ]

11) ketchup: [ ] 현재는 서양 음식소스로 알려져 있지만 사실은 중국에서 유래하였답니다.

12) sponge: [ ]

13) talent: [ ]

14) accessory: [ ] 그리고 '액세서리' 중에서 머리에 꽂는 것은 '머리삔' 이 아니라 '머리핀' 으로 적어야 맞습니다.

15) tape: 단모음+무성음은 받침으로 적는다. 이중모음+무성음이므로 테이프로 씁니다.

16) air-conditioner: [ ]

17) robot: 단모음+무성음은 받침으로 적는다. 따라서 로봇이 맞습니다. 고양이인 'cat'도 '캐트'가 아니라 '캣'으로 적습니다. 받침에 왜 'ㅌ'를 안 썼나요? 'd' 't'가 받침으로 오면 모두 'ㅅ'으로 씁니다.

18) escalator: [ ]

19) television: [ ]

20) superarket: 영어 발음에서 '수퍼마켓'과 '슈퍼마켓'이 모두 가능하나 하나만 택하여 후자가 원래소리이므로 후자를 택합니다. '슈퍼마켓'이 줄어든 말로 '수퍼'가 아니라 '슈퍼'가 맞습니다. 'superman'도 '수퍼맨'이 아니라 '슈퍼맨'입니다.

21) ton: 오랜 관행의 힘으로 톤을 씁니다. 그러나 실제 영어발음은 [ ]입니다.

22) color: [ ]

23) scout: 단모음+무성음이 아닙니다. '보이 스카웃, 걸 스카웃'은 '보이 스카우트, 걸 스카우트'로 써야 합니다.

24) pamphlet: [ ]

25) sign: 외래어의 첫소리는 된소리로 적지 않습니다. 따라서 'sign'은 '싸인'으로 적지 않고 '사인'으로 적습니다. 'service'

도 '써비스'로 적지 않고 '서비스'로 적습니다.

26) New York Times: 복수형 어미의 두 가지 발음은 하나만 택하여 'ㅅ'로 씁니다.

27) Jurassic Park: 쥐라기가 지질학에서 사용하는 용어입니다.

28) English: 'sh'가 어말에 오면 'ㅅ'로 적습니다.'손전등'을 뜻하는 '플래시'도 '후레쉬, 플래쉬'로 잘못 적는 일이 있습니다. '인턴십' '멤버십'입니다.

30) Catholic: 이탈리아 원지음으로 '가톨릭'을 따릅니다. 또한 고유명사로서 해당 종파에서 그렇게 하기로 결정하였으므로 이를 존중하여 따릅니다.

부록자료 10,11 참조

9. 인용텍스트 전문

9.1 More Is Not Necessarily Better

Imagine if one company controlled the card catalog of every library in the world. The influence it would have over what people see, read and discuss would enormous. Now consider online search engines.

Few people realize that 95 percent of all Web searches in the United States are handled by two companies, Google and Yahoo, either directly or through other sites that use their technology. In the case of Google, whose shares started to trade publicly last week, the company holds the world's largest index of Web content, at more than four billion pages and handles more than 200 million searches a day. The influence of search companies in determining what users worldwide can see and do online is breathtaking.

As disquieting as this may be, it masks a deeper problem. While search engines are indispensible for finding information online, the technology on which they are based serves to narrow the field of sites that people see. In this respect, Google's technology reinforces a worrisome feature of the Web: the trend toward consolidation that affects everything from politics to news to commerce.

Google's use of links to fined content essentially turns the Web into the world's biggest popularity contest -- and just as in high school, this can have negative consequences. Google's great innovation in online searching, and the main reason it is so successful, is that its technology analyzes links among Web pages, not just the content within them. Behind Google's complex ranking system is a simple idea: each link to a page should be considered a vote, and the pages with the most votes should be ranked first. This elegant approach uses the distributed intelligence of Web users to determine which content is most relevant.

But what is good for Google is not necessarily good for the rest of the Web. the company's technology is so strong that its competitors adopted a similar approach to organizing online information, which means they now return similar search results. thus popular sites become ever more popular, while obscure sites recede ever further into the ether.

This winner-take-all system is not unique to the Web, but technology seems to encourage it. That would explain the predominance of one or two sites in almost every category of online information, be it eBay for auctions or Amazon for books. When people are given lots of choices they tend do concentrate their attention on only a few. (Studies show, for example, that the majority of users don't click past the first page or two of results when looking for information online.)

Google's business model is based on tapping into the collective intelligence of Internet users, so it was hardly surprising that I would rely on the same approach when it went public. It used an auction to determine its share price, bypassing Wall Street investment banks in favor of prospective investors who were allowed to make their bids online. An argument persists over whether this method was a financial success-- the day before it began trading, Google was forced to reduce both the number of shares it offered and their price -- but it was undeniably a popular triumph: because of the auction, many more people had the opportunity to buy shares at the initial offer price than if the company had gone public the traditional way.

As Google begins its life as a public company, the question is not merely how valuable it will be -- it is how powerful it will be. Investors will watch to see whether Google can preserve its dominant position. For the public, however, of greater concern is how it used its influence over information and, more broadly, what happens when we place so much control in the hands of companies like Google.

The $27 billion question -- a figure based on the six-year-old company's market valuation after its first day of trading -- may be whether another innovation comes along that challenges both Google's market dominance and its methodology. Companies are already trying to "personalize" searches, for example, taking into account who and where a user is. So a search for "French press" will return results about journalism, dry cleaners or coffee, depending on the user's interests.

None of this would be very important if the Web weren't so vital. Some of the credit for the Web's vitality, of course, goes to Google itself. And after last week, thousands of investors have a financial interest in Google. Yet when we consider what the company means for the future of the Web, we all have a stake.

9.2 Transcript of Commencement Speech at Stanford given by Steve Jobs

Thank you. I'm honored to be with you today for your commencement from one of the finest universities in the world. Truth be told, I never graduated from college and this is the closest I've ever gotten to a college graduation.

Today I want to tell you three stories from my life. That's it. No big deal. Just three stories. The first story is about connecting the dots.

I dropped out of Reed College after the first six months but then stayed around as a drop-in for another eighteen months or so before I really quit. So why did I drop out? It started before I was born. My biological mother was a young, unwed graduate student, and she decided to put me up for adoption. She felt very strongly that I should be adopted by college graduates, so everything was all set for me to be adopted at birth by a lawyer and his wife, except that when I popped out, they decided at the last minute that they really wanted a girl. So my parents, who were on a waiting list, got a call in the middle of the night asking, "We've got an unexpected baby boy. Do you want him?" They said, "Of course." My biological mother found out later that my mother had never graduated from college and that my father had never graduated from high school. She refused to sign the final adoption papers. She only relented a few months later when

my parents promised that I would go to college.

This was the start in my life. And seventeen years later, I did go to college, but I naïvely chose a college that was almost as expensive as Stanford, and all of my working-class parents' savings were being spent on my college tuition. After six months, I couldn't see the value in it. I had no idea what I wanted to do with my life, and no idea of how college was going to help me figure it out, and here I was, spending all the money my parents had saved their entire life. So I decided to drop out and trust that it would all work out OK. It was pretty scary at the time, but looking back, it was one of the best decisions I ever made. The minute I dropped out, I could stop taking the required classes that didn't interest me and begin dropping in on the ones that looked far more interesting.

It wasn't all romantic. I didn't have a dorm room, so I slept on the floor in friends' rooms. I returned Coke bottles for the five-cent deposits to buy food with, and I would walk the seven miles across town every Sunday night to get one good meal a week at the Hare Krishna temple. I loved it. And much of what I stumbled into by following my curiosity and intuition turned out to be priceless later on. Let me give you one example.

Reed College at that time offered perhaps the best calligraphy instruction in the country. Throughout the campus every poster, every label on every drawer was beautifully hand-calligraphed. Because I had dropped out and didn't have to take the normal classes, I decided to take a calligraphy class to learn how to do this. I learned about serif and sans-serif typefaces, about varying the amount of space between different letter combinations, about what makes great typography great. It was beautiful, historical, artistically subtle in a way that science can't capture, and I found it fascinating.

None of this had even a hope of any practical application in my life. But ten years later when we were designing the first Macintosh computer, it all came back to me, and we designed it all into the Mac. It was the first computer with beautiful typography. If I had never dropped in on that single course in college, the Mac would have never had multiple typefaces or proportionally spaced fonts, and since Windows just copied the Mac, it's likely that no personal computer would have them.

If I had never dropped out, I would have never dropped in on that calligraphy class and personals computers might not have the wonderful typography that they do.

Of course it was impossible to connect the dots looking forward when I was in college, but it was very, very clear looking backwards 10 years later. Again, you can't connect the dots looking forward. You can only connect them looking backwards, so you have to trust that the dots will somehow connect in your future. You have to trust in something--your gut, destiny, life, karma, whatever--because believing that the dots will connect down the road will give you the confidence to follow your heart, even when it leads you off the well-worn path, and that will make all the difference.

My second story is about love and loss. I was lucky. I found what I loved to do early in life. Woz and I started Apple in my parents' garage when I was twenty. We worked hard and in ten years, Apple had grown from just the two of us in a garage into a $2 billion company with over 4,000 employees. We'd just released our finest creation, the Macintosh, a year earlier, and I'd just turned thirty, and then I got fired. How can you get fired from a company you started? Well, as Apple grew, we hired someone who I thought was very talented to run the company with me, and for the first year or so, things went well. But then our visions of the future began to diverge, and eventually we had a falling out. When we did, our board of directors sided with him, and so at thirty, I was out, and very publicly out. What had been the focus of my entire adult life was gone, and it was devastating. I really didn't know what to do for a few months. I felt that I had let the previous generation of entrepreneurs down, that I had dropped the baton as it was being passed to me. I met with David Packard and Bob Noyce and tried to apologize for screwing up so badly. I was a very public failure and I even thought about running away from the Valley. But something slowly began to dawn on me. I still loved what I did. The turn of events at Apple had not changed that one bit. I'd been rejected but I was still in love. And so I decided to start over.

I didn't see it then, but it turned out that getting fired from Apple was the best thing that could have ever happened to me. The heaviness of being successful was replaced by the lightness of being a beginner again, less sure about everything. It freed me to enter one of the most creative periods in my life. During the next five years I started a company named NeXT, another company named Pixar and fell in love with an amazing woman who would become my wife.

Pixar went on to create the world's first computer-animated feature film, “Toy Story,” and is now the most successful animation studio in the world.

In a remarkable turn of events, Apple bought NeXT and I returned to Apple and the technology we developed at NeXT is at the heart of Apple's current renaissance, and Lorene and I have a wonderful family together.

I'm pretty sure none of this would have happened if I hadn't been fired from Apple. It was awful-tasting medicine but I guess the patient needed it. Sometimes life's going to hit you in the head with a brick. Don't lose faith. I'm convinced that the only thing that kept me going was that I loved what I did. You've got to find what you love, and that is as true for work as it is for your lovers. Your work is going to fill a large part of your life, and the only way to be truly satisfied is to do what you believe is great work, and the only way to do great work is to love what you do. If you haven't found it yet, keep looking, and don't settle. As with all matters of the heart, you'll know when you find it, and like any great relationship it just gets better and better as the years roll on. So keep looking. Don't settle.

My third story is about death. When I was 17 I read a quote that went something like “If you live each day as if it was your last, someday you'll most certainly be right.” It made an impression on me, and since then, for the past 33 years, I have looked in the mirror every morning and asked myself, “If today were the last day of my life, would I want to do what I am about to do today?” And whenever the answer has been “no” for too many days in a row, I know I need to change something. Remembering that I'll be dead soon is the most important thing I've ever encountered to help me make the big choices in life, because almost everything--all external expectations, all pride, all fear of embarrassment or failure--these things just fall away in the face of death, leaving only what is truly important. Remembering that you are going to die is the best way I know to avoid the trap of thinking you have something to lose. You are already naked. There is no reason not to follow your heart.

About a year ago, I was diagnosed with cancer. I had a scan at 7:30 in the morning and it clearly showed a tumor on my pancreas. I didn't even know what a pancreas was. The doctors told me this was almost certainly a type of cancer that is incurable, and that I should expect to live no longer than three to six months. My doctor advised me to go home and get my affairs in order, which is doctors' code for "prepare to die." It means to try and tell your kids everything you thought you'd have the next ten years to tell them, in just a few months. It means to make sure that everything is buttoned up so that it will be as easy as possible for your family. It means to say your goodbyes.

I lived with that diagnosis all day. Later that evening I had a biopsy where they stuck an endoscope down my throat, through my stomach into my intestines, put a needle into my pancreas and got a few cells from the tumor. I was sedated but my wife, who was there, told me that when they viewed the cells under a microscope, the doctor started crying, because it turned out to be a very rare form of pancreatic cancer that is curable with surgery. I had the surgery and, thankfully,

I am fine now.

This was the closest I've been to facing death, and I hope it's the closest I get for a few more decades. Having lived through it, I can now say this to you with a bit more certainty than when death was a useful but purely intellectual concept. No one wants to die, even people who want to go to Heaven don't want to die to get there, and yet, death is the destination we all share. No one has ever escaped it. And that is as it should be, because death is very likely the single best invention of life. It's life's change agent; it clears out the old to make way for the new. Right now, the new is you. But someday, not too long from now, you will gradually become the old and be cleared away. Sorry to be so dramatic, but it's quite true. Your time is limited, so don't waste it living someone else's life. Don't be trapped by dogma, which is living with the results of other people's thinking. Don't let the noise of others' opinions drown out your own inner voice, heart and intuition. They somehow already know what you truly want to become. Everything else is secondary.

When I was young, there was an amazing publication called The Whole Earth Catalogue, which was one of the bibles of my generation. It was created by a fellow named Stuart Brand not far from here in Menlo Park, and he brought it to life with his poetic touch. This was in the late Sixties, before personal computers and desktop publishing, so it was all made with typewriters, scissors, and Polaroid cameras. it was sort of like Google in paperback form thirty-five years before Google came along. I was idealistic, overflowing with neat tools and great notions. Stuart and his team put out several issues of the The

Whole Earth Catalogue, and then when it had run its course, they put out a final issue. It was the mid-Seventies and I was your age. On the back cover of their final issue was a photograph of an early morning country road, the kind you might find yourself hitchhiking on if you were so adventurous. Beneath were the words, "Stay hungry, stay foolish." It was their farewell message as they signed off. "Stay hungry, stay foolish." And I have always wished that for myself, and now, as you graduate to begin anew, I wish that for you. Stay hungry, stay foolish.

Thank you all, very much.

9.3 경영과 무역

9.3.1 Brand Wars

(*New Business Matters*, 36-37)

Brand Wars

Aggressive comparative advertising has now reached fever pitch; extra millions are pouring into R&D, and the market leaders are under constant pressure to slash their prices in a cut-throat struggle for market domination. When Philip Morris knocked 40c off a packet of Marlboro, $47-and-a-half billion was instantly wiped off the market value of America's top twenty cigarette manufactures. Lesser brands went to the wall. And that's just one example of how fair competition within a free market has rapidly escalated into all-out brand war.

Own-Label Products

Yet, in spite of the efforts of the corporate heavyweights to win market share, when it comes to fast-moving consumer goods, more and more consumers are switching to the supermarkets' own-label products. And brand royalty is fast becoming a thing of the past. The once unchallengeable Nescafé and Kellogg's are actually losing sales, as their higher price is no longer automatically associated with higher quality. And in many supermarkets across Europe and the States own-labels now account for over fifty-five percent of total sales. Their turnover has never been higher.

Lookalike Coke

Of course, the big brands are not giving in without a fight. When British supermarket chain, Sainsbury's, led the attack on Coke by launching its own similarly packaged product, it managed to secure fifteen per cent of the total UK cola market in just two months. But Coca-Cola was quick to respond. Sainsbury's was told to change its packaging fast or Coke would cut its prices to rival supermarkets and leave Sainsbury's hopelessly overpriced. Some people say the Sainsbury's cola tastes as good as Coke. But they're the ones who underestimate the power of the brand.

Big Brands -- Big Business

Brand names are still the reason Omega can put a 300% mark-up on their watches, the reason Nestlé spent a fortune buying Perrier, the reason investors are prepared to pay up to twelve times the book value for a company's stock. Big brands remain big business in the city.

Brandstretching

Brandstretching is another way in which the household names are fighting back. By putting their familar trademark on attractive and fashionable new products, companies can both generate additional revenue and increase brand-awareness, hence Pepsi Maxwear, Virgin cola, Camel Adventure Gear clothing and even jewellery by Cadbury! The high-life images suits companies like Philip Morris, for whom, as the restrictions on tobacco ads get tougher, brandstretching is the perfect form of subliminal advertising.

Buyer Beware

So much for the high-street brands. Further upmarket, the luxury branded goods manufacturers are facign an even greater enemy of their own, namely, the pirate brands. And as the trade in lookalike products increases, companies like Ray-Ban and Reebok, Yves saint Laurent and Armani are calling for a crackdown on the pirates. In Europe over ten per cent of clothes and footwear sole are said to be fakes, costin the firms who make the real thing nearly $7 billion a year. For a fraction of the recommended retail price you can pick up fake Gucci, fake Lacoste, fake Lego, fake Disney, fake Nintendo, fake anything.

But buyer beware! Your case of Möet et Chandon will probably turn out to be cider and your bottle of Calvin Klein more like industrial cleaner than perfume.

Market Saturation

But, brand wars aside, the single biggest threat to the market remains saturation. For it seems there are just too many products on the shelves. In the States they call this 'product clutter' and it is currently the cause of a strong anti-consumerism movement. In fact, product proliferation and widespread 'metooism' mean that some boots stores actually stock seventy-five different kinds of toothbrush and 240 types of shampoo. It would take you over twenty years to try them all, assuming you even wanted to! And that's just got to be crazy when you think that eighty to ninety per cent of new brands fail within their first six months.

9.3.2 Going Global

(*New Business Matters*, 88-89)

<u>Giong Global</u>

The Best in the Business

It was Marlboro in the 50s who invited us to "come to where the flavor is," Coca-cola who sang in the 70s "I'd like to buy the world a Coke," and British Airways who announced in the 80s that they were "the world's favourite airline". Their universally recognised TV and cinema advertisements were among the first of a new breed of glamorous global ads, and the agencies who created their award-winning commercials are today widely regarded as the best in the business.

An Advertising Sensation

The very first global commercials Saatchi & Saatchi ran for BA featured Manhattan Island being flown across the Atlantic. The ad was ninety seconds long with no voice-over at all for the first forty. As BA's in-flight magazine put it, "The effect was breathtaking; words were barely needed; the pictures said it all." When the voice-over finally cut in, the message was devastatingly simple: "Every year, we fly more people across the Atlantic than the entire population of Manhattan." The commercial was screened in twenty-nine countries and caused a sensation in the industry.

Ads as Art

Only a handful of worldwide advertising networks have the capacity to take on the world's biggest brands In fact, this small group of top agencies has been responsible for some of the most successful advertising slogans of the last thirty years- slogans like coke's "Just for the taste of it" and Nike's "Just do it," IBM's "Think" and Apple's "Think different". It was the Canadian communications theorist Marshall McLuhan who claimed that "advertising is the greatest are form of the 20th century" and in the case of one product, this is almost literally true. Designed by the founder of Pop Art Andy Warhol, the

Absolut vodka bottle is as much of a 21st century icon as the Nike swoosh.

Minimalist Approach

So what is it that makes global advertising so compelling and memorable? The answer lies partly in reducing the message to an absolute minimum, in letting pictures, music and a strong, simply-worded concept take the place of product description. Indeed, brand image is often reinforced independently of any real consideration of the product at all. It needs to be. When low-cost no-frills airlines will get you from A to B as quickly as the major carriers, and cheap PC-compatibles offer almost as many features as top-of-the-range IBMs, your image is all you have left to compete on. So Singapore Airlines promises us "a great way to fly" and IBM offers "solution for a small planet."

Think Big

The beauty of a good global advertising campaign is that it can be used to great effect over a period of many years and still seem fresh. Global image-making, however, is a lengthy, costly and, to some extent, risky business. Bringing together the best creative talent in the advertising industry usually ends up costing the earth. These days there is growing opposition to the power of the world's biggest brand names. And industry critics of global ads point out that for the majority of brands, global advertising is not the answer. Though the world is getting smaller by the day, few companies, even multinationals, have true global status and most 'mass-marketed' products actually sell to fewer than five percent of the masses. But those five percent can be spread right across the planet and to reach them you've sometimes no option but to 'think big'.

9.4 Rosemary

[출처: http://hortweb.cas.psu.edu/]

Dept. of Horticulture, Penn State University

Rosmarinus officinalis
Labiatae family

Language and mythology

This aromatic plant originated in the Mediterranean area. The upright variety was valued historically for its beneficial properties and is still highly regarded today. In one legend, rosemary is used to waken Sleeping Beauty; in another, fairies take the form of snakes and lie among the rosemary. A popular saying is, "rosemary for remembrance."

Description

This ash-colored evergreen shrub has a pungent, pinelike fragrance. It has scaly bark and opposite, narrow, leathery leaves, which are thick and dark green on the top and downy white underneath. Prominent veins run down the middle of the leaves and the margins roll down. The pale blue flowers are about 1/2 inch long and grow in short axillary racemes. The fruit is a very small, spherical nutlet.

Plant type and hardiness

Tender perennial; hardiness zones 8 to 10.

Height and width

Height to 72 inches; 36 to 72 inches wide.

Light and soil

Full sun to partial shade; light, well-drained soil with a pH of 6.5 to 7.0.

Pests and disease

Aphids, root rot, spider mites, scale, mealybugs, whiteflies, and botrytis.

Cultivation

A low germination rate makes it difficult to propagate plants from seeds. Sow in flats and plant in the garden 2 feet apart after the seedlings are 3 inches tall. Rosemary is best started from cuttings (or by stem layering). Take 6-inch sections of tip growth in late spring and place in a growth medium. Once the root system is established, plant cuttings outside in a sunny location.

Companion planting

Plant rosemary next to sage because they stimulate each other. Rosemary is said to repel carrot flies. It also attracts honey bees.

Propagation method

Cuttings, layering, or division.

Bloom time and color

December to April; purple to pink.

Harvesting

Cut anytime as needed. For drying, cut branches before the plant flowers. Shape plants as desired when harvesting branches. Hang bundles upside down in an airy place. When dry, strip the leaves from the stem. Crumble leaves into pieces and store in airtight containers. For freezing, strip leaves from stems, mix with a little water and put in ice cube trays. Fresh sprigs may be frozen in foil for use within several weeks.

Herbal uses

Aromatic, cosmetic, culinary, decorative, and medicinal. The aromatic oil is added to soaps, creams, lotions, perfumes, and toilet waters. The leaves are used in sachets and potpourris as well as in herbal baths, facial steams, hair rinses, and dyes. Dried or fresh leaves may be used to flavor poultry, fish, lamb, beef, tomatoes, mushrooms, cheese, eggs, potatoes, vinegars, and herbal butters. Rosemary has attractive flowers and is grown for ornamental use in the landscape. The prostrate plant is attractive trailing down over a wall or used for ground cover. It also is used in container gardening. It is said to have some medicinal qualities.

Garden notes

Slow growing from seed, our plants did not reach significant size the first season. They might have bloomed if we had brought them indoors.

10. 번역관련 정보

번역관련 정보에는 한국번역가협회 인증시험 요강, 한국외국어대학교 통역번역대학원 교과과정, 국세청 국제조세관리관실 편집인 모집공고 등을 실었다.

10.1 한국번역가협회 인증시험 요강

- **공식명칭**

  본 번역시험의 공식 명칭은 "번역능력인정시험(TCT)"으로 합니다.

- **시험주관**

  본 번역시험은 문화관광부 산하 사단법인 한국번역가협회가 주관합니다.

- **번역시험 시행목적**

  번역은 국제화·세계화 시대로 급변하고 있는 상황에서 세계 각국을 서로 연결시켜 주는 핵심 연결고리 중의 하나로서 외국어 번역능력 없이는 외국문화와 선진기술을 수용하는 것은 물론 우리문화를 세계화하는 것도 불가능합니다. 본 시험은 고등학생 및 대학생의 외국어원서 이해능력을 증진하고 글로벌 시대가 요구하는 직장인들의 번역능력을 향상시킴은 물론 대한민국의 정신적 콘텐츠를 선도해 나갈 신인 번역가를 발굴하여 외국 문화를 올바르게 수용하고 한국문화의 세계화를 통해 대한민국의 정신문화를 풍요롭게 하고자 하는 원대한 목적으로 민간자격 기본법에 따라 시행하는 민간자격시험입니다.

● **응시자격**

국적, 성별, 학력 등 응시자격의 제한이 없습니다.

● **시험언어**

본 시험은 영어, 일본어, 중국어(북경어), 독어, 불어, 스페인어, 러시아어 총 7개 국어에 한해서 실시합니다.

- 3, 6, 9월 시험: 영어, 일어, 중국어
- 12월 시험: 영, 일, 중, 독, 불, 서, 노어

● **시험급수 및 급수별 특징**

★ 1급 번역시험: 직업번역능력인정시험
(Professional Competence Test for Translation)

- 인문과학일반, 사회과학일반, 경제경영일반, 과학기술일반, 외국어역분야(한국어→외국어역)로 구분 시행
- 주관식 필답고사 유형으로만 출제됨, 절대평가

★ 2급 번역시험: 전문번역능력인정시험
(Specialized Competence Test for Translation)

- 인문과학일반, 사회과학일반, 경제경영일반, 과학기술일반, 외국어역분야(한국어→외국어역)로 구분 시행
- 주관식 필답고사 유형으로만 출제됨, 절대평가

★ 3급 번역시험: 일반번역능력인정시험
(General Competence Test for Translation)
- 외국어→한국어역만 출제
- 기업직무상 필요한 문서번역 및 생활문장 번역
- 객관식(20%) 및 주관식 필답고사(80%) 유형 병행 출제됨, 절대평가

★ 4급 번역시험: 기초번역능력인정시험
(Basic Competence Test for Translation)
- 영-한번역만 시행
- 기초번역테크닉 및 대학 원서독해와 표현과 관련된 번역
- 객관식(30%) 및 주관식 필답고사(70%) 유형 병행 출제됨, 절대평가

- **급수별 출제 및 평가기준**

★ 1급: 전문 번역가로서 활동할 수 있는 번역능력 소지 여부를 검증하기 위한 시험으로, 번역속도, 표현력, 정확도 등 전체적인 번역완성도를 평가하여 출판사, 기업체, 정부기관 등에서 의뢰하는 번역물을 수행가능하지 또는 전문서적, 보고서, 매뉴얼을 이해 가능하게 타 언어로 전환이 가능한지 여부를 평가함.

★ 2급: 언어적인 특성 및 학문과 기술 등 분야별 전문성을 검증하는 시험으로, 해당 분야에 대한 지식을 두루 갖추고, 원문 이해력이 우수하며 번역전문가로서 발전할 수

있는 능력 소지 여부를 평가함.

★ 3급: 글로벌 기업 및 정부 직무상 필요한 문서번역능력 시험으로, 상식과 실용지식의 이해정도, 외국어문장의 이해, 타 언어로의 문장전환 기술 등을 평가하고 기본적인 번역테크닉 소지 여부를 평가함.

★ 4급: 대학교 전공과목 학습에 요구되는 외국어 원서독해 및 표현 능력 등을 평가하는 시험으로, 시사, 교양, 일반사회문화 등과 관련된 문장의 기초적인 번역테크닉 소지 여부를 평가함.

● **분야별 출제 및 평가기준**

★ 인문과학일반 : 소설, 에세이, 역사, 철학 등 인문과학 관련 서적 및 저널에 대한 해당분야 전문용어처리 및 이해 가능한 타 언어로의 문장화 능력을 평가함.

★ 사회과학일반: 정치, 사회, 법률 등 사회과학 관련 서적 및 저널에 대한 해당 분야 전문용어처리 및 이해 가능한 타 언어로의 문장화 능력을 평가함

★ 경제경영일반 : 경제, 경영, 무역 등 경제경영 관련 서적, 저널, 매뉴얼에 대한 해당 분야 전문용어처리 및 이해 가능한 타 언어로의 문장화 능력을 평가함.

★ 과학기술일반 : 전자, 토목, 컴퓨터, 화학, 의/약학 등 과학기술 관련 서적 및 저널, 매뉴얼에 대한 해당 분야 전문용어처리 및 이해 가능한 타 언어로의 문장화 능력을 평가함.

★ 한 ⇒외국어역 : 인문과학일반 및 사회과학일반과 관련된 한국어 문장을 해당 외국인이 이해 가능한 타 언어로의 문장화 능력을 평가함.

• **시험급수별 응시제한**

본 시험의 급수별 응시제한은 없습니다. 단. 인증서 취득자가 차 상위 급수에 응시할 경우 획득 점수의 5%의 가산점을 부여함.

• **시험문제 및 답안의 공개**

본 번역능력인정시험은 대다수가 주관식으로 출제되는 관계로 외국어능력, 전문지식, 관점, 취향 등에 따라 여러 가지로 판단될 수 있는 소기가 많아 일관성 있는 시험시행을 위해 출제문제와 그 답안을 공개하지 않는 것을 원칙으로 합니다.

* 참고 : 100% 객관식으로 출제되는 토익시험의 경우도 출제문제와 답을 공개하지 않고, 응시자의 성적표만 교부함을 참고 바랍니다.

• **시험시 사전지참**

본 번역시험은 사전 지참을 허용하는 것을 원칙으로 하지만 문제 유형에 따라서 사전지참을 일부 제한 할 수도 있습니다.

* 단 사전은 일반적인 사전에 국한되며, 노트북이나 전자사전은 지참을 제한합니다.

• **사단법인 한국번역가협회 홈페이지**

http://www.kst-tct.org

• **번역시험 사무국 주소**

🖃 110-061 서울시 종로구 신문로 1가 238 신문로빌딩 2층 번역시험 사무국 ☎ 전화 02)725-1231 팩스 02-725-1266

이메일 test@kst-tct.org

10.2 한국외국어대학교 통역번역대학원

10.2.1 설립목적

한국외국어대학교 통역번역대학원은 우리나라의 경제 발전에 따라 해외 교류가 급속히 확대될 것에 대비하여 국제적 수준의 국제회의 통역사 및 번역사를 양성할 목적으로 1979년에 설립되었다.

국내에서 개최되는 정치, 경제, 사회, 문화, 과학, 체육 등 각 분야의 국제회의에서 활약할 전문 통역사와 다국적 국제 정보 교류에 일익을 담당할 번역사를 교육시키는 국내 최고의 교육기관으로서의 통역번역대학원은 9개 언어: 영어, 불어, 독어, 노어, 서어, 중어, 일어, 아랍어와 마인어(협동과정)에 걸쳐 국내는 물론 아시아 최고 수준의 국제 커뮤니케이션 전문가 양성, 국제적 안목과 전문가적 소양을 겸비한 국제적 수준의 국제회의 통역사 및 전문번역사 양성, 국내 통역 및 번역 분야의 학술이론 정립, 교육방법론 개발, 타학문과의 협력을 담당할 고급 실무전문가 양성을 교육 목표로 하고 있다.

10.2.2 석사과정 교과과정

8개 외국어(영어, 불어, 독어, 노어, 서어, 중어, 일어, 아랍어)및 마인어협동과정을 포괄하는 국내 및 아시아 최초의 통역번역 교육기관이다. 모국어와 전공외국어에 대한 완벽한 구사력을 입학 전제 조건으로 요구하며, 입학 후 강도 높은 실무중심의 교육을 통해 세계적 수준의 국제회의 통역사 및 전문번역사를 양성, 국제커뮤니케이션 분야의 요람 역할을 하고 있다

[공통 필수과목]

1. 통역번역입문(Introduction to Interpretation and Translation)

통역과 번역의 전문인으로 성장하는 데 필요한 기초 교양강좌의 성격을 띠는 강의이다. 제1학년에는 전학과를 대상으로하는 공통필수과목으로 개설되며, 통역입문 담당교수와 번역입문 담당교수가 격주로 강의를 진행한다. 특히 전공언어와 관계없이 모든 학생을 대상으로 통역번역사로서 갖추어야 할 기본지식과 기초능력 함양에 중점을 두며, 교육내용은 통번역시장의 동향, 직업통번역사로서 구비해야 할 능력과 자질, 직업윤리 등의 내용을 강의한다.

2. 주제특강(Special Lecture)

1학년 전학과를 대상으로 개설된다.

통·번역 분야의 주요 관심사와 주요 주제영역의 지도적 인사를 초빙하여 학생들의 직업세계에 대한 이해를 넓히고, 주요관련 산업분야의 동향을 접하게 한다.

[선택과목]

1. B언어숙달 I, II(Advanced B Language Discourse)

자신의 전공외국어로 문어 텍스트와 구어 텍스트를 이해하고 생산하는 능력을 심화하기 위하여 언어능력의 4대 영역을 연습하는 과목이다. 학생들은 특히 분야별 원전 텍스트의 문장전환 훈련과 요약 훈련 및 발표를 통하여 경제, 기업, 정치, 법률, 기술 등 다양한 분야의 말과 글에 익숙해진다. 학기별 구분은, 학과의 필요와 사정에 따라, 언어영역별로 — 예컨대, 1학기에는 말하기와 듣기

중심, 2학기에는 읽기와 쓰기 중심 — 구분하거나, 분야별로 — 예컨대, 1학기에는 인문 분야, 2학기에는 이공분야 — 구분하여 진행할 수 있다.

2. **한국어 숙달** I, II(Advanced Korean Language Discourse)

한국어가 모국어가 아니거나, 모국어 수준에 미달하는 학생들만을 위해 개설되는 과목이다. 학생들은 분야별 한국어 텍스트의 문장전환 훈련과 요약 훈련 및 발표 등을 통하여 한국어로 생산되는 다양한 현대적 텍스트의 이해와 생산 능력을 배양한다. 1학기에는 언어적 측면에 중점을 두며, 2학기에는 사회 문화적 측면으로 강의내용을 확대한다.

[전공필수과목]

1. **일반번역** A-B(Basic Translation)

다양한 범주의 텍스트에 대한 번역 전략을 개괄한다. 번역의 제문제를 파악 · 분석 · 해결하는 데 필요한 도구를 학생들에게 제공하고 하나의 전문적 텍스트 생산자로서 갖추어야 할 합리적 접근자세를 함양토록 한다. 비전문적인 텍스트를 다루면서 학생들은 구조분석, 텍스트분석, 텍스트유형, 언어역, 문체비교 등의 개념을 탐색한다. 특히, 수동언어인 B언어로의 번역에서 특유하게 직면하는 문제점들과 그 해결방안을 논의한다.

2. **일반번역, 문장구역** B-A/C-A(Basic Translation: Written and Sight Translation)

다양한 범주의 텍스트에 대한 번역 및 문장구역 전략을 개괄한다. 번역의 제문제를 파악 · 분석 · 해결하는데 필요한 도구를 학생들에게 제공하고 하나의 전문적 텍스트 생산자로서 갖추어야 할 합리적 접근자세를 함양한다. 비전문적인 텍스트를 다루면서 학생들은 구조분석, 텍스트분석, 텍스트유형, 언어역(register), 문체비교 등의 개념을 탐색한다.

3. **산업경제번역** A-B/B-A/C-A(Translation of Economic and Commercial Texts)

세계 경제 및 금융, 통상 분야를 중심으로 기업의 각종 상업문을 포함한 다양한 텍스트의 번역 기회를 학생들에게 제공한다. 학생들은 경제와 기업활동의 기본개념을 실제 텍스트에 적용하면서 이 분야의 전문용어에 대한 구사력도 함양한다.

4. **과학기술번역** A-B/B-A/C-A(Translation of Scientific and Technical Texts)

과학기술 분야의 번역전략을 개괄한다. 학생들은 의학, 생화학, 환경, 기계공학, 건축, 컴퓨터 · 통신, 에너지 등의 다양한 텍스트를 번역하면서 문체, 구문, 문화 및 전문용어의 문제를 해결한다. 또한 이 과정에서 학회지, 사용설명서, 특허문서 등에서 발견되는 다양한 형태의 기술문서 작성법도 익힌다.

5. **정치법률번역** A-B/B-A/C-A(Translation of Political and Legal Texts)

국제 위기, 협력, 개발, 정부구조 등이 관련된 현안문제 중심의 정치적 텍스트와 함께 사문서, 계약서, 조약, 법조문 등 일상적인 번역 수요가 있는 법률 텍스트의 번역 경험을 학생들에게 제공한다. 학생들은 텍스트 유형에 따라 달라지는 문체 및 문서구조 등에 익숙해진다.

6. 번역세미나 I, II(Seminar in Translation)

1학년에서 익힌 번역의 제원칙을 재점검하면서 좀더 난이도가 높은 텍스트를 다룬다. 특히, 문체와 언어역, 그리고 텍스트 유형별로 요구되는 강조점들에 주목한다. 또한 번역과정에서 취한 전략적 선택에 대한 이론적 논의의 기회도 제공된다. 본 강좌에서 학생들은 자신들의 번역물을 제시하고, 번역과정에서 취한 주요 전략을 발표하며, 교수는 그러한 전략의 의미와 장단점을 중심으로 논의를 이끌면서 관련된 이론적 시각을 소개하는 방식으로 강의를 진행한다.

7. 번역 Practicum(Practicum in Translation)

실제 번역회사의 작업 환경 및 대형 번역 프로젝트 환경을 가상하여 학생들에게 대규모 프로젝트 관리 경험, 전문용어 D/B 구축 및 활용 경험, 번역 용역 발주자와의 협력 경험 등을 제공하여 졸업 후 즉각 현장에서 활동할 수 있는 조건을 갖추게 해준다.

8. 순차통역 A-B/B-A 입문(Introduction to Consecutive Interpretation)

학생들로 하여금 순차통역의 기본개념 및 기초기술을 익히게 한다. 학생들은 특히, 출발어 메시지를 이해하고 분석하는 능력과 이를 도착어로 명료하게 전달하는 능력의 배양에 중점을 둔다.

본 과목의 최대 목적은 출발어로 표현된 의미를 파악 · 분석 · 전환하고, 의미들 사이의 논리적 관계를 구성하는 능력을 배양하는 것이며, 학생들은 점차적으로 텍스트의 길이와 난이도를 높여가면서 연사의 발언 내용을 경청하고, 반복하는 훈련을 실시한다.

중점적으로 다루어지는 기술은 능동적 청취력과 집중력이며, 이외에 회상(recall)을 위해 유용한 노트테이킹 기법, 기억력 신장 훈련, 추상화 및 상징화 기법 등도 소개된다.

학기말에는 순차통역 이외의 통역 종류에 대한 소개도 이루어진다.

9. 순차통역 A-B/I, II, III(Consecutive Interpretation I, II, III)

순차통역이 자주 요구되는 분야의 텍스트를 직접 다루어 본다. 학생들은 매 수업 전에 주제에 대한 리서치와 독서를 통해 필요한 사전준비를 한다.

- ▶ 순차통역 I :주로 경제분야 연설을 다루면서, 노트테이킹 기법을 발전시키고, 핵심 개념의 파악 능력을 강화한다. 또한, 표현의 명료성, 스타일과 어법의 정확성, 발성, 매끄러운 발표를 강조한다.
- ▶ 순차통역 II : 주로 과학기술 분야 연설을 다루면서, I에서 요구되는 훈련 이외의 노트테이킹의 논리성, 전문용어의 정확성을 강조한다. 학생들은 청취로부터 전달에 이르기까지 순차통역의 모든 단계에서 제기되는 문제점을 파악하고 교정하여 통역기술을 계속 다듬어야 한다.
- ▶ 순차통역 III : 주로 정치분야 연설을 다루면서, 정치적 수사법과 뉘앙스를 강조한다. 마지막 학기인 만큼 순차통역이 실제로 진행되는 모의회의 상황을 연출하여 강좌를 진행하는 것이 요청되며, 이 단계에서 학생들은 순차통역 기술 전반의 완성단계에 도달하여야 한다.

10. 순차통역, 문장구역 B-A/C-A I, II, III(Consecutive Interpretation Sight Translation)

순차통역과 문장구역을 합하여 다루는 교과목으로서 순차통역은 위에서 지적한 내용을 학습하며, 문장구역은 학생들로 하여금 사전준비가 전혀 또는 거의 없는 상태에서 텍스트를 출발어에서 도착어로 구두 번역하는 기회를 제공한다. 학생들은 이 과정에서 언어별로 독특한 어휘 및 문장구조를 이해하게 되고 그것을 도착어로 전환하기 위한 전략을 훈련한다.

11. 동시통역 A-B/I, II(Simultaneous Interpretation)

동시통역 A-B/B-A I 동시통역에 대한 입문으로부터 시작하여, 청취와 발화를 동시에 수행하는 데 필요한 집중훈련, 음성관리 및 매끄러운 전달기법을 터득하는 데 필요한 예비적 연습을 지속한다.

예비적 훈련 이후, 학생들은 연설의 의미를 분석하고 이를 정확한 어법, 발성 및 스타일을 통해 도착어로 논리적으로 전달하는 훈련을 한다. 본 강좌에서는 주로 비전문적인 주제와 경제 부문의 연설을 다루며, 학생들은 리서치와 회의준비, 용어록 작성 훈련도 병행하여야 한다.

▶ 동시통역 A-B/B-A II : 난이도 높은 연설로 이행한다. 복잡한 과학기술 분야 연설의 논리를 따라가고, 정치적 연설의 뉘앙스와 설득구조에 충실한 통역을 할 수 있다. 상당한 심리적 압박감 하에서의 집중력 유지에 특히 중점을 두며, 리서치와 회의준비방법, 용어록 작성 훈련을 계속한다.

12. 전문동시통역 A↔B(Simultaneous Interpretation for Specific Areas)

시장수요는 수시로 변화하는 바, 특히 최근에 시장수요가 새로이 발생하였거나 대비가 필요하다고 판단되는 분야의 동시통역 연습을 위한 과목이다. 방송보도와 화상회의, 주주총회 등의 통역기법에 대한 소개와 연습이 포함된다.

13. 전문순차통역 A-B/B-A(Consecutive Interpretation for Specific Areas)

인터뷰, 각종 브리핑, 상품설명, 고위급 인사 대담 등 실제 상황에서 있을 수 있는 다양한 유형의 순차통역 훈련을 한다. 또한 다양하고도 보다 전문적인 분야의 택스트를 다룸으로써 전문지식, 배경지식을 넓히고, 정확하고 유창한 완성도 높은 통역을 구현케 한다.

14. 모의회의 I, II(Mock Conference)

국제회의에서 사용되는 일반적인 회의용어 및 절차와 규범을 익히고, 그에 입각하여 학생들로 하여금 가상의 회의를 조직하고 그 절차에 따라서 회의를 통역해 보는 기회를 제공한다. 학생들은 직접 회의주제를 선정하고, 회의절차를 정하고, 역할을 분배하며, 그에 따라 회의와 관련된 모든 주요 경험, 특히 모의회의 I은 국제회의용어, 절차 및 규범에 대한 소개로부터 시작된다.

15. 순차통역모의회의(Mock Conference in Consecutive Inter- pretation)

특별과정을 위한 과목이다. 자신의 전공언어를 이해하지 못하는 타 과 학생들은 청중으로 하여 실제로 순차통역을 해야 하는 환경을 가상해 진행한다. 전공언어간의 협조를 통해 주제와 역할을 분배한다. 무대공포증의 극복과 매끄러운 발표기술을 포함하여, 완벽한 순차통역을 제공할 수 있는 능력이 기대된다.

16. 주제별 시사토론 I,II(Debate in Current Affairs)

현재 모든 사람들의 관심이 집중되어 있는 시사성이 강한 주제를 선택하여 주제발표를 한 후 이에 대한 각자의 의견을 B언어로 개진하게 함으로써 주제내용의 파악은 물론 B언어의 숙달도 함께 이루어지도록 한다.

10.2.3 홈페이지 및 연락처

- **한국외국어대학교 통역번역대학원**

  http://gsit.hufs.ac.kr

  ✉ 주소 130-791 서울특별시 동대문구 이문동 270

270, Imun-dong, Dongdaemun-Gu, Seoul, Korea 130-791

☎ 연락처 Tel: (02) 2173-2435~6

Fax: (02) 965-4792

- **한국외국어대학교 통역번역대학원** BK21

http://gsitbk21.hufs.ac.kr

10.3 번역관련 직업

[일반계약직 공무원 공개모집 공고]

국세청에서는 국제조세 관련업무의 효율적 수행과 국제회의의 통역, 외국어 자료의 교정·작성·번역 등을 위하여 영문 및 중문 Editor를 계약직공무원규정 제5조의 규정에 따라 다음과 같이 공개모집하오니 유능한 분들의 많은 응모를 바랍니다.

1. 임 용 직 위

○ 채용분야

- 국세청 국제조세관리관실 Editor

○ 채용등급 및 인원

- 일반계약직 연봉등급 7호, 영문 Editor 1명, 중문 Editor 1명

○ 주요업무 내용

- 영문 또는 중문 자료의 교열·작성·번역
- 회의통역 및 회의록 작성
- 외국인에 대한 우리나라 조세제도 안내 및 홍보 등

〈중간 생략〉

8. 제 출 서 류

○ 응시원서, 이력서 및 자기소개서(소정양식) 각 1부

○ 직무수행계획서 1부

※ 이력서 및 자기소개서는 해당언어 전문성을 충분히 설명할 수 있도록 상세하게 작성

○ 자격증(소지자에 한함)

○ 외국어능력 증빙서류(각종 공인시험 성적표 사본)

9. 보 수 수 준

○ 일반계약직 공무원 연봉등급 7호의 연봉 상한액은 40,120천 원이며 하한액은 19,105 천원으로서 채용예정자의 능력·경력 등을 고려하여 협의 결정함

10. 기 타

○ 기타 상세한 내용은 국세청 총무과(02-397-1383~6)로 문의하거나 우리청 홈페이지(www.nts.go.kr) 또는 중앙인사위원회 홈페이지(www. csc.go.kr)를 열람하시기 바랍니다.

10.4 번역관련 사이트(중요도 순서 배열)

• 일반사전

[야후 국어사전] http://kr.dic.yahoo.com.search/kor/
[네이버 한영/ 영한 사전] http://dic.naver .com/
[야후 백과사전] http://kr.dic.yahoo.com.search/enc/
[두산 백과사전] http://www.encyber.com/index.html
[영어 바른 한글 표기사전 미주중앙일보]
http://www.joongangusa.com/engkor/wonchik.asp
[한글명칭의 영문표기사전 서울시] http://englishname.net/
[브리태니커 온라인 한국어] http://preview.britannica.co.kr/
[브리태니커 온라인 영어] http://www.britannica.com/

• 전문용어

[동아일보 경제용어사전]

http://www.donga.com/docs/dict/stock.html

[동아일보 현대시사 용어사전]

http://www.donga.com/dict/sisa.html

[매경 경제용어사전] http://www.mk.co.kr/ 초기화면의 경제용어사전

[야후 경제용어 사전]

http://kr.biz.yahoo.com/reference/eglossary/

[텀즈컴퓨터용어사전] http://www.terms.co.kr/

[엑스퍼퓸닷컴] http://www.xperfume.com/

[환경용어사전] http://www.labbank.co.kr/

[엔지니어용어사전] http://www.control.co.kr/dics/

[전문용어 및 영문서식에 관한 사항]

http://www.englishform.com/index2.html

[속담토피아] http://hometopia.com/proverb/indexpro.html

[조세용어사전] http://www.tmc.ac.kr/~suck/terms.htm

[번역용어사전]

http://www.geocities.com/bible_translation/glossary.htm

[지리용어집] [색채용어집] [마케팅용어집]

http://www.kjtrans.co.kr/main/genBbs.php?bbsId=02&mode=uList&p=1

[과학기술용어사전] http://www.control.co.kr/dic_ie.htm

[외교통상용어사전] 군축, 금융, 통상, 환경

http://www.mofat.go.kr/mofat/mk_a005/mk_b030/mk_c051/mk_d144/mk05_02_sub01_01.jsp

• 대학, 학회, 기관 및 개인

[한국외국어대학교 통역번역 대학원] http://gsit.hufs.ac.kr/

[한국외국어대학교 통역번역 대학원 BK21]
http://gsitbk21.hufs.ac.kr/main/main.html
[한국국제회의 통역학회] http://ksci.or.kr/ksci-k/main-k.htm
[대한성서공회] http://www.bskorea.or.kr/
[국어 연구원] http://www.korean.go.kr/
[21세기 세종계획] http://www.sejong.or.kr/sejong_kr/index.html
[국어 문화운동 본부] http://www.barunmal.com/
[한국번역가협회] http://www.kstinc.co.kr/
[코리아헤럴드 통번역원] http://www.heraldtrans.com/
[코리아 타임스 English Cafe]
http://times.hankooki.com/plaza/plaza.htm
[한국노동교육원(Korea Labor Education Institute)]
http://www.klei.or.kr/
[한국신발피혁연구소] http://www.kiflt.re.kr/
[IT] http://www.ibiztoday.com/
[최정화 교수 홈페이지] http://www.choijungwha.com/
[아랍어통역번역] http://myhome.naver.com/zoowan
[주한 미국 대사관] http://seoul.usembassy.gov/wwwhkor.html
[Bible Translation] http://www.geocities.com/bible_translation/
[Translation, Theory and Training] http://www.ttt.org/index.html
[한규만 교수 홈페이지] http://cms.ulsan.ac.kr/kmhan
(연구자료실 → 번역통역자료실)

참고문헌

국립국어원(1993), 『번역 출판물의 오역에 관한 기초적 연구 조사 보고서』, 국립국어원.

김태진(2003), 『번역의 기본요령과 연습』, 지구문화사.

딜러, 코르넬리우스(1978)/ 지광신 외 옮김(2003), 『번역의 언어학적 문제』, 한국문화사.

르드레르(Marianne Lederer)(1994)/ 전성기 옮김(2001), 『번역의 오늘』, 고려대학교 출판부.

문용(1999), 『한국어의 발상·영어의 발상』, 서울대학교 출판부.

미람 G. E.(1999)/ 전지윤 외 옮김(2004), 『통역과 번역 그리고 통역사와 번역사』, 한국문화사.

박광희(2001), 『영어 동의보감』, 현암사.

벤슨(Morton Benson)(2000), The BBI Dictionary of English Word Combinations, 서울: 종합출판사.

시사영어사(1999), 『Business Letter Handbook』, 서울: 시사영어사.

이석규 외(2002), 『우리말답게 번역하기』, 도서출판 역락.

최석범 외(2003), 『기본 무역영어』, 명경사.

최정화(2001), 『최정화 교수의 통역·번역 노하우』, 도서출판 넥서스.

한국외국어대학교 출판부(2004), 『통역번역 대학원 입학시험 문제집 2003 - 2004』, 한국외국어대학교 출판부.

홍기만(1995), 『TV외화, 번역의 세계』, 방송소프트.

황호택(2004), 『뉴욕타임스로 논술을 잡아라 Ⅱ』, 동아일보사.

Newmark, Peter(1987). *A Textbook of Translation.* Harlow: Pearson Education Limited.

Oxford University Press(2002). *Oxford Collocations: Dictionary for Students of English Language.* New York: Oxford University Press.

Powell, Mark(2004). *New Business Matters*. Singapore: Thomson Heinle.

The Random House Dictionary of the English Language(1987). Seoul: Sisayongosa.

Samovar, Larry and Porter, Richard(2003). *Intercultural Communication.* Belmont: Thomson Wadsworth.

부록: 학습 보충자료

* 〈부록〉에는 본 도서학습자들이 학습과제로서 작성한 글을 중심으로 모았습니다. 여러분의 학습에 도움이 되시기를 바랍니다.

자료 1: 틴들의 영어성경번역과 사형사건

번역의 중요성과 관련하여 동아일보의 [책갈피 속의 오늘] 에 나온 기사입니다. 1535년 10월 4일, 틴들은 영어로 성경을 완역하였으나, 성경을 번역했다는 이유로 사형을 당합니다.

[책갈피 속의 오늘] 1535년 틴들, 영어로 성경 완역

"주여, 영국 왕의 눈을 열어 주소서."

근대 성경의 선구자라고 불리는 윌리엄 틴들이 화형장에서 마지막으로 남긴 말이다. 그의 죄목은 '이단', 성경을 영어로 번역했다는 것이 그 이유다.

기독교가 로마 황제 콘스탄티누스에게서 공인받은 이후 성경은 라틴어로만 쓰여 보급되었다. 당시 널리 통용된 성경은 4세기 제롬이 번역한 라틴어 성경이었다. 귀족, 사제, 학자 등 고등 교육을 받은 계층만이 성경을 읽을 수 있었고 일반 민중은 철저하게 외면당했다.

기득권층은 성경을 아전인수 격으로 해석해 많은 사회적 폐단을 야기했다. 가톨릭교회가 돈을 내면 죄를 사해 준다고 내건 '면죄부' 판매가 대표적 사례. 이런 폐단을 바로잡기 위해 일반인들이 성경을 직접 읽을 수 있게 해야 한다고 주장하는 지식인들이 나타나기 시작했고 1523년 가톨릭 사제였던 틴들이 대중어인 영어로 번역하는 작업에 착수했다.

그러나 이는 큰 저항에 부닥쳤다. 성경이 일반에게 보급되는 것에 두려움을 느낀 고위 사제들이 조직적인 방해공작을 펼쳤다.

이 같은 방해에 생명의 위협을 느낀 틴들은 "만약 하느님이 내 생명을 보존해 주신다면 나는 몇 년 안 되어 쟁기질을 하는 소년들이 당신보다 성경을 더 잘 알 수 있게 하겠다"며 독일에 가서 번역을 계속했다.

함부르크와 비텐베르크를 오가며 비밀리에 히브리어와 헬라어 원문 성경을 영어로 번역하기 시작했으나 독일에서도 상황은 여의치 못했다. 경찰의 습격으로 인쇄 작업이 중단되는 어려움을 겪기도 했고 영국에서는 그를 체포하려고 비밀요원을 파견하기도 했다.

인쇄공의 배신, 도피, 경제적인 어려움 등 숱한 방해와 난관 가운데서도 그는 결국 1535년 10월 4일 성경 완역 작업을 마쳤다. 비밀리에 출판된 영역 성경은 영국으로 수출되는 술통과 밀가루포대, 혹은 짐짝 등에 숨겨 반입됐다.

틴들은 친구라고 생각했던, 그러나 실제로는 주교가 보낸 첩자였던 필립스의 밀고로 체포되었고 1536년 재판도 없이 화형장의 이슬로 사라졌다.

틴들은 비록 헨리 8세에 의해 화형을 당했지만, 그 딸인 엘리자베스 1세 통치 말기에 성경 번역에 대한 논의가 시작되었다. 그 다음 왕인 제임스 1세는 1611년 틴들의 번역 성경을 기초로 현재 영어 성경의 기본이 되는 '킹 제임스역 성경'을 발행했다.

틴들이 화형장에서 드린 마지막 기도는 75년이 지난 후 응답을 받은 것이다.

[유성운 기자 polaris@donga.com]

자료 2

2 영한번역의 원리와 방법

2.7 번역의 평가기준과 비평

[과제 1: 원어문체에 맞게 한국어로 번역하기]

(YG JANG & HR AN)

- Officialese: The consumption of any nutriments whatsoever is categorically prohibited in this establishment.

  → 당 건물 내 취식 절대 엄금!

  - consumption : 소비, 섭취
  - nutriment : 영양분, 음식물
  - categorically : 절대적으로, 무조건적으로

◆ Official: The consumption of nutriments is prohibited.

→ **취식 금지!**

◆ Formal: You are requested not to consume food in this establishment.

→ **이 곳에서의 음식물 섭취를 삼가 주시기 바랍니다.**

◆ Neutral: Eating is not allowed here.

→ **이 곳에서 음식을 먹는 것을 금합니다.**

◆ Informal: Please don't eat here.

→ **이 곳에서 먹지 마시오.**

◆ Colloquial: You can't feed your face here.

→ **이 곳에서는 뭐 못 먹습니다.**

◆ Slang: Lay off the nosh.

→ **뭐 먹을 생각 마쇼.**

– lay off : (구어, 방언) 계획하다, 피하다

– nosh : 가벼운 식사, 간식, 음식물

◆ Taboo: Lay off the fucking nosh.

→ **처먹을 생각일랑 마쇼.**

 # 자료 3

3 생활과 정보통신

3.2.8 I'm tying the knot next month.

(YH KIM & HJ YEO)

[원어텍스트의 거시적 분석]

결혼식 한달 전에 친한 친구에게 결혼소식을 알리며 신부들러리를 부탁하려는 목적으로 쓴 편지글, 혹은 이메일.

신부들러리의 유래:

고대 로마시대 때 결혼식 날 행복한 신부를 악귀들이 해를 끼치

는 것을 막기 위해 신부와 똑같은 복장으로 구분하기 어렵게 만든 것에서 유래, 중세시대에는 청혼을 거절당한 구혼자가 신부를 납치하는 것을 방지하기 위해 필수로 자리 잡음. 들러리는 가장 친한 친구가 하는 것이 보통이나 형제나 선후배가 서기도 한다.

[여러분의 번역]

나 다음달에 결혼해.

조안에게. 뭘 것 같아? 맞춰봐! 나 다음 달에 결혼 해. 미리 얘기 했어야 했는데. 나 너한테 부탁할게 있어. 내 결혼식에서 네가 중요한 역할을 해줬음 해서. 내 신부 들러리 해줄 수 있어? 네가 해 주면 정말 기쁠 거야. 그렇지만 들러리 못하더라도 내 결혼식에는 왔으면 좋겠어.

[번역비평]

a. 내 소중한 친구 Joan에게
→ **내 소중한 친구 조안에게**, 혹은 존에게
(주: 여자이름 Joan)
(번역은 모두 한글로 표기해야 하므로 고유명사도 외래어 표기법에 맞추어 한글로 표기)

b. 무슨 일인지 맞춰봐

c. 더 일찍

d. 네가 내 결혼식에서 중대한 역할을 해줬으면 해
→ **중요한(귀중하고 요긴함), 중대한(가볍게 여길 수 없는).**

e. 내 신부 들러리가 되어 줄 수 있을까?
→ **들러리 해 줄 수 있니?**
– 되어지다라는 수동표현은 우리말에서 잘 사용하지 않는 표현. 일

반적으로 들러리 해달라는 표현이 더 많이 쓰임.

f. 결혼식에 와주기만 한다면 별 문제 없을 거야

→ **결혼식에 와달라는 의미로 '들러리 못하더라도 내 결혼식에는 왔으면 좋겠어.'**

자료 4

5 경영과 무역

5.2.3 번역하기 (YJ KIM)

- (번역1) 세계적인 광고를 마음에 끌게 하고 기억할 만하게 만드는 것이 무엇일까?
- (수정) 세계적인 광고를 **강렬하고** 기억할 만하게 만드는 것이 무엇일까?
- (최종) **그럼,** 세계적인 광고를 **그만큼 매력적이고** 기억할만하게 하는 것은 무엇일까?

☑ 문두의 so→그렇다면, 그럼 / 형용사 앞의 so→이만큼, 너무

- (번역1) 그 대답은 부분적으로 메시지를 절대적인 최소한도로 감소시키는 데에 있고, 사진, 음악 그리고 강렬하고 간단하게 언어로 된 개념이 제품 설명서를 대신하게 해주는 데에 있다.
- (수정) 그 대답은 부분적으로 메시지를 절대적인 최소한도로 감소시키는 데에 있고, 사진, 음악 그리고 강렬하고 간단하게 언어로 된 개념이 제품 설명서를 **대신하는데 있다.**
- (최종) 그 해답은 메시지를 절대적인 최소한으로 축소시키고, **사진과 음악** 그리고 강렬하고 간단한 말(문구)로 된 개

념들이 제품의 설명을 대신하는 것에 부분적으로 있다.

☑ 부분적으로 메시지를 ~ : '부분적으로 ~감소시키다'라는 의미. lies partly~in → '~에 부분적으로 있다'

☑ 간단하게 언어로 된 → 간단한 언어로 된

- (번역1) 실제로, 브랜드 이미지는 제품의 어떤 실제적인 고려와는 전혀 관계없이 종종 강화되어 진다. (강화되어야 할) 필요가 있다.
- (수정) 실제로, 브랜드 이미지는 제품의 진짜 고려사항과는 전혀 관계없이 종종 강화되어 진다. 브랜드이미지는 (강화되어야 할) 필요가 있다.
- (최종) 사실, 브랜드 이미지는 종종 제품의 실제 고려한 것과는 전혀 다르게 강화되고, 그렇게 될 필요가 있다.

☑ 두 문장을 하나로 이음으로써 두 문장의 주어가 brand image라는 것을 말해줌.

- (번역1) 저 운임, 실속위주의 항공사가 당신을 A에서 B로 일류 항공사처럼 빨리 데려오고, 저가의 PC호환기종이 최고의 IBM제품처럼 거의 많은 특징(볼거리)을 제공할 때, 당신의 이미지(인상)는 당신이 경쟁에서 남겨져 가지고 있는 모든 것이다.
- (수정) 저 운임, 실속위주의 항공사가 당신을 A에서 B로 일류 항공사처럼 빨리 데려오고, 저가의 PC호환기종이 최고의 아이비엠제품처럼 거의 많은 장점을 제공할 때, 귀사의 이미지는 지속적 경쟁을 위해 귀사가 남겨온 전부이다.
- (최종) 저 운임, 최소한의 기본서비스만 제공하는 항공사가 일

류 항공사만큼 빠르게 귀사를 A에서 B가 되게 할 때, 그리고 저가의 PC호환 기종이 거의 IBM(아이비엠)사의 최고급의 제품만큼 많은 기능을 제공할 때, 계속되는 경쟁을 위해 귀사가 남겨둔 전부는 오로지 귀사의 이미지인 것이다.

☑ compete on : 동사+on →'계속 ~하다' (ex) hurry on(계속 서두르다)/walk on(계속 걷다)

☑ from A to B: A에서 B로 (장소의 이동을 지칭함.)

☑ your image is all you have left to compete on: =All you have left to compete on is your image.

◆ (번역1) 그래서 싱가폴 항공사는 우리에게 비행하는 데 최고의 길을 주기로 약속하고 IBM사는 지구에 대한 모든 해답을 제공한다.

◆ (수정) 그래서 싱가포르 항공사는 우리에게 "a great way to fly"을 약속하고 아이비엠사는 "solution for a small planet"를 제공한다.

◆ (최종) 그렇기 때문에 싱가포르 항공사는 우리에게 "a great way to fly(가장 멋지게 비행하는 방법)"를 약속하고 아이비엠(IBM)사는 우리에게 "solutions for a small planet (작은 지구를 위한 해결책)"을 내걸었다.

☑ 싱가폴(X)→싱가포르(O)

☑ IBM사는→아이비엠(IBM)사는

자료 5

5.3 Think Big

<재번역하기> (MH SEO)

크게 생각하라.

훌륭한 세계적인 광고 캠페인의 아름다움은 수년의 기간에 걸쳐 큰 영향을 주는 데 사용 되어 왔고, 여전히 생생하다. 그러나 세계적인 이미지 형성은 시간이 오래 걸리고, 비용이 많이 들며, 다소 위험한 업무이다. 광고 사업에서 최고의 창조적인 재능을 함께 가져오는 것은 일반적으로 막대한 비용이 든다. 요즈음에는 세계의 가장 큰 브랜드 이름의 힘에 대한 반감이 증대하고 있다. 그리고 세계적인 광고 사업 비평가들은 대부분의 브랜드에 대해서, 세계적인 광고가 그 브랜드의 경쟁력을 유지시켜주는 답이 아니라는 것을 지적한다. 비록 세계가 하루단위로 작아지고 있을지라도, 기업들, 다국적 기업조차 진정한 위상을 거의 가지고 있지 않고 대부분의 대중 시장을 겨냥한 제품들은 실제로 대중들의 5퍼센트 미만(보다 적게)으로 팔린다. 그러나 이 5퍼센트는 지구를 가로질러 퍼져 나갈 수 있고, 5퍼센트에 도달하기 위해서 귀사는 때때로 크게 생각하는 것 이외엔 다른 방도가 없다.

< 번역 비평 및 수정 >

① 여전히 생생하다 → 그 광고기법이 여전히 새로운 것으로 보인다.
② 광고 사업 → 광고업계

③ 함께 가져오는 것은 → 이것을 한글로 풀어쓰면 안 된다. 창조적인 재능을 수반 시키는 일은 이라고 표현하는 것이 좋다.

④ 진정한 위상 → true global status에서 global이라는 의미가 빠졌으므로 진정한 세계적 위상이라고 수정해야 한다.

⑤ 대중 시장을 겨냥한 제품들 → 특정한 시장을 겨냥한 제품을 의미하는 것이 아니다.

⑥ 대중들의 5퍼센트 미만(보다 적게)으로 팔린다. → 5퍼센트 미만의 대중들에게 팔린다.

‹번역 후 소감›

이번 번역을 직접 해보면서 번역이라는 것을 배우고 이해하는 데는 여러 가지 것들이 함께 이루어 져야 한다는 것을 알았다. 흔히 번역이라고 하면 영어를 잘하는 사람이 당연히 이에 능숙하다고 생각할지 모르지만, 사실 상 번역을 잘하기 위해서는 한국어를 우선적으로 잘해야 한다는 것을 알았다. 영어의 의미를 알고 있더라도 그것을 동등한 등가를 가진 한국어로 표현해 내지 못한다면 아무 의미가 없는 것이다. 번역 수업을 들을 때 남들이 앞에서 발표 했을 때와는 달리 내가 직접 번역을 하고 잘못된 부분을 수정해 나가보니 그 감회가 새로웠다. 다른 학생들이 발표할 때면 그냥 지나치고 놓쳤던 부분들이었는데 내가 직접 발표를 하려고 한국어로 번역을 해보니 그것이 겉보기와는 달리 간단한 것만은 아니었다. 교수님이 항상 수업시간에 하시는 말씀처럼 번역 그 자체를 자기가 직접 손으로 해보는 것과 그냥 앉아서 듣고 있는 것은 그 차이가 크다고 했던 말을 이번 번역을 해봄으로써 좀 더 잘 이해할 수 있었던 것 같다. 처음 번역을 할 때, 글의 전체적인 내용을 완전히 잘못 파악해서 글이 이상한 방향으로 나가기도 하고 글에서 지시하는 바를 제대로 파악하지 못하여 번역하는 데 어려움이 있기도 하였다. 하지만 직접 번역을 해봄으로써 나에게도 많은 도움이 된 것 같다.

자료 6

6.1 교육 1: No Child Left Behind

– 〈등가의 5원칙에 따른 번역 비평〉 (SM CHA)

1) 내용적 등가 (원본이 언어 외적 현실에 대해 제공한 정보를 전해야 한다.)

교재에 나와 있는 원문과 번역문은 전문(全文)의 일부분으로, 글의 전체적 의미 파악은 힘들지만 대체적으로 원문이 제공한 정보를 번역문에서도 전달하고 있다.

① 원문 첫 문장에서 <u>괄호를 사용한 부연 설명</u>과 원문 2, 3번 문장에서 <u>하이픈을 사용한 부연 설명</u>

→ 번역문 1에서는 그대로 제공

→ 번역문 2, 3에서는 원문의 3번 문장의 '**in this case, education**'이라는 부분을 생략

∴ 이것은 **원문의 정보를 모두 제공하지 않으므로 내용적 등가에 맞지 않다**.

② 원문의 마지막 문장의 '**often simply doesn't work.**' 번역

→ 번역문 1 : '종종 단순히 <u>작용</u>하지 않는다는 것이다'

(문맥상 의미파악 못한 직역 수준)

→ 번역문 2 : '효과를 보지 못한다는 것이다'

(의미에 맞게 잘 번역. 반면에 앞에 수식어

구 '절대로'를 사용하여 **과다번역**하였고, 이 것은 **원문에는 없는 내용이기 때문에 내용적 등가에 맞지 않다.)**

③ 원문 첫 문장의 **testing**과 **tests**가 의도한 내용

testing – '테스트하기, 평가하기, 평가, 측정, 테 tests – '시험지, 시험문제'

→ 번역문 1 : 실험, 실험평가

→ 번역문 2 : 두 가지 모두 시험

→ 번역문 3 : 시험을 치는 것과 시험

∴ '시험을 치는 것'이라고 번역한 것에서 다소 잘 되었지만 **대체적으로** 번역문 1,2,3에서 원문이 제공한 정보를 제대로 번역하였다고 하기에는 **내용적 등가에 맞지 않다**.

2) 형태적 등가 (번역은 언어사용역, 사회언어, 표현의 사용지역 등의 문체를 존중해야 한다.)

원문의 **"No Child Left Behind" plan** 번역을 번역문 1에서는 '뒤쳐지는 아이가 없어야 한다'는 계획, 번역문 2에서는 "뒤쳐지는 아이 없이" 정책이라고 하였다. 우리나라에서는 이것을 **미 대사관의 2005 연두교서 번역에서 "낙제 학생 방지법"**이라고 번역 한 것과 같이, 영문그대로의 번역 보다는 대체로 명사구 형태로 번역하기 때문에 "평등교육" 정책이라고 번역한 번역문 3이 형태적 등가에 가장 가깝다.

3) 텍스트적 등가 (번역된 텍스트의 유형에 적합해야 한다.)

이 텍스트는 부시의 **"No Child Left Behind" plan**에 대한 부정적 견해를 주장하는 글로써, 주장과 그에 대한 근거를 대는 논쟁적인 글(discussion/ debate)이다. 그런데 원문의 마지막 문장에서 **'often**

simply doesn't work.'를 번역함에 있어서 번역문 3에서 이것을 '간단하게 안 먹힌다는 것이다.'라고 구어체적으로 번역하여 지적인 논쟁을 하는 격식적인 글에 맞지 않는 문체를 사용하였다. 이는 텍스트적 등가에 맞지 않다.

4) **의사소통적 등가** (번역이 이해되려면 독자의 지식에 맞추어져야 한다.)

이 글의 독자는 교육에 관심이 있는 사람들(교육계에 있는 사람들), 학생들 두고 있는 학부모들 혹은 월간/주간 교육 잡지의 구독자들이라고 볼 수 있다. 그렇기 때문에 교양 있고 학식 있는 사람들이 읽기에 큰 어려움이 없이 이해할 수 있도록 번역되었다.

5) **결과적 등가** (번역의 형태는 원문과 동일한 미적 결과를 산출해야 한다.)

결과적 등가는 '내용적 등가, 형태적 등가, 텍스트적 등가, 의사소통적 등가'를 모두 충족 시켰을 때 제대로 된 번역이라는 것을 나타낸다. 원문의 번역문 1, 2, 3에서는 위의 4가지 등가 중에서 충족시킨 것도 있고 다소 그렇지 않은 부분도 있었지만 전체적으로 원문이 전달하고자 하는 의미(부시의 **"No Child Left Behind" plan**에 대한 부정적 견해)를 잘 전달 할 수 있도록 번역되었기 때문에 대체로 결과적 등가에 맞다.

 # 자료 7

6 교육과 문화

6.3 문화 1: 영화평

6.3.1 Father of the Bride

[번역문 1 비평]

과다번역, 과소번역, 오역을 중심으로 작성하시오.
(KM HAN)

➲ '상견례'는 meeting the in-laws를 아주 재치있게 의역하였다. 그러나 원문에 좀더 충실하게 번역하면 '신랑가족과의 만남'이다. 이는 신부측 입장에서 쓰인 글이므로 약간 모자란 과소번역으로 볼 수 있다. 그리고 외래어표기법 면에서 오류가 보인다. Banks는 실제 발음이 '뱅스'처럼 날 수 있으나 제대로 표기하면 '뱅크스'이다.

[번역문 2 비평]

강조점의 변화, 외래어 표기법, 기타를 중심으로 작성하시오.
(KM HAN)

➲ '이야기하기 위해 돌아선다'는 강조점이 변화되었다. '돌아서서 이야기한다'가 시간순서로 볼 때 올바른 번역이다. marrying off a daughter는 '딸의 결혼을 반대'하는 것이 아니라, '딸을 시집보내는' 행위이다. off를 잘못 이해한 것으로 보인다. '문제점과 책임은 아주 많았다'도 '문제점과 책임질 일도 아주 많다'이다. 두 개의 명사를 보통명사로 보아야 하고 시제도 현재임을 주목해야 한다. 끝으로 the near-ruinous financial expense를 '터무니없는 비용'으로 과소번역하였다. '파산지경의 재정경비/ 경비지출'이 제대로 된 번역이라 할 수 있다.

[번역문 3 비평]

오역, 외래어 표기법, 번역의 질을 중심으로 비평하시오. (KM HAN)

➲ 번역문 3은 여러 군데 오역이 눈에 띈다: '스탠리 뱅크스의 이야기와 관련시켜'; '문제점과 책임감'; '엘리자베스 테일러라는 세기의 미의 이름으로 지어졌다'; '친척과의 모임에서 물론 파산에 가까운 지출로 신혼 여행지를 고르며, 구혼자와 솔직한 마음으로 이야기를 한다.' '스탠리 뱅크스의 이야기와 관련시켜'에서는 to relate '이야기하다'를 '관련시키다'로 오역하였고, '문제점과 책임감'에서는 responsibilities를 보통명사인 '책임질 일'로 번역하지 못하였다. '엘리자베스 테일러라는 세기의 미의 이름으로 지어졌다'에서는 외래어 표기법에 따라 배우 이름은 정확히 표기하였으나 the beauty를 보통명사로 '미인'이라고 번역하지 못하였으며, be performed by를 '연기하였다'라고 번역하지 못하고 있다. 통사구조 면에서는 '친척과의 모임에서 물론 파산에 가까운 지출로 신혼 여행지를 고르며, 구혼자와 솔직한 마음으로 이야기를 한다.'에서 여러 개 나열된 동사를 순서대로 번역하지 못하고 원문의 순서와 다르게 뒤에서부터 번역하는 우를 범하고 있다.

[번역문 1, 2, 3의 질에 관한 총체적 평가] (KM HAN)

➲ 따라서 번역문 1, 2, 3을 10점 만점으로 평가한다면 번역문 1은 대체로 우수하여 8~9점, 번역문 2는 다소 미흡하므로 6~7점, 번역문 3은 매우 부족하여 3~4점 수준이다.

자료 8

6 교육과 문화

6.3 문화 1: 영화평

6.3.1 Father of the Bride

[번역비평 및 재번역하기] (SJ KIM)

신부의 아버지

[번역문1] 영화 '신부의 아버지'는 기운이 다 빠진 스탠리 뱅스 (스펜서 트레이)가 결혼식이 끝난 뒤 자신의 집이 널부러진 부스러기로 어지럽혀져 있는 것을 내려다보고 나서 관객을 향해 자신의 이야기를 말하는 것으로 시작한다.

[번역문2] 영화 신부의 아버지는 기진맥진한 스탠리 뱅크스 (스펜서 트레이시 분)가 결혼식이 끝난 후, 그의 집 안의 파편들과 혼란스러운 상태를 보며 시작된다. 그리곤 그의 이야기를 관객들에게 이야기하기 위해 돌아선다.

[번역문3] 신부의 아버지란 영화는 지쳐버린 스탠리 뱅크스가 결혼 후 가정에서의 파편과 혼란을 주시하여, 스탠리 뱅크스의 이야기와 관련시켜 관객들을 생각하게 한다.

☞ 영화 '신부의 아버지'는 지친 스탠리 뱅크스 (스펜서 트레이시)가 결혼식이 끝난 뒤 자신의 집이 부스러기로 엉망진창인 것을 보고

나서, 관객을 향해 자신의 이야기를 들려주는 것으로 시작한다.

- The movie, Father of the Bride,: 영어에서 강조하고 싶은 단어나 제목이 이탤릭체로 표현된 것은 번역시 작은 따옴표(‘ ’)로 표시
- look over : 대충 훑어보다, 일일히 조사하다, 눈감아 주다 의 의미
- relate : ~을 이야기하다, 말하다, 진술하다 (목격, 경험의 내용을 상세히 또는 순서있게 이야기 하다)
- debris : n. (pl. debris) 부스러기, (파괴물의) 파편, 잔해
- chaos : 1. (천지 창조 이전의) 혼돈
  2. [때로 a chaos] 무질서, 대혼란(⇒ confusion [유의어])
  3. 혼돈된 것, 엉망진창인 것, 혼잡한 집합
  4. [Chaos] 【그리스신화】 카오스 《혼돈의 신》

**debris 와 chaos 는 영어원래 뜻 강조

- the wedding : marriage 는 ‘state of being husband and wife (결혼, 혼인)’을 뜻하고, wedding은 ‘the social event at which the ceremony of marriage is performed (결혼식)’을 의미.

** 뒤와 후의 차이: ‘뒤’는 토박이말이나 동사(한자어 포함)하고 어울리고, ‘후’는 한자어, 명사하고 어울린다. 그러니 ‘며칠 후’보다는 ‘며칠 뒤’가 자연스럽고, ‘사망 후’가 자연스럽고, 이게 동사가 되면 ‘사망한 뒤’가 자연스럽다.

[번역문1] 딸을 시집 보내는 데에 문제와 책임들이 아주 많다. 구혼자와 진솔한 대화도 있고 상견례도으며, 신혼여행지를 고르는 일도 있다. 물론 거의 파산에 가까운 경제적 지출도 있다.

[번역문2] 딸의 결혼을 반대한 문제점과 책임은 아주 많았다.: 구혼자와의 마음을 터놓고 한 이야기, 인척들과의

만남, 신혼 여행지 선택 그리고 물론 터무니없는 비용 등이 있었다.

[번역문3] 딸을 시집보냄으로서의 문제점과 책임감이 많다. 친척와의 모임에서 물론 파산에 가까운 지출로 신혼 여행지를 고르며, 구혼자와 솔직한 마음으로 이야기를 한다.

☞ **딸을 시집보내는 데에 문제점과 책임이 아주 많다. 구혼자와 진솔한 대화, 상견례(사돈, 친인척간의 만남), 신혼 여행지를 고르는 일 그리고 물론 거의 파산할 만큼의 경제상의 지출도 있다.**

- the problems and responsibilities: 복수표현이지만 단수로 번역.
- 문제: 해답을 필요로 하는 물음, 해결하기 어렵거나 난처한 대상, 또는 그런 일, 귀찮은 일이나 말썽, 어떤 사물과 관련 되는 일.
- 문제점: 문제가 되는 점
- 책임: 어떤일에 관련되어 그 결과에 대하여 지는 의무나 부담 또는 그 결과로 받는 제재 / 책임감 : 그 사람의 책임을 중요시 여기는 마음
- legion : a great number of 의 의미가 담겨있다; 대군, 군대, 다수, 무수
- 세미콜론(;)은 등위접속사, 문장사이의 경계선, 삽입 구문표시 할 때 쓴다. 영어의 부호 속에는 깊은 뜻이 숨어있지만 사실상 쉼표를 제외하면 국어에서는 잘 쓰이지 않는다.
- 콜론(:)은 "리스트" 혹은 "동의문" 의 뜻이다.
- the heart-to-heart: 1. 솔직한, 숨김없는(frank) a heart-to-heart talk 솔직한 이야기, 2. 진심어린(sincere), 성의 있는
- 진솔한-진실하고 솔직하다
- the near-ruinous : '거의 파산에 가까운' 이라는 의미, 파산할 만큼의 라고 문맥 맞춤.

[번역문1] 스탠리 뱅스의 어린 딸은 세기의 미인인 엘리자베스 테일러가 주연했다.

[번역문2] 스탠리 뱅크스의 딸 역할은 세기의 미인 엘리자베스 테일러가 맡았다.

[번역문3] 스탠리 뱅크스의 어린 딸은 엘리자베스 테일러라는 세기의 미의 이름으로 지어졌다.

☞ **세기의 미인인 엘리자베스 테일러가 스탠리 뱅크스의 어린 딸 역할을 맡았다.**

– Little girl of Stanely Banks was performed by~:

(번역원리) 영어의 수동태 문장을 한국어에서는 대부분 능동태로 바꾸어 번역한다.

perform : 〔L 「완전히 해내다」의 뜻에서〕 vt.

1. 〈임무 · 일 · 약속 · 명령 등을〉 이행하다, 실행하다, 다하다; 수행하다; 성취하다 2. 〈의식 등을〉 집행[거행]하다 3. 〈극을〉 상연하다, 〈역(役)을〉 연기하다; 〈음악을〉 연주하다, 노래하다;〈악기를〉 타다, 켜다

 # 자료 9

6.4 문화 2: 발레 (HJ LEE & GJ CHOI)

〈문단 1〉

The Nutcracker Ballet is based on the story "The Nutcracker and the King of Mice" written by E.T.A. Hoffman. Although what is seen on the stage today is different in detail from the original story, the basic plot remains the same; The story of a young German girl who dreams of a Nutcracker Prince and a fierce battle against a Mouse King with seven heads.

호두까기 인형 발레는 E.T.A 호프먼 → (호프만)이 지은 이야기 "호두까기 인형과 쥐의 임금님 → (생쥐왕)"에 토대를 두고 있다. 원작과 오늘날 무대에 보여지는 → (보이는) 이야기에 약간의 차이는 있지만 일곱 개의 머리를 가진 생쥐의 왕 → (일곱머리 생쥐왕)과 맞서 싸우는 호두까기 왕자에 대한 한 독일 소녀의 하룻밤 꿈 이야기라는 기본 줄거리는 같다.

‹문단 2›

When Marius Petipa had the idea to choreograph the story into a ballet, it was actually based on a revision by Alexander Dumas, a well known French author.His version reflects more of what we have come to love as the Nutcracker Ballet.

마리우스 프티파 → (페티파)가 이 이야기를 발레 안무로 짤 생각을 했을 때, 실제로 그의 안무는 프랑스의 대작가인 알렉산더 → (알렉상드르) 뒤마의 개정판을 기본으로 하고 있었다. → (개정판에 근거하였다) 호두까기 인형 발레로서 우리에게 사랑받는 이야기는 뒤마의 개정판에 더 영향을 받고 있다.

‹문단 3›

The Party Scene

It is Christmas Eve at the Stahlbaum house — A large and grand house with the most beautiful tree imaginable. Stahlbaums are hosting their annual Christmas party, welcoming the arrival of their family and friends. The children, Clara and Fritz, are dancing and playing as they welcome their friends too.

파티 장면

우리가 상상할 수 있는 가장 아름다운 크리스마스트리로 장식된 크고 웅장한 슈탈바움 저택에서의 크리스마스이브이다. 슈탈바움 일가는 그들의 가족과 친구들이 도착한 것을 환영하면서 연례 크리스마스 파티를 열고 있다. 슈탈바움 가의 아이들인 클라라와 프리츠 역시 그들의 → (자기네) 친구들을 환영하면서 춤추며 파티를 즐기고 있다. → (춤추며 놀고 있다)

<문단 4>

The party grows festive with music and danceas godfather Drosselmeyer arrives.is a skilled clock and toy maker and always full of surprises. Drosselmeyer draws everyone's attention as he presents two life-size dolls.They are the delight of the party, each taking a turn to dance.

파티가 음악과 춤으로 점점 더 무르익어 갈 때 클라라와 프리츠의 대부 드로셀마이어가 도착한다. 드로셀마이어는 시계와 장난감 장인으로 항상 깜짝 놀랄만한 선물들을 가득 가지고 온다. 그가 실물 크기의 두개의 인형을 꺼내 놓자 모든 사람들의 이목이 집중된다. 손님들이 서로 순서를 앞 다투며 인형들과 춤을 추려 하면서 이들은 파티의 활력소가 된다.

<문단 5>

The children begin to open gifts when Drosselmeyer presents his to Clara and Fritz.Although his gift to Fritz is quite nice, he gives Clara a beautiful Nutcracker that the hit of the party. Fritz becomes jealous and, having a bit more spunk than a boy should have, grabs the nutcracker from Clara and promptly breaks it.is heartbroken looking on as Drosselmeyer quickly repairs the Nutcracker with a handkerchief he magically draws from the air.

클라라와 프리츠는 대부 드로셀마이어가 선물을 주자 선물을 개봉하기 시작한다. 프리츠의 선물도 꽤 괜찮은 것이었지만 파티에서 주목을 받았던 아름다운호두까기 인형을 클라라에게 준다. 프리츠는 샘이 나서 평소보다 더 법석을 떨어 클라라에게서 인형을 뺏어가자마자 인형을 망가뜨리고 만다. 클라라가 곧 울 듯한 표정을 짓자 드로셀마이어는 마술처럼 공중에서 손수건을 꺼내 호두까기 인형을 재빨리 고쳐준다.

<문단 6>

As the evening grows late, the guests depart and the Stahlbaum family retires for the evening.Clara, worried about her beloved Nutcracker, sneaks back to the tree to check on him, falling asleep with him in her arms.

밤이 점점 깊어지자 손님들은 떠나고 슈탈바움가족은 잠자리에 들 준비를 한다. 소중한 그녀의 호두까기 인형을 걱정하던 클라라는 → (클라라는 자기가 아끼는 호두까기 인형이 걱정되어) 살금살금 크리스마스트리 뒤에 숨어 들어가 인형을 살펴보다가 팔로 끌어안은 채 잠이 들고 만다. → (팔에 인형을 안고 잠이 든다.)

‹문단 7›

The Fight Scene

As the clock strikes midnight strange things begin to happen. Clara begins shrinking as her beautiful Christmas tree grows high above her. The toys around the tree come to life while the room fills with an army of mice, lead by the fierce Mouse King. As the Nutcracker awakens, he leads his army of toy soldiers into battle with the mice. Mouse King corners the Nutcracker and battles him one-on-one. Nutcracker seems to be no match for the Mouse King.

전투 장면

시계가 자정 이 되자 → (자정 을 가리키자) 이상한 일들이 일어나기 시작한다. 클라라는 그녀의 아름다운 크리스마스트리가 그녀보다 높이 자라면서 움츠러들기 → (작아지기) 시작한다. 사나운 생쥐왕이 이끄는 생쥐 군대로 방이 가득참과 동시에 장난감들이 생명을 갖는다. 호두까기 인형은 깨어나자마자 생쥐들과의 전투에서장난감 군대의 병정들을 지휘한다. 생쥐왕은호두까기 인형을 구석으로 몰고 → (몰아서) 그와 일대일로 싸운다. 호두까기인형은 생쥐왕에게 필적할 상대가 못 되었다. → (되지 못한다)

‹문단 8›

The Nutcracker and his army can go on no longer and are captured by the mice and their King. Clara makes a final daring charge throwing her slipper at the Mouse King, hitting him square on the head. Mouse King drops to the floor and the mice run away, carrying off their leader's lifeless body.

호두까기 인형과 그의 병정들은더 이상 싸우지 못하고 생쥐왕과 그의 병사들에게 잡힌다. 클라라는 생쥐왕에게 그녀의 슬리퍼를 던져 정통으로 생쥐왕의 이마를 맞히는 최후의 용감한 공격을 가한다. → (최후의 용감한 공격으로 그녀의 슬리퍼를 던져 정통으로 생쥐왕의 이마를 맞힌다) 생쥐왕은 바닥에 쓰러지고 쥐들은 그들 지도자의 죽은 시체를 수습하면서 도망간다.

<문단 9>

The Land of Snow

The Nutcracker turns into a Prince and takes Clara on a journey to the Land of Snow, an enchanted forest wonderland, they are welcomed by dancing snowflakes.

눈의 나라

호두까기 인형은 왕자로 변하고 그는 눈송이들이 춤추면서 그와 클라라를 환영하는 마법의 숲 속 요정나라인 눈의 나라로 클라라를 데려간다.

(호두까기 인형은 왕자로 변하여 클라라를 눈의 나라로 데리고 간다. 마법의 숲 속 요정나라인 눈의 나라는 왕자와 클라라를 눈송이들이 춤추면서 환영한다)

<문단 10>

The Land of Sweets

The Prince escorts Clara to the Land of Sweetswhere they are greeted by the Sugar Plum Fairy.Prince tells her about their daring battle with the army of mice and she rewards them with a celebration of dances.

The Spanish Dance
The Arabian Dance
The Russian Dance
The Chinese Dance
The Mirliton Dance
The Waltz of Flowers

As a finale, the Sugar Plum Fairy and the Cavalier dance a beautiful Pas De Deux.

사탕 과자의 나라

왕자는 막대사탕 요정이 그와 클라라를 맞이하는 사탕 과자의 나라로 클라라를 바래다 준다. (데리고 간다) 왕자는 요정에게 그들의 생쥐군대와의 용감한 전투를 이야기하고 그녀는 왕자와 클라라에게 (그들이 생쥐군대와 치른) (요정은) 춤으로 보답한다. (축하의 춤으로)

스페인춤
아라비아춤
러시아춤

중국춤
미를리통춤
꽃의 왈츠

피날레에서는 막대사탕 요정과 기사가 아름다운 파드되 춤을 춘다. (춤 파트너는)

<문단 II>

The Dream Ends

Clara awakens from her dream and finds herself by her Christmas tree with her beloved Nutcracker.

꿈에서 깨어남

클라라는 꿈에서 깨어나 보니 자신이 크리스마스트리 곁에 그녀가 아끼는 호두까기 인형과함께 누워있음을 알게 된다. → (누워있다는 것을 안다)

자료 10: 외래어 표기법 과제

애경산업 상품명 표기법 수정 E-mail (HR AN)

안녕하십니까? 저는 00대학교 영어영문학과 4학년에 재학 중인 안00이라고 합니다. 저희는 이번 학기에 영한 번역이라는 과목을 배우면서 외래어의 한국어 표기법에 대해 공부하고 있습니다. 평소 귀사에 관심이 많았던 저는 귀사의 제품의 상품명을 외래어 표기법에 적용하여 몇 가지 수정, 제안하고자 합니다. 이미 브랜드 네임화 되어 있는 상품명을 수정하는 것은 어려우리라 보지만 앞으로 상품명을 고안하실 때 조금이나마 참고가 되셨으면 합니다.

먼저, 가장 많이 틀린 부분으로 지적할 수 있는 것은 [l]의 표기입니다. 크린앤 화이트 치약 및 주방세제인 크리어, 퀵 크린, 홈크리닉 등 귀사의 홈케어 상품에서 가장 많이 쓰이는 이 clean, clear 및 clinic의 발음에는 유음 [l]이 들어갑니다. 외래어 표기법에 따르면, 어중의 [l]이 모음 앞에 오거나 모음이 따르지 않는 비음 (m, n) 앞에 올 때에는 'ㄹㄹ'로 표기한다고 되어있습니다. (다만, 비음 뒤에 [l]은 모음 앞에 오더라도 'ㄹ'로 적는다.) clean[kli:n], clear[kliər] 및 clinic[klinik]의 경우, 첫소리의 [k]가 비음이 아니며 어중의 [l]뒤에 모음이 따라오므로 'ㄹㄹ'로 써서 클린, 클리어, 클리닉으로 쓰는 것이 맞습니다.

두 번째로, 귀사의 제품에서 많이 찾아볼 수 있는 'f'의 표기에 대한 내용입니다. 우리나라에서는 원칙적으로 'f'의 표기를 'ㅍ'로 통일하고 있습니다. 그래서 귀사의 제품 중 홈즈 에어후레쉬, 샤워메이트 훼이스 네이쳐 그리고 포인트 후레쉬 클리어 등 많은 제품의 표기가 프레시 그리고 페이스로 수정되어야 합니다. (이는 국립국어원의 김세중님께서 외래어와 외래어 표기에 관하여 적은 글에서 참조한 것입니다.)

마지막으로, 화장품 브랜드인 포튠(fortune)의 경우, tu-의 발음 표기가 'ʧ'이므로 이는 'ㅊ'로 표기해야 합니다. 또한, fresh[freʃ]와 moisture[moisʧər]의 표현의 경우, 어말의 쉬와 춰, 쳐의 올바른 표기법은 시, 처입니다. 정리를 해보면 포춘, 프레시 그리고 모이스처가 되어야 맞는 것입니다.

분명 이렇게 정확하게 표기를 하면 포춘처럼 우스운 발음이 날 수도 있고, 일반인들이 생각하기에 틀렸다고 생각하는 표기가 될 수도 있습니다, 그러나 저는 현재 모든 공식적 외래어 표기가 외래어 표기법을 따르고 있다는 사실과 애경산업이 글로벌한 기업이 되기 위한 발판으로서 먼저 정확한 외래어 표기를 사용하는 것이 어떤지 제안하는 바입니다. 물론, 앞서 언급한 바와 같이 이미 상품화 되어 있는 상품명을 수정하기는 어려울 것입니다. 하지만, 앞으로의 제품명 선택에 있어서는 저의 제안이 조금이라도 도움이 되시기를 바랍니다.

참고한 사이트의 주소를 함께 올립니다. 참고하시어 더욱 발전하는 기업이 되시기를 바랍니다.

www.korean.go.kr 국립국어원 홈페이지
http://www.aekyung.co.kr 애경산업 홈페이지

자료 II: 외래어 표기법 과제

크리니크 회사의 제품의 외래어표기 (EM LEE)

안녕하십니까? 저는 00대학교 영어영문학과 4학년 이00이라고 합니다. 저는 평소 귀사의 정기적인 소비자로서 귀사의 상품에 많은 관심과 애정을 가지고 있습니다. 그런 마음으로 귀사의 발전과 향상을 위해 조금이나마 도움이 되고자 귀사의 상품명을 외래어 표기법에 적용하여 몇 가지 수정을 제안하고자 합니다.

첫 번째로, 귀사의 상품명중 가장 두드러진 점 중 하나가 [f]의 표기입니다. 화운데이션(foundation), 후레쉬(fresh), 훼이셜(facial), 리후레싱(refreshing), 수퍼화인(superfine), 후리즈(freeze), 훼이디드

(faded)란 표현이 상품명과 상품설명에 쓰이고 있습니다. 허나 외래어 표기법을 따르면 '외래어의 1음운은 1기호로 적는다'라는 규정에 의해 [f]는 [ㅍ]으로 표기하고 있습니다. 그렇기에 파운데이션, 프레시, 페이셜, 리프레싱 등으로 사용 돼야 합니다.

두 번째로 살펴볼 부분은 [ʃ] 발음의 표기입니다. 블레미쉬(blemish), 수퍼(super), 피니쉬(finish), 브러쉬(brush), 후레쉬(fresh), 쉬어(sheer), 블러쉬(blush), 쉐이드(shade), 포쉬 (posh), 쉬머(shimmer), 루시어스(luscious), 크러쉬드(crushed), 래쉬(lash), 쉐이퍼(shaper), 쉐이빙(shaving)등의 표현으로 귀사에서 사용하고 있습니다. 외래어 표기법 규정으로 어말의 [ʃ]는 '시'로 적고, 자음 앞의 [ʃ]는 '슈'로, 모음 앞의 [ʃ]는 뒤따르는 모음에 따라 '샤', '섀', '셔','셰', '쇼', '슈', '시'로 적습니다. 그렇기에 블레미쉬, 피니쉬, 브러쉬, 포쉬등은 [ʃ]가 어말에 오기에 블레미시, 피니시, 브러시, 포시 등으로 사용하여야 하고, 쉐이드, 쉐이퍼, 크러쉬드, 쉬머, 수퍼 등 역시 표기법에 따라 셰이드, 셰이퍼, 크러시드, 시머, 슈퍼등이 바른 표현입니다.

또한, 귀사 홈페이지를 보면 많이 나오는 표현이 바로 된소리입니다. 허나, 외래어 표기법 기본원칙 제4항은 '파열음 표기에는 된소리를 쓰지 않는 것을 원칙으로 한다.'입니다. 그러므로, 써지(surge), 써멀(thermal), 씨티(city), 째즈(jazz), 썬셋(sunset), 썸머(summer), 썬(sun)등의 표현은 서지, 서멀, 시티, 재즈, 선셋, 섬머, 선 등으로 사용해야 합니다.

마지막으로, 외래어 표기법의 기본 원칙은 '외래어 원지음에 최대한 가깝게 표기하되 국어의 특성을 지킨다.'입니다. 그렇기에 토탈(total), 크리스탈(crystal), 트로피칼(tropical), 코랄 (coral), 포뮬라(formula), 컨센트레이트(concentrate), 컴팩트 화운데이션(compact foundation), 컴포트(comport), 스팟(spot), 스폰지(sponge), 글로브 (glove), 솔루션(solution), 쵸코렛,초콜렛 (chocolate)등은 강세와 원지음 발음에 충실히 표기하여 토털, 크리스털, 트로피컬, 코럴, 포뮬러, 스폿, 스펀지, 글러브, 초콜릿으로 사용되어야 합니다. 특히, 컨센트레이트, 컴팩트, 컴포트등은 강세가 1음절로 강조되기 때문에 콘센트레이트, 콤팩트 파운데이션과 콤포트로 표기되는 것입니다.

그 외 외래어 표기법의 제 5항 '이미 굳어진 외래어는 관용을 존중하되, 그 범위와 용례는 따로 정한다.'를 따라 더즌(dozen)이 다스로 쓰인다는 점이 있습니다. 물론, 표기명에 더즌을 다스로 쓰게 될 경우 귀사의 브랜드 이미지와 맞지 않을 수도 있습니다. 허나, 한국의 공식적인 외래어 표기가 외래어 표기법을 정확히 따르고 있으며, 소비자의 정확한 상품에 대한 이해와 관심을 높이기 위해 귀사의 상품명과 상품 설명에 정확한 외래어 표기법을 따르는 것이 귀사의 발전을 위한 길이라 제안하는 바입니다.

또한, 귀사의 홈페이지를 통해 모든 상품명을 살펴본 결과, 같은 영어 단어를 다르게 표기하는 것을 볼 수 있었습니다. 홈페이지의 '화운데이션' 파트에 들어가서 한 상품을 클릭 하였을 때 '화운데이션' 아래 부분 배너는 '파운데이션타이핑'이라 표기하고 있습니다. 시티 또한 어떤 상품 설명에는 '씨티'라 하였지만 일부는 정확한 표현 '시티'를 사용하고 있었습니다. 초콜릿 역시 쵸코렛, 초콜렛등으로 일정하지 않게 쓰고 있었습니다.

이 외에도 많은 예를 볼 수 있습니다. 이는 정확히 정해져 있는 외래어 표기법을 따르지 않음으로 인해 빚어진 혼재로 볼 수 있습니다. 이로 인해, 소비자에게 상품을 이해하는데 있어서 혼란을 불러일으킬 수 있습니다. '크리니크'가 지니는 세련된 이미지를 위해 하나의 정해진 공식적인 법칙을 따라 통일감을 주는 것이 어떨까

합니다. '크리니크'를 아끼는 소비자로서 저의 관심이 귀사에 조금이라도 도움이 되기를 바랍니다.

아래 홈페이지 부분별로 외래어 표기법과 다른 부분을 정리해 보았습니다. 참고하시길 바랍니다. 더 정확한 외래어 표기법을 알고자 하신다면 www.korean.go.kr 국립 국어원 홈페이지를 방문하시면 되겠습니다.

❖ 클리니크 〉 집중케어 〉 클렌저 〉 테이크 더 데이 오프 클렌징 오일
* 훼이셜(facial)– 페이셜
* 솝(soap)– 소프

❖ 클리니크 〉 집중케어 〉 클렌저 〉 테이크 더 데이 오프 클렌징 밤
* 에멀전(emulsion)– 에멀션

❖ 클리니크 〉 집중케어 〉 클렌저 〉 린스–오프 포밍 클렌저
* 카모마일(chamomile)– 캐모마일
* 모이스춰(moisture)– 모이스처

❖ 클리니크 〉 집중케어 〉 각질관리 〉 턴어라운드 컨센트레이트 비저블 스킨 리뉴어
* 컨센트레이트(concentrate)–콘센트레이트

❖ 클리니크 〉 집중케어 〉 각질관리 〉 토탈 턴어라운드 비져블 스킨 리뉴어
* 토탈(total)– 토털
* 비져블(visible)– 비저블
* 블레미쉬(blemish)– 블레미시

* 솔루션즈(solutions)- 설루션스

❖ 클리니크 〉 집중케어 〉 집중보습 〉 컨티뉴어스 레스큐 안티옥시던트 모이스춰라이저 – 콤비네이션 오일리 투 오일리

* 수퍼(super)- 슈퍼

❖ 클리니크 〉 집중케어 〉 집중보습 〉 컨티뉴어스 레스큐 안티옥시던트 모이스춰라이저 – 드라이 콤비네이션

* 발란스(balance)- 밸런스

❖ 클리니크 〉 집중케어 〉 집중보습 〉 모이스춰 써지 엑스트라

* 써지(surge)- 서지

❖ 클리니크 〉 집중케어 〉 모공관리 〉 포어 미니마이저 써멀 액티브 스킨 리파이너

* 써멀(thermal)- 서멀
* 딥(deep)- 디프

❖ 클리니크 〉 집중케어 〉 화이트닝 〉 더마 화이트 마이크로 모션 C 세럼

* 스팟(spot)- 스폿

❖ 클리니크 〉 집중케어 〉 화이트닝 〉 더마 화이트 C10 안티-링클 클래리티 포뮬라

* 포뮬라(formula)- 포뮬러

❖ 클리니크 〉 집중케어 〉 화이트닝 〉 더마 화이트 아이 모이스춰 SPF15/PA++

* 베이직(basic)- 베이식

❖ 클리니크 〉 메이크업 〉 화운데이션 〉더마 화이트 플루이드 크림 메이크업

* 화운데이션(foundation)– 파운데이션
* 피니쉬(finish)– 피니시
* 스폰지(sponge)– 스펀지
* 브러쉬(brush)– 브러시
* 후레쉬(frsh)– 프레시

❖ 클리니크 〉 메이크업 〉 화운데이션 〉 슈퍼발란스드 메이크업

* 수퍼발란스드 메이크업(superbalanced makeup) – 슈퍼밸런스드 메이크업
* 알라바스터(Alabaster)– 앨러배스터

❖ 클리니크 〉 메이크업 〉 화운데이션 〉펄펙틀리 리얼 메이크업

* 프레쉬(fresh)– 프레시

❖ 클리니크 〉 메이크업 〉 컴팩트 화운데이션

* 컴팩트 화운데이션(compact foundation)– 콤팩트 파운데이션

❖ 클리니크 〉 메이크업 〉 컴팩트 화운데이션 〉 펄펙틀리 리얼 수퍼화인 컴팩트 메이크업

* 수퍼화인(superfine)– 슈퍼파인
* 씨티(city)– 시티

❖ 클리니크 〉 메이크업 〉 파우더 〉 더마 화이트 브라이트닝 루스 파우더

* 글로우(glow)– 글로

❖ 클리니크〉 메이크업〉 파우더 〉 블렌디드 훼이스 파우더 & 브러쉬

* 훼이스(face)– 페이스
* 트렌스패런시(Transparency)–트랜스패런시

❖ 클리니크 〉 메이크업 〉 파우더 〉스테이–매트 쉬어 프레스드 파우더

* 쉬어(sheer)– 시어
* 노이트럴(neutral)– 뉴트럴

❖ 클리니크 〉 메이크업〉 컨실러〉라인 스무딩 컨실러

* 브릿지(bridge)– 브리지

❖ 클리니크 〉 메이크업 〉 블러셔 〉 블러싱 블러쉬 파우더 블러쉬

* 블러쉬(blush)– 블러시

❖ 클리니크 〉 메이크업 〉 블러셔 〉후레쉬 블룸 올 오버 컬러

* 쉐이드(shade)– 셰이드
* 하일라이터(highlighter)– 하이라이터
* 하일라이트(highlight)– 하이라이트

❖ 클리니크 〉 메이크업 〉 립스틱 〉 컬러 써지 버터 샤인 립스틱

* 텍스춰 (texture) – 텍스처
* 라스베리, 랩스베리(raspberry)– 라즈베리
* 엠브로시아(ambrosia)– 암브로시아
* 크렌베리(cranberry)– 크랜베리
* 페오니(Peony)– 피어니
* 더즌(dozen)– 다스
* 째즈(jazz)– 재즈
* 포쉬 (posh)–포시

❖ 클리니크 〉 메이크업 〉 립스틱 〉 롱라스트 립스틱

* 쵸코렛,초콜렛 (chocolate) – 초콜릿
* 코랄 (coral)– 코럴
* 후리즈(freeze)–프리즈
* 허트(heart)– 하트

❖ 클리니크 〉 메이크업 〉 립스틱 〉 컬러 써지 베어 브릴리언스 립스틱

* 크리스탈(crystal)– 크리스털
* 트로피칼(tropical)– 트로피컬
* 쉬머(shimmer)– 시머

❖ 클리니크 〉 메이크업 〉 립스틱 〉 모이스춰 쉬어 립스틱

* 튜울립(tulip)– 튤립
* 블래스트(blast)– 블라스트

❖ 클리니크〉 메이크업〉립글로스〉 글로스웨어 포 립스 인텐스 스파클

* 쉐이핑(shaping)– 셰이핑

❖ 클리니크 〉 메이크업 〉 립글로스 〉 글로스웨어 포 립스 쉬어 쉬머즈

* 썬셋(sunset)– 선셋

❖ 클리니크 〉 메이크업 〉립글로스 〉 풀 포텐셜 립스

* 포텐셜(potential)– 퍼텐셜
* 루시어스(luscious)– 루셔스
* 크러쉬드(crushed)– 크러시드

❖ 클리니크 〉 메이크업 〉립라이너 〉 퀵라이너 포 립스

* 하니(honey)– 허니

❖ 클리니크 〉 메이크업 〉 마스카라 〉 래쉬 파워 마스카라

* 래쉬(lash)– 래시

❖ 클리니크 〉 메이크업 〉아이섀도우

* 아이섀도우(eye shadow)– 아이섀도

❖ 클리니크 〉 메이크업 〉 아이섀도우 〉 컬러 써지 아이 섀도우 소프트 쉬머

* 썸머(summer)– 서머

❖ 클리니크 〉 메이크업 〉 아이섀도우 〉 컬러 써지 아이 섀도우 벨벳

* 훼이디드(faded)– 페이디드

❖ 클리니크 〉 메이크업 〉 아이라이너 〉 크림 쉐이퍼 포 아이즈

* 쉐이퍼(shaper)– 셰이퍼

❖ 클리니크 〉 썬+바디

* 썬(sun)– 선

❖ 클리니크 〉 바디케어 〉 워터 테라피 모이스춰 글로브 핸드크림

* 글로브(glove)– 글러브

❖ 클리니크 〉 바디케어 〉 딥 컴포트 바디 모이스춰

* 컴포트(comport)– 콤포트

❖ 클리니크 〉 남성제품 〉 쉐이빙

* 쉐이빙(shaving)– 셰이빙

❖ 클리니크 〉 향수 〉 해피 〉 크리니크 해피

* 인디안(Indian)– 인디언

❖ 클리니크 〉 향수 〉 아로마틱스 엘릭서 〉 아로마틱스 엘릭서

* 엘릭서(elixir)– 엘릭시르

* 자스민(jasmine)– 재스민